# LA MEMORIA SECRETA DE LAS HOJAS

HOPE JAHREN

# LA MEMORIA SECRETA DE LAS HOJAS

UNA HISTORIA DE ÁRBOLES, CIENCIA Y AMOR

Traducción de María José Viejo Pérez
e Ignacio Villaró Gumpert

Portátiles
PAIDÓS

Título original: *Lab Girl*, de A. Hope Jahren
Publicado originalmente en inglés por Alfred A. Knopf, un sello de Penguin Random House LLC

*1.ª edición, febrero de 2017*
*1.ª edición en esta presentación, marzo de 2026*


Paidós es un sello editorial de Editorial Planeta, S. A.
Avda. Diagonal, 662-664
08034 Barcelona, España
www.paidos.com
www.planetadelibros.com

ISBN: 978-84-493-4520-3
Fotocomposición: Realización Planeta
Depósito legal: B. 24.510-2026

Impreso en España – *Printed in Spain*

*Todo lo que escribo se lo dedico a mi madre*

Cuantas más cosas tocaba, aprendiéndome tanto sus nombres como aquello para lo que servían, más dichosa me sentía y más confianza tenía en mi sintonía con el mundo.

HELLEN KELLER

# *Sumario*

# *Prólogo*

A LA GENTE LE ENCANTA EL MAR, y quizá por eso siempre está preguntándome por qué no me dedico a estudiarlo si a fin de cuentas vivo en Hawái. Yo contesto que, si no lo hago, es porque el mar es un lugar solitario y vacío. Hay seiscientas veces más vida en la tierra que en el mar, y este hecho, básicamente, es obra de las plantas. La planta más común en el mar es una célula que vive unos veinte días. La más corriente en la tierra es un árbol gigantesco que puede llegar a vivir más de cien años. En el mar hay aproximadamente cuatro plantas por cada animal, mientras que en la tierra llegan casi al millar por cabeza. La cantidad de plantas que existe sobre la tierra es apabullante: solo en los bosques protegidos del oeste de Estados Unidos hay 80.000 millones de árboles. En este país, la relación de árboles por persona está muy por encima de los doscientos. Por lo general, todos vivimos rodeados de plantas, pero en realidad no las vemos. Y yo, desde que descubrí estas cifras, apenas veo otra cosa.

Ahora hágame el favor de mirar un instante por la ventana.

¿Qué es lo que ha visto? Sin duda obras del ser humano, entre las cuales se incluyen las personas mismas, pero también los coches, los edificios y las aceras. Para construir un edificio es preciso realizar un sinfín de tareas: diseño del proyecto, estudio de ingeniería, perforación del terreno, el forjado, la construcción de la estructura, la instalación de las ventanas, las ventilaciones y bajantes, las obras de carpintería, la instalación eléctrica y la pintura de cada elemento. Después de haber pasado varios años completando todas esas fases, el ser humano es capaz de levantar un rascacielos de cien plantas cuya sombra proyectada sobre la acera supera los trescientos metros. Algo verdaderamente impresionante.

Vuelva a mirar por la ventana.

¿Ha visto algo vegetal? Si es así ha contemplado una de las pocas cosas del mundo que no puede ser creada por los seres humanos. Lo que ha visto apareció en la Tierra, en las cercanías del ecuador, hace cuatrocientos millones de años. Puede que haya tenido la fortuna de ver un árbol. Pues bien, debería tener en cuenta que los primeros árboles que surgieron en la Tierra lo hicieron hace unos 300 millones de años y que, para que nazca una planta, es preciso que tengan lugar procesos tales como la absorción de minerales, la disposición de las células, la extensión de capas protectoras, la formación de los vasos conductores y, finalmente, la pigmentación. Todos estos procesos no duran más que unos pocos meses y el resultado final será algo tan perfecto (o imperfecto) como una hoja. Los árboles tienen casi tantas hojas como cabellos tenemos los seres humanos. Algo que también es verdaderamente impresionante.

Ahora centre la mirada en una sola hoja.

El ser humano no es capaz de crear hojas, pero sí que sabe destruirlas. En el último decenio se han talado más de 50.000 millones de árboles. La tercera parte de la superficie terrestre estaba antes cubierta de bosques. Cada diez años cortamos el 1 por ciento de la totalidad de nuestros árboles sin volver a repoblarlos, lo cual representa el equivalente a la superficie de Francia. De manera que, década tras década, se ha ido borrando de la Tierra una Francia detrás de otra. En un solo día, un billón de hojas son privadas de su fuente nutricia, y, por lo que parece, a nadie le importa. Pero debería importarnos por la sencilla razón de que, como seres humanos, estamos obligados a interesarnos: porque ha muerto alguien que no tenía que haber muerto.

¿Que ha muerto alguien?

Permítame que se lo explique y, puede que sea capaz de llevarle a mi terreno. Veo un montón de hojas, y mientras las miro me planteo preguntas sobre ellas. Empiezo por el color: ¿cuál es su tono de verde?, ¿es distinto el del ápice que el de la base?, ¿es diferente el del centro respecto al de los bordes?, ¿cómo son los bordes?, ¿lisos?, ¿dentados? ¿está suficientemente hidratada?, ¿está débil?, ¿arrugada?, ¿tiene buen color?, ¿qué ángulo forma la hoja con el tallo?, ¿de qué tamaño es la lámina?, ¿más grande que mi mano?, ¿más pequeña que una de mis uñas?, ¿es comestible o tóxica?, ¿cuánto sol puede absorber?, ¿con qué frecuencia recibe el agua de la lluvia?, ¿está enferma?, ¿está sana?, ¿es importante?, ¿es irrelevante?, ¿está viva?, ¿por qué?

Ahora le toca a usted: formule una pregunta sobre su hoja.

Bien, ¿sabe lo que ha hecho? Se ha convertido usted en un científico. Muchos le dirán que, para ser científico, es preciso saber matemáticas, física o química. Craso error. Sería como decir que para saber tricotar hay que saber llevar una casa, o que para estudiar la Biblia es necesario saber latín. Puede servir de ayuda, desde luego, pero ya habrá tiempo de aprender todo eso. Lo primero que tiene que hacer es formular una pregunta sobre su materia de estudio, y usted ya ha llegado a esa fase. No es tan complicado como algunos pretenden.

Ahora deja que te cuente, de científico a científico, unas cuantas historias.

*Primera parte*

# RAÍCES Y HOJAS

# 1

NO EXISTE NADA MÁS PERFECTO que una regla de cálculo. Su aluminio bruñido resulta frío al contacto con los labios, y, si la mantienes al nivel de la luz, puedes ver en cada una de sus esquinas el ángulo recto más perfecto de la creación. En cambio, si la pones de costado se transforma en un original florete que se dobla sin querer. Hasta una niña de corta edad puede blandir en el aire una regla de cálculo, sirviéndose del cursor como empuñadura. En mi memoria permanecen ligados de un modo indisoluble este juego infantil y los primeros relatos que me contaron, y, por ese motivo, no puedo evitar representar en mi mente a un angustiado Abraham justo en el momento en el que va a sacrificar al pobre Isaac alzando su mortífera regla sobre el pequeño.

Yo me pasé la infancia en el laboratorio de mi padre, jugando debajo de las mesas hasta que alcancé la altura suficiente para jugar sobre ellas. Mi padre enseñó durante cuarenta y dos años seguidos los rudimentos de la física y de las ciencias de la tierra en aquel laboratorio. Era profesor en una escuela de formación superior de una pequeña localidad de Minesota. Él adoraba su laboratorio, y mis hermanos y yo compartíamos su pasión por aquel lugar.

No era más que una sala pintada con una gruesa capa de color crema; pero, si cerrabas los ojos y te concentrabas, podías sentir por debajo la textura del cemento. Recuerdo que llegué a la conclusión de que el revestimiento de goma de los laterales debían de haberlo pegado a la pared, porque no encontré ni una sola marca de clavos cuando medí la estancia con una cinta métrica que extendí más de treinta metros. Había largas mesas de trabajo en las que tenían que sentarse cinco alumnos, uno al lado del otro, mirando todos en la misma dirección. Aquellas superficies negras, frías como una tumba, estaban hechas de un material imperecedero, de algo que ni el ácido ni los golpes de martillo podían destruir (pero no lo intentéis). Eran lo suficientemente robustas como para aguantar el peso de una persona, y tan duras que no se podían rayar ni con una piedra (pero no lo intentéis).

Espaciados entre las diversas mesas, y repartidos de manera regular, había varios pares de boquillas plateadas increíblemente brillantes que se abrían con unas manijas, pero yo necesitaba emplear todas mis fuerzas para girarlas noventa grados. Cuando accionabas la que decía «gas» no sucedía nada porque no estaba conectada; en cambio, si movías la del «aire», este salía propulsado con tanta precipitación, con tanta furia, que me daban ganas de absorberlo directamente por la boquilla (pero no lo de intentéis). La sala era un espacio abierto, vacío y prístino; pero en todos los cajones podías encontrar un fascinante surtido de imanes, alambres, cristales y metales que servían para esto o para lo otro; solo había que ser capaz de imaginar para qué debían usarse. Junto a la puerta había un armario en el que se guardaba el papel de tornasol, que es como un truco de magia solo que mucho mejor, pues, en lugar de limitarse a mostrar el misterio, también proporcionaba la solución: gracias a este papel podíamos percibir la diferencia de color —y, por tanto, de pH— entre una gota de saliva y una gota de agua, o entre la zarzaparrilla y la orina obtenida por la mañana; pero no podía hacerse lo mismo con la sangre, ya que no se puede ver a través de ella (así que no lo intentéis). No eran juguetes para niños, sino cosas serias para personas adultas; pero como yo era alguien especial porque mi padre era el que tenía aquel enorme manojo de llaves que abrían todas las puertas, podía jugar con el material del laboratorio cada vez que lo acompañaba a su trabajo, porque él nunca decía que no cuando le pedía permiso para sacar todas aquellas cosas.

En mis recuerdos de aquellas oscuras noches de invierno, mi padre y yo teníamos el edificio de ciencias a nuestra entera disposición, y recorríamos el lugar como un duque y su legítima heredera, demasiado absortos en la contemplación de nuestro castillo como para que nos molestara el frío gélido de nuestro ducado. Mientras mi padre preparaba la clase del día siguiente, yo me ocupaba de revisar cada uno de los experimentos y demostraciones que él había dispuesto, simplemente para cerciorarme de que sus alumnos no tuvieran dificultad alguna en alcanzar el resultado previsto. Revisábamos juntos el equipo del laboratorio y arreglábamos todo lo que se hubiese roto; mi padre me enseñó a desmontar cosas y a estudiar cómo funcionaban, para que, en caso de que fallaran, yo misma pudiera repararlas sin ninguna ayuda. Él me enseñó que uno no debe avergonzarse por haber roto algo, solamente por no ser capaz de arreglarlo.

A las ocho emprendíamos el regreso a casa, para que yo pudiera estar acostada antes de las nueve. Primero nos deteníamos en el despacho de mi padre, un pequeño cubículo sin ventanas cuyo único elemento decorativo era un portalápices de barro que yo había hecho para él. Allí recogíamos nuestros abrigos, gorros, bufandas y el resto de las prendas que mi madre había tricotado para mí, porque ella no las tuvo nunca en su niñez y jamás le parecían suficientes. Cuando me calzaba las botas sobre mi segundo par de calcetines, el olor de la lana caliente y húmeda se mezclaba con el de las virutas de los lápices, que mi padre afilaba antes de irnos, sacando punta a los que habíamos utilizado ambos. Acto seguido él se abotonaba vigorosamente su largo abrigo, se ponía sus manoplas de piel de ciervo, y me pedía que comprobase si tenía las orejas bien tapadas por el gorro.

Como él era siempre el último en abandonar la escuela, recorría dos veces los pasillos del edificio; la primera, para cerciorarse de que todos los accesos estuvieran bien cerrados; y la segunda, para apagar una tras otra las diversas luces del centro mientras yo trotaba detrás de él, huyendo de la creciente oscuridad que dejábamos detrás de nosotros. Cuando llegábamos a la entrada posterior del edificio, mi padre me dejaba alzar el brazo y apagar las últimas luces y, acto seguido, salíamos del edificio. Él tiraba de la puerta hacia sí y, una vez cerrada, volvía a revisarla dos veces para asegurarse de que la cerradura estuviera perfectamente encajada en su lugar.

Una vez fuera, nos quedábamos parados allí mismo, en la zona de carga y descarga del edificio, y alzábamos la vista hacia el cielo helado, y más allá, hasta el frío extremo del espacio exterior, y contemplábamos la luz que habían emitido muchos años atrás unos fuegos inconcebiblemente calientes que seguían ardiendo desde el otro lado de la galaxia. Yo no sabía cómo se llamaban las constelaciones que las estrellas formaban en el cielo, y tampoco se me ocurrió nunca preguntárselo a mi padre, aunque estoy segura de que conocía tanto sus nombres como la historia de cada una de ellas. Hacía tiempo que habíamos adoptado la costumbre de no intercambiar ni una sola palabra en los tres kilómetros que nos separaban de nuestro hogar; la convivencia silenciosa es algo que a las familias escandinavas les sale de manera natural y puede que sea lo que mejor hacen.

El centro en el que trabajaba mi padre estaba situado en el extremo occidental de nuestra pequeña localidad, en un área de servicio de unos siete kilómetros en la que había varios restaurantes de carretera. Nuestra familia, es decir, mis padres, mis tres hermanos y yo, la benjamina, vivíamos en una casa de ladrillo situada al sur de Main Street, a unas cuatro manzanas en dirección oeste de donde se crio mi padre en la década de 1920, a ocho manzanas en dirección este de donde creció mi madre durante la década de 1930, a unos 160 kilómetros del sur de Mineápolis y a 8 kilómetros de la frontera con Iowa.

En nuestro recorrido por el medio del pueblo pasábamos por el consultorio médico en el que, a veces, el mismo doctor que me había traído al mundo me sacaba muestras de la garganta para hacerme las pruebas de la infección por estreptococos; pasábamos por la torre de agua de color azul dental que era la edificación más elevada del pueblo, y también por el instituto, en el que impartían clase algunos profesores que habían sido alumnos de mi padre. Cuando llegábamos al atrio de la iglesia presbiteriana bajo el que mis padres habían tenido su primera cita, en un pícnic dominical organizado por su escuela en 1949, donde se habían casado en 1953, donde me habían bautizado a mí en 1969 y donde nuestra familia pasaba todas las mañanas de domingo sin excepción, mi padre me levantaba en brazos para que pudiera romper alguno de los carámbanos de hielo que colgaban. Luego, mientras seguíamos andando, yo lo hacía avanzar a puntapiés por el suelo como si fuera un disco de hockey, y a cada rato se oía cómo impactaba contra las montañas de nieve compacta que se habían formado a ambos lados del camino.

Después seguíamos por aceras abiertas a golpe de pala y pasábamos por delante de casas perfectamente aisladas dentro de las cuales se protegían familias que sin duda compartían tantos silencios como la nuestra. En casi todas aquellas viviendas vivía alguien que conocíamos. Desde el parvulario hasta mi graduación, crecí con los hijos y las hijas de los chicos y las chicas con los que mi madre y mi padre habían jugado en su infancia; y, de hecho, nadie podía recordar una época de nuestra vida en la que no hubiéramos estado todos juntos, aunque nuestra sempiterna reticencia a conocer a los demás no nos permitía entablar relaciones estrechas, ni siquiera entre nosotros. A los diecisiete años me marché a estudiar a otra ciudad, y fue entonces cuando descubrí que el mundo estaba habitado fundamentalmente por desconocidos.

Cuando oía una locomotora avanzar cansinamente por el otro lado de la ciudad, sabía que pasaban veintitrés minutos de las ocho y que, como cada noche, el tren de la fábrica salía en esos momentos hacia su destino. Oía el chirriar de sus frenos de hierro cuando los vagones cisterna empezaban a arrastrarse por las vías en dirección norte, hacia Saint Paul, donde los rellenarían con más de 110.000 litros de salmuera. A la mañana siguiente el tren regresaba de nuevo a la fábrica, y entonces el monstruo, exhausto, volvía a lanzar sus resoplidos cuando introducía su carga en los grandes depósitos de sal que la fábrica necesitaba para mantener su continua producción de beicon.

Las vías del tren cruzaban de norte a sur, dejando aislado un terreno de mi pequeña ciudad, sobre el cual todavía se alza el que quizá es el más espléndido matadero del Medio Oeste. Cuando se encendía su conducto asesino, la carne de más de 20.000 animales era procesada cada día.

Mi familia era una de las pocas que no estaba empleada en la fábrica, pero todos nuestros antepasados habían trabajado a destajo en aquel almacén de carne muerta. Mis bisabuelos, como la inmensa mayoría de los habitantes de nuestro pueblo, habían llegado a Minesota desde Noruega, en una oleada de emigración masiva que empezó hacia 1880. Y, como la mayoría de mis conciudadanos, eso era prácticamente todo lo que sabía de mis antepasados. Suponía que si se habían trasladado al lugar más frío de la Tierra y se habían puesto a destripar cerdos no era porque les fuera precisamente bien en Europa, pero nunca se me ocurrió preguntar por qué lo hicieron.

A mis abuelas no llegué a conocerlas: ambas murieron antes de que yo naciera. Recuerdo algo de mis abuelos, que murieron cuando yo tenía cuatro y siete años, pero no recordaba ni una sola vez en la que se hubieran dirigido a mí directamente. A diferencia de mi padre, que era hijo único, mi madre creo que tenía más de diez hermanos, y a muchos de ellos ni siquiera llegué a conocerlos. Pasaban años antes de que fuéramos otra vez a visitar a mis tías y tíos, y eso que algunos de ellos vivían en la misma pequeña ciudad que nosotros. Cuando mis tres hermanos fueron mayores y uno tras otro abandonaron nuestro hogar, yo no lo noté demasiado, porque en nuestra familia era bastante común que nos pasáramos días sin tener nada que decirnos.

Las grandes distancias emocionales entre los miembros de una familia escandinava se creaban muy pronto y se reforzaban día a día. ¿Puedes imaginarte lo que es criarse en un entorno donde uno no puede preguntar al otro algo referente a sí mismo? ¿Donde preguntar «¿Cómo estás?» se considera algo personal a lo que el otro no está obligado a responder? ¿Donde se te enseña a esperar que los demás hablen primero de sus preocupaciones y a no ser tú quien mencione antes lo que te preocupa? Seguramente se trata de una estrategia de supervivencia heredada de la época de los vikingos, cuando era preciso mantener largos silencios para evitar homicidios innecesarios durante los largos y oscuros inviernos en los que las reservas de alimento escaseaban y los alojamientos estaban muy cerca los unos de los otros.

De niña estaba convencida de que todo el mundo se comportaba como lo hacíamos nosotros, así que no es de extrañar que, cuando me fui a vivir fuera del estado, me quedara perpleja al conocer a personas que, sin ningún esfuerzo, correspondían a los demás con esa sencilla cordialidad y ese afecto espontáneo que yo tanto había ansiado. Más tarde me tocó aprender a vivir en un mundo en el que, si las personas no hablan con los demás, es porque no se conocen, no porque ya se conozcan.

En el momento en que mi padre y yo cruzábamos la calle Cuarta (o «Kenwood Avenue», como decía él, pues se había aprendido las calles cuando era niño, en la década de 1920, mucho tiempo antes de que el nomenclátor adoptara la versión numerada, y él nunca se adaptó a la nueva denominación), podíamos ver ya la puerta de entrada de nuestra casa, una edificación de ladrillo de grandes dimensiones. Mi madre soñaba con vivir allí desde que era niña, y, por eso, después de su matrimonio, mis padres habían ahorrado durante dieciocho años para poder comprar esa casa. Pese a mis pasos ligeros y vigorosos, para mantener el ritmo de mi padre, los dedos de las manos se me quedaban tan fríos que en cuanto entraban en calor comenzaban a dolerme. A partir de cierta temperatura, no hay manoplas en el mundo que consigan mantener las manos calientes, y por eso me alegraba tanto ver que estábamos a punto de llegar a casa. Mi padre giraba el pesado picaporte de la entrada, se apoyaba con el hombro y abría la puerta de roble. Entonces pasábamos al interior de nuestra casa, a una clase distinta de frío.

Yo me sentaba en el vestíbulo y allí mismo me peleaba con mis botas para liberarme y luego empezaba a quitarme capas y capas de abrigos y jerséis. Mi padre colgaba nuestras prendas en un armario provisto de calefacción, y yo sabía que mi ropa me esperaría allí, caliente y seca, hasta la mañana siguiente, cuando llegara la hora de volver al colegio. A mi madre se la oía en la cocina sacar los platos del lavavajillas y hacer sonar los cuchillos cuando los dejaba caer en el cajón de los cubiertos, que luego cerraba de golpe. No había día que no estuviera irritada, pero nunca pude averiguar por qué. Con ese egocentrismo tan propio de los niños, yo estaba convencida de que debía de ser por algo que había dicho o hecho. Así que me prometí a mí misma que, en el futuro, sería más cuidadosa con mis palabras.

Después subía a la planta de arriba, me ponía el pijama de franela y me metía en la cama. Mi habitación estaba orientada al sur, hacia el estanque en el que me pasaría el domingo entero patinando sobre la superficie helada, si es que para entonces hacía mejor tiempo. El cuarto tenía en el suelo una alfombra de lana de color azul y las paredes empapeladas con un damasco haciendo juego. En un principio se había decorado pensando que estaría destinado a dos gemelas, de manera que había dos escritorios integrados, dos tocadores también integrados y todo se distribuía por duplicado. Las noches que no podía dormir me sentaba en mi banco al lado de la ventana y seguía con el dedo las hilaturas de hielo a lo largo del cristal, tratando de no mirar el asiento vacío de la otra ventana en el que mi hermana debería haber estado.

Puede parecer extraño que recuerde de forma tan nítida la frialdad y oscuridad de mis primeros años de vida, pero en realidad no es nada curioso, pues, al fin y al cabo, me crie en un lugar donde había nieve en los campos nueve de cada doce meses del año. Sumergirse en el invierno y salir luego de su frialdad era el ritmo impulsor de nuestras vidas, y a mi corta edad daba por hecho que en todas partes había personas observando cómo desaparecía el mundo del verano y confiando en su futura resurrección, después de haberlo comprobado tantas veces en un crisol de hielo.

Cada año veía caer los primeros copos en septiembre, que luego aumentaban hasta convertirse en las montañas blancas que formaban las nevadas de diciembre; estas se quedaban petrificadas en el profundo y gélido vacío de los estertores de febrero, y, finalmente, aparecían pespunteadas por el hiriente granizo del mes de abril. Tanto los disfraces de Halloween como los trajes de Pascua se confeccionaban de tal forma que pudiésemos llevar por dentro nuestra ropa de abrigo, y en Navidad íbamos envueltos en capas de lana, terciopelo y más lana. La única actividad veraniega de la que guardo recuerdo es el cuidado del jardín en compañía de mi madre.

En Minesota, el deshielo de la primavera empieza sin previo aviso, cuando la tierra helada cede ante el sol en un solo día y el suelo poroso queda completamente humedecido. El primer día de primavera se puede incluso llegar a tocar el terreno sin hielo y sacar grandes terrones de la tierra, ligeros, sin apelmazar, como si fueran trozos de una tarta de chocolate recién hecha. Salen entonces las lombrices retorciéndose por entre la tierra y luego vuelven felices a su escondite. En el sur de Minesota no quedan tierras arcillosas. A lo largo de cien mil años se ha extendido un bello manto negro sobre la piedra caliza, que se ha desplazado periódicamente a causa de los glaciares. Son terrenos mucho más ricos que cualquiera de los suelos prefertilizados que podamos adquirir en una tienda de jardinería; en nuestros huertos y parterres crece casi cualquier cosa, y sin que tengamos que preocuparnos de regarla o de echarle abono: la lluvia y los gusanos se encargan de suministrar a la planta todo lo necesario; pero la temporada de crecimiento es corta, así que el tiempo no debe desperdiciarse.

Mi madre exigía dos cosas a su jardín: eficiencia y productividad. Sentía predilección por las verduras robustas y autónomas como la acelga y el ruibarbo, las únicas que dan siempre abundantes frutos y que solo parecían crecer cuando se cosechaban con frecuencia. Ella no tenía ni el tiempo ni la disposición de ánimo necesarios para el cultivo de la lechuga o la poda del tomate; prefería plantar rábanos y zanahorias, porque podían atender calladamente sus propias necesidades en el interior de la tierra. Y en su jardín seleccionaba también las flores que cultivaba en función de su resistencia: los pequeños capullos de las peonías, que abrían esplendorosos sus pétalos hasta convertirse en unas flores rosadas del tamaño de un repollo; los curtidos lirios tigre y las esplendorosas flores del iris barbado, que salían de sus bulbos sin fallar ni una sola primavera.

Cada primero de mayo, mi madre y yo plantábamos semillas en la tierra y, al cabo de una semana, quitábamos las que no habían crecido, sustituyéndolas por otras nuevas, y luego volvíamos a empezar de cero. Para finales de junio, el cultivo entero avanzaba tan bien y el mundo en torno a él era tan verde que parecía imposible que en otro tiempo hubiera sido distinto. En julio, la transpiración de todas aquellas plantas había elevado a tal punto la condensación en el aire que los tendidos eléctricos emitían un zumbido continuo a causa de la humedad.

El recuerdo más vívido que albergo de nuestro jardín no es el de su olor ni tampoco el de su apariencia; sino sus sonidos. Puede que parezca algo descabellado, pero en el Medio Oeste se puede oír realmente cómo crecen las plantas. Cuando está en pleno desarrollo, el maíz dulce aumenta su tamaño casi dos centímetros y medio diarios y, si uno se adentra en un maizal un día perfectamente tranquilo de agosto y se queda parado entre sus surcos, puede percibir algo así como un suave susurro. Cuando cavaba en el jardín de nuestra casa era capaz de oír el perezoso zumbido de las abejas tambaleándose ebrias de flor en flor; los gorjeos de las lobelias escarlata imponiéndose sobre nuestro comedero de pájaros, los suaves rasguños que las palas de jardinería hacían sobre la tierra, y el pitido imponente de la fábrica que sonaba todos los días a las doce del mediodía.

Mi madre estaba convencida de que había una forma correcta y una forma incorrecta de hacer las cosas, y que si se hacían las cosas mal siempre había que repetirlas, posiblemente varias veces. Ella sabía coser los botones de una blusa aplicando a cada uno la tensión precisa, en función de la frecuencia con la que se abrocharan. Sabía que si recolectaba las bayas de saúco un lunes lo mejor era dejarlas reposar el martes, para que el miércoles, cuando las tamizara, no obstruyeran su viejo colador metálico. Como iba siempre dos pasos por delante en cualquiera que fuera la materia que tuviera en mente, mi madre no dudaba nunca de sí misma, y a mí me parecía que no había nada en el mundo que ella no supiera hacer.

De hecho sabía hacer —y ha seguido haciéndolo hasta hoy— muchísimas cosas que ya no eran necesarias en aquellos días en los que ya no sufríamos la Gran Depresión ni las carestías de la guerra, cuando el presidente Ford nos había asegurado que los malos tiempos ya habían quedado atrás. Ella consideraba su propio ascenso social como una ardua victoria frente a la adversidad, decidió que sus hijos debían seguir luchando para merecer ese legado y nos hizo fuertes para una batalla que nunca se materializó.

Cada vez que contemplaba a mi madre me resultaba difícil creer que aquella mujer culta y vestida a la moda hubiera sido antes de mi nacimiento una chiquilla sucia, hambrienta y bastante asustadiza. Sus manos eran lo único que la delataba: miembros demasiado resistentes para la vida que en esos momentos llevaba, y con los cuales podría haber atrapado al conejo que estropeaba nuestro jardín y haberle retorcido el cuello sin dudarlo siquiera, por haber sido tan tonto como para acercarse demasiado a ella.

Cuando una crece rodeada de personas que no hablan mucho, lo poco que te dicen no se te borra de la memoria. Sé que mi madre fue la niña más pobre del condado de Mower, pero también la más inteligente. En su último año en el instituto se le concedió la mención honorífica en la novena convocatoria del concurso Westinghouse, en el cual se seleccionaba a los jóvenes más inteligentes del país. Para una mujer criada en un entorno rural, no era nada habitual obtener algo así, y, aunque era más bien un premio de consolación, a mi madre le permitió estar en buena compañía. Entre los merecedores de esta distinción figuraban otros «segundones» del año 1950, como por ejemplo Sheldon Glashow, galardonado posteriormente con el Nobel de Física, y Paul Cohen, que en 1966 se hizo con la Medalla Fields, el mayor galardón en el campo de las matemáticas.

Por desgracia para mi madre, la medalla honorífica solo daba derecho a un año de inscripción en la Academia de Ciencia de Minesota, en lugar de la beca universitaria que ella tanto ansiaba. Aun así se trasladó a Mineápolis y trató de salir adelante por sí misma mientras estudiaba

Química en la Universidad de Minesota; pero no tardó en percatarse de que era imposible asistir a las largas clases de laboratorio por las tardes y al mismo tiempo trabajar las horas suficientes cuidando niños para pagarse las tasas de la matrícula. En 1951, la universidad estaba pensada para hombres, generalmente de buena familia o, como mínimo, con mejores opciones laborales que un simple trabajo de niñera. Mi madre regresó entonces a nuestra ciudad, se casó con mi padre, trajo cuatro niños al mundo y durante los veinte años siguientes se dedicó a criar y educar a sus hijos. Estaba decidida a terminar sus estudios en la universidad cuando el último de sus hijos estuviera en preescolar, y así lo hizo. Para ella no había más opción que los cursos de educación a distancia, así que se decantó por la literatura inglesa. Y como por aquel entonces yo me pasaba los días a su cuidado, me incorporó a sus estudios en la Universidad de Minesota como si fuera algo de lo más natural.

Trabajábamos juntas los textos de Chaucer, y, para ayudar a mi madre, aprendí a buscar palabras en un diccionario de inglés medieval. Un año nos pasamos el invierno anotando metódicamente en fichas separadas todos los ejemplos de simbolismo que encontramos en *El progreso del peregrino* de John Bunyan, y hallamos tantos que nuestro montón de tarjetas fue aumentando hasta ser más grueso que el propio libro. Mi madre escuchaba una y otra vez las grabaciones de los poemas de Carl Sandburg mientras se ponía los rulos, y, al mismo tiempo, me enseñaba a percibir los matices que hacían distintas aquellas palabras cada vez. Cuando descubrió a Susan Sontag me explicó que el significado de las palabras es algo convencional, y yo aprendí a asentir y a simular que comprendía sus explicaciones.

Mi madre me inculcó que la lectura es una tarea personal y que todo párrafo merece nuestro esfuerzo, y de este modo aprendí a asimilar libros complicados. Sin embargo, poco después fui al jardín de infancia y allí comprendí que la lectura de libros difíciles también acarrea problemas. En clase me castigaban por leer en voz alta, por negarme a hablar y por no comportarme «bien». A mis profesoras las contemplaba con una mezcla de adoración y temor reverencial, quién sabe por qué, aunque de lo que sí estoy segura es de que en todo momento buscaba su atención, fuera para bien o para mal. Menuda pero perseverante, me abría paso por el sinuoso y precario camino de la existencia, mientras al mismo tiempo empezaba a darme cuenta de que eso puede ser molesto para los demás.

Cuando mi madre y yo cuidábamos el jardín y leíamos juntas sus libros de la universidad, me daba la sensación de que faltaba algo entre nosotras, algo afectuoso, cálido, que las madres e hijas normales se muestran espontáneamente; pero en aquel entonces no sabía definirlo muy bien y me figuro que mi madre tampoco. Creo que nos queríamos de verdad, cada una a nuestra terca y obstinada manera, aunque tampoco estoy del todo segura, quizá porque nunca hablamos abiertamente de nuestra relación. La unión maternofilial siempre ha sido para nosotras como un experimento que no dominamos.

A los cinco años tuve plena conciencia de que era distinta a los chicos. Aún no lo tenía muy claro, pero si de algo estaba segura era de que no estaba a la misma altura que ellos. Solo tenía que mirar a mis hermanos, que siendo cinco, diez y quince años mayores que yo eran capaces de poner en práctica todo lo que habíamos aprendido en el laboratorio. En los Lobatos, echaban carreras con sus prototipos y construían cohetes que luego lanzaban con sus compañeros. En clase de manualidades se les permitía utilizar las grandes herramientas que estaban colgadas del panel de la pared o suspendidas del techo. Cuando veíamos en televisión a Carl Sagan, a Spock, al Doctor Who y al Profesor nunca se nos ocurría hablar de personajes femeninos como la enfermera Chapel o Mary Ann. A medida que pasaba el tiempo me refugiaba cada vez más en el laboratorio de mi padre, que es donde podía explorar por mí misma el mundo de la mecánica.

Aquella sintonía con mi padre tenía su lógica. Al fin y al cabo, yo era la única que se le parecía, o al menos esa era mi impresión. Entre nosotros solo había diferencias superficiales: mi padre era, en su apariencia física, como debe ser un científico. Alto, pálido y bien afeitado, era un hombre delgado que solía vestir pantalones de algodón y una camisa blanca. A ello había que sumar sus características gafas de concha y una nuez de Adán bastante pronunciada. A los cinco años me dije a mí misma que tenía que ser exactamente como él, aunque me vistiese como una chica.

Cuando me comportaba como la niña que en realidad era me pasaba el tiempo acicalándome y cotilleando con mis amigas acerca de las posibles (e imposibles) atracciones entre nuestros compañeros de clase. A mi corta edad era capaz de saltar a la comba durante horas, pero también de confeccionar mi propia ropa y de preparar una opípara comida a partir de alimentos básicos elaborados de tres maneras distintas. Pero eso sí, todos los días, en cuanto caía la tarde, me marchaba con mi padre a su laboratorio, justo en el momento en que el edificio de la escuela estaba vacío pero bien iluminado. Allí es donde se operaba la transformación de una simple chiquilla en una científica, más o menos como lo que hacía Peter Parker cuando se convertía en Spiderman, solo que mucho más sencillo.

Por mucho que quisiera parecerme a mi padre, yo sabía que estaba destinada a convertirme en una extensión de mi madre; como si fuera una segunda oportunidad para ella, que a través de mí podría llevar la vida que se merecía y que debería haber tenido. Dejé el instituto un año antes de lo previsto porque me concedieron una beca en la Universidad de Minesota, la misma en la que habían estudiado mi madre, mi padre y mis tres hermanos.

En un principio me decanté por la literatura, pero no tardé en descubrir que en realidad yo estaba hecha para la ciencia. La diferencia entre las clases de ambas materias me lo dejó meridianamente claro: en las de ciencia nos dedicábamos a *hacer* cosas en lugar de sentarnos en torno al profesor y hablar de la materia de estudio. Trabajábamos con las manos y prácticamente cada día obteníamos algún resultado tangible. Los experimentos que realizábamos en nuestro laboratorio estaban concebidos para que funcionaran a la perfección en cada una de nuestras tentativas, y, a medida que aumentaba nuestra práctica en la experimentación, se nos permitía servirnos de máquinas o instrumental de mayor tamaño, amén de sustancias químicas mucho menos comunes.

En las clases de ciencias nos ocupábamos de problemas sociales de la actualidad, y no de sistemas políticos extintos que habían sido defendidos o criticados por personas fallecidas mucho tiempo atrás, antes de que yo naciera. La ciencia no se ocupa de libros en los que se analizan otros libros, que a su vez son simples glosas de obras clásicas de la Antigüedad. La ciencia simplemente aborda todo lo que sucede ahora, así como lo que puede llegar a suceder en un futuro que podría estar muy cerca. Los rasgos de mi carácter que habían constituido un verdadero fastidio para mis antiguos profesores —mi negativa a aceptar las cosas porque sí, mi inveterada tendencia a la reflexión—, eran justamente lo que mis nuevos profesores de ciencia valoraban más. Ellos me aceptaban tal como era, aunque no fuese más que una chica, y me confirmaron algo que ya se me había pasado por la cabeza: que mi verdadero potencial dependía más de mi carácter luchador que de mi pasado y mi situación de entonces. Volvía a sentirme tan segura como en el laboratorio de mi padre, donde se me permitía jugar con todo lo que allí había sin ninguna cortapisa.

Las personas son como las plantas: crecen buscando la luz. Si yo me incliné por la ciencia fue porque me aportaba lo que más necesitaba: un hogar en el sentido literal del término; esto es, un lugar seguro en el que poder desarrollar mi vida.

La edad adulta es un proceso largo y doloroso para cualquier persona, y la única certeza que yo tenía en esos momentos de mi vida preñados de incertidumbres era que algún día tendría mi propio laboratorio, por la sencilla razón de que mi padre también tenía uno. En nuestro pueblo, mi padre no era un científico, era el científico por antonomasia, y su dedicación a la ciencia no era una simple ocupación laboral, era lo que definía su identidad. Mi deseo de ser científica obedecía única y exclusivamente a un instinto que albergaba en lo más profundo de mi ser; nunca había oído contar historias sobre mujeres científicas, nunca llegué a conocer a ninguna y tampoco vi nunca a ninguna por televisión.

Como mujer científica sigo siendo bastante poco convencional, pero en el fondo de mi corazón nunca he sido otra cosa. En estos años he llegado a construir tres laboratorios diferentes, confiriendo vida y calor a tres salas vacías, cada una de ellas más grande y en mejores condiciones que la anterior. El laboratorio en el que trabajo en la actualidad es prácticamente perfecto: se encuentra situado en la cálida Honolulu, en un edificio espléndido que a menudo se ve coronado por el arcoíris y rodeado de hibiscos que florecen sin cesar. Y aun así soy consciente de que, por alguna extraña razón, no voy a dejar nunca de querer montar más laboratorios. El que ahora dirijo no es esa «sala T309» que aparece en el plano de la universidad; es el «Laboratorio Jahren» y, aunque cambie su localización, nunca dejará de serlo. Es mi hogar, por eso lleva mi nombre.

Mi laboratorio es un lugar en el que las luces siempre están encendidas. No tiene ventanas, pero no son necesarias. Es autosuficiente. Es un mundo en sí mismo. Mi laboratorio es privado y a la vez familiar, habitado por un reducido círculo de personas que se conocen muy bien. En mi laboratorio me pongo el cerebro en las manos y hago cosas. Es donde me muevo. Donde estoy en pie, donde camino, me siento, traigo, llevo, subo y trepo. Mi laboratorio es una buena opción cuando no puedo dormir, porque hay muchas cosas que hacer en el mundo. Mi laboratorio es un lugar en el que es importante no hacerse daño. Allí se han adoptado normas y pautas de comportamiento para mi propia protección. Me pongo guantes, gafas y zapatos cerrados a modo de armadura para protegerme contra cualquier desastroso error. En mi laboratorio, todas mis necesidades están gratamente satisfechas con lo que tengo a mi disposición. Los cajones están llenos de cosas que podrían resultarme útiles en algún momento. Todos los objetos —incluso los más pequeños o raros que se pueda encontrar— están allí por alguna razón, aunque no sepamos todavía para qué los vamos a utilizar.

Mi laboratorio es un lugar en el que mi sentimiento de culpa por todo aquello que no hice queda sustituido por las cosas que estoy consiguiendo hacer. La falta de atención a mis padres, las tarjetas de crédito sin crédito, los platos sin lavar, las piernas sin depilar...; todo ello resulta insignificante en comparación con el hermoso descubrimiento al que en esos momentos consagro mi tiempo. Mi laboratorio es el lugar en el que puedo seguir siendo la niña que todavía soy. Es el espacio donde juego con mi mejor amigo. Allí puedo reírme y puedo ser ridícula. Puedo pasarme la noche entera analizando una piedra de más de 100 millones de años simplemente porque necesito saber de qué está hecha antes de que salga el sol a la mañana siguiente. Ninguna de esas obligaciones incomprensibles que se nos imponen en nuestra vida adulta —la declaración de la renta, el seguro del coche, las citologías periódicas...—, ni una sola de ellas, tiene importancia cuanto estoy en el laboratorio. No hay teléfono, por lo tanto no me siento molesta si alguien no me llama. La puerta está siempre cerrada y yo conozco a todas las personas que tienen llave. El mundo del exterior no puede colarse en el laboratorio, así que no es extraño que este se haya convertido en el lugar en que puedo ser realmente yo misma.

Mi laboratorio es como una iglesia, porque es el lugar en el que yo descubro aquello en lo que creo. Cuando entro, las máquinas emiten su propio himno festivo. Sé muy bien a quiénes me voy a encontrar allí y sé muy bien cómo van a reaccionar. Sé que habrá silencio; sé que en algún momento sonará la música, que habrá tiempo para saludar a mis amigos y tiempo para dejar a los demás absortos en sus propias reflexiones. Allí se adoptan rituales que yo misma sigo, algunos de lo más comprensibles y otros no tanto. Sacando lo mejor de mí misma, me esfuerzo en realizar cada tarea de la manera correcta. Mi laboratorio es un lugar al que se acude los días sagrados, como en una iglesia. En vacaciones, cuando el resto del mundo cierra sus puertas, mi laboratorio permanece abierto. Mi laboratorio es un refugio y un santuario. Es el lugar al que me retiro después de haber luchado en el campo de batalla de mi profesión; es donde examino las heridas que me han infligido y reparo mi coraza. Y al igual que las iglesias, es un lugar del que nunca puedo marcharme realmente, porque lo llevo dentro desde niña.

Mi laboratorio es el lugar en el que escribo. Como científica he conseguido desarrollar la habilidad necesaria para producir una especie rara de prosa que permite condensar diez años de trabajo colectivo con otros cinco colegas en seis páginas de una publicación periódica sin apenas público, porque está escrita en una lengua que muy pocos comprenden y que ya nadie habla. Este ensayo expone mi trabajo científico diseccionándolo con la precisión de un láser quirúrgico, pero la belleza de su forma lingüística es una especie de artificio, un modelo de «talla cero» diseñado para mostrar la magnificencia de un vestido que resulta mucho menos perfecto sobre el cuerpo de una persona real. Y es que mis artículos no llevan las notas al pie que ellos mismos han propiciado, ni el gráfico de los datos que hubo que rehacer a lo largo de varios meses de concienzudo trabajo después de que una estudiante abandonara el proyecto porque, según dijo al marcharse llena de desdén, no estaba dispuesta a llevar una vida como la mía. No contiene el párrafo que me llevó cinco horas escribir en un avión, aturdida por la pena, cuando me dirigía al funeral de una persona cuya pérdida aún no había asumido. Ni el primer borrador que mi pequeño había decorado con ceras y puré de manzana cuando acababa de imprimirlo.

Aunque mis publicaciones detallan con minuciosidad todo lo referente al brote de las plantas, a las mediciones que discurrían sin sobresaltos y a las estadísticas que se materializaban, incurren en una amnesia irrespetuosa en lo que respecta a los jardines que se nos pudrieron por efecto de los hongos y del desaliento, a las continuas bajadas de la tensión eléctrica y a los cartuchos de tinta que teníamos que agenciarnos a altas horas de la madrugada de forma sibilina. No me cabe duda de que, si hubiera alguna forma de alcanzar el éxito sin pasar por el desastre ya habría alguien que lo hubiera conseguido, haciendo así innecesarios los experimentos; pero todavía no hay ninguna revista científica en la que yo pueda publicar el relato de cómo se hace mi ciencia a partir del trabajo conjunto del corazón y de las manos.

Al final resulta que me dan las ocho de la mañana y todavía tengo que reponer las sustancias químicas que faltan, extender los cheques de los sueldos y comprar los billetes de avión de mi próximo viaje, así que inclino la cabeza sobre la mesa y me pongo a escribir otro de mis anodinos informes científicos mientras ahogo en la garganta, inaudibles, los gritos de dolor, de orgullo, de arrepentimiento, de miedo, de amor y también, sí, mis más profundos anhelos. Después de veinte años trabajando en un laboratorio me encuentro con que tengo dos historias científicas: la que tengo que escribir y la que yo quiero transmitir.

La ciencia es una institución tan convencida de su propia valía que no puede desprenderse de ninguno de sus principios. Es algo en lo que cayó hasta mi propio padre con sus reglas de cálculo, que guardaba celosamente en el sótano de nuestro hogar: «Reglas de cálculo lineal estándar [25 cm], 30 unidades». Si hay treinta exactamente es porque es importante que cada alumno tenga la suya propia; y es que los científicos hacen muchas cosas juntos, pero jamás comparten equipo ni instrumental de trabajo. Aquellas viejas reglas de cálculo nunca se volvieron a utilizar; con el tiempo quedaron completamente obsoletas, arrumbadas primero por las calculadoras, luego por los ordenadores y, más recientemente, por los teléfonos móviles. La caja no lleva el nombre de nadie. Tan solo lleva la etiqueta en la que se detalla lo que hay dentro. A veces me quedaba mirando la caja y, por alguna razón que se me escapa, anhelaba que algún día mi padre escribiera allí mi nombre. Pero esas reglas de cálculo no son de nadie; sencillamente están ahí, guardadas en su caja. Y desde luego nunca me pertenecieron a mí.

En 2009 cumplí cuarenta años, catorce de los cuales me los había pasado dando clases en la universidad. Pero además es el año en que logramos un avance importantísimo en la química de los isótopos, porque conseguimos construir una máquina capaz de trabajar en paralelo con nuestro espectrómetro de masas.

Seguramente en casa tienes una de esas básculas de baño que puede calibrar la diferencia entre el peso de una persona de ochenta kilos y otra de ochenta y cinco. Yo dispongo de una báscula científica que es capaz de calibrar la diferencia entre un átomo con doce neutrones y otro con trece. En realidad tengo dos de estas básculas. Nosotros las llamamos «espectrómetros de masas» y cuestan alrededor de medio millón de dólares cada uno. La universidad me los compró con la condición, digamos no exactamente tácita, de que yo haría cosas maravillosas, y en principio imposibles, con ellos, contribuyendo así al propio prestigio científico de la institución.

Si nos basamos en un burdo análisis de costes y beneficios, resulta que, para que la universidad cubra pérdidas conmigo, es preciso que yo haga cuatro cosas maravillosas, y en principio imposibles, cada año de mi vida, y así hasta que me muera. Es algo bastante complicado, porque el dinero destinado a comprar cualquier otra cosa —desde los matraces y las sustancias químicas hasta los *post-it* y el paño con que limpiamos el espectrómetro de masas— lo tengo que recaudar yo misma entre diversos organismos públicos y privados, los cuales, por cierto, están reduciendo cada vez más sus aportaciones a la ciencia. Con todo, no es eso lo más estresante de mi trabajo. Lo que más quebraderos de cabeza me provoca es que el sueldo de cada una de las personas que trabajan en el laboratorio —a excepción del mío— se debe obtener de la misma forma. Sería maravilloso que un empleado que lo ha sacrificado todo por la ciencia y que trabaja ochenta horas semanales pudiera tener algo más que seis meses de trabajo asegurado, pero lamentablemente ese es el mundo en el que se mueve el científico que se dedica a la investigación. Si tú, querido lector, deseas apoyar nuestra tarea, ponte en contacto conmigo. Tenía que decirlo, entiéndelo. Sería una locura por mi parte no incluir esta frase.

El año 2009 era además el tercero en el que estábamos trabajando en la fabricación de un aparato que pudiese aislar el óxido nitroso de los gases liberados en la detonación de un explosivo casero. Cuando consiguiésemos hacerlo funcionar, solo tendríamos que adosarlo a uno de nuestros espectrómetros y realizar las mediciones necesarias. De este modo esperábamos llegar a plantear un nuevo método de análisis forense que permitiese analizar las secuelas químicas de un ataque terrorista, ya que el número de neutrones presentes en cualquier sustancia es como una especie de huella dactilar. Para ello teníamos pensado comparar, y llegado el caso relacionar, la huella química que deja el explosivo tras su detonación con las trazas y restos hallados en todas aquellas superficies en que podría haber sido elaborado, como por ejemplo, una encimera de cocina.

Dos años antes habíamos conseguido «venderle» la idea a la Fundación Nacional de Ciencia, pues por aquel entonces había salido a la luz que la detonación de explosivos caseros estaba provocando más de la mitad de las bajas de las tropas de la coalición en Afganistán. Y no solo nos aprobaron el proyecto, sino que además nos concedieron unos fondos elevadísimos para su desarrollo. A mí lo que me interesaba era el proceso de crecimiento de las plantas, pero la ciencia destinada a fines bélicos siempre está mucho mejor remunerada que la ciencia destinada al conocimiento. Concebí entonces un plan endiablado: dedicaríamos cuarenta horas a la semana a este proyecto de los explosivos y luego pasaríamos otras cuarenta horas pluriempleados con nuestros experimentos sobre la biología de las plantas.

Esta saturación de trabajo nos causó un agotamiento extraordinario, además de una increíble desesperación cada vez que se presentaban las dificultades o medio fracasos habituales en el curso de una investigación científica. La reacción química con la que trabajábamos se nos resistía: separar el nitrógeno de los residuos explosivos era bastante fácil, pero convertir el oxígeno adherido a este demostró ser más complicado de lo que habíamos previsto, y, además, teníamos problemas para seguir el rastro de los neutrones durante su manipulación. Lo que sucedía es que, fuese cual fuese el residuo que analizáramos, siempre obteníamos los mismos valores al examinarlo en el espectrómetro de masas. La verdad es que era desesperante, algo así como pedirle a un sujeto que diferencie una luz roja de otra verde y que luego responda invariablemente «verde» cada vez que se le muestra una luz, sea cual sea su color.

Si uno se encuentra en esa situación, ¿cuándo decide que es el momento de acompañar a la puerta al sujeto desorientado y empezar de nuevo con otra selección de individuos? Pues, en realidad, nunca, si eres tan cabezota como yo. Lo que hicimos fue disminuir el ritmo de nuestra investigación y ser más cuidadosos al realizar los análisis, para poder descartar las imprecisiones, fruto de nuestro descuido, que un experimento más sólido podría haber soportado fácilmente. Resultó entonces que las tareas de laboratorio que en principio debían efectuarse en dos horas, en realidad nos llevaban cuatro días, y el doble de tiempo si queríamos terminarlas de la manera correcta. A ello había que sumar que debíamos realizar este trabajo en paralelo con nuestro proyecto sobre las plantas, que teníamos que regar y fertilizar, además de registrar cada día el crecimiento de un centenar de plantitas.

Nunca se me olvidará la noche en que, después de tantos intentos infructuosos, finalmente conseguimos que nuestro analizador de explosivos quedase sincronizado con el espectrómetro de masas, dándonos así los valores estandarizados que sabíamos que debía darnos. Aquella noche no se me ha borrado de la memoria, como tampoco lo han hecho otras muchas noches parecidas a lo largo de mi vida. Era domingo, a esa hora de la madrugada en que se empieza a sentir la amenazante presencia del lunes. Como tantas otras veces, estaba dándole vueltas a los presupuestos del laboratorio. El proyecto concluiría al cabo de poco, así que no me resultaba nada difícil calcular en qué día exactamente nos quedaríamos sin fondos. Estaba en mi despacho, estudiando los precios de las sustancias químicas y echando conjuros sobre nuestros escasos centavos con la ilusoria esperanza de que mi alquimia los convirtiese en dólares. La situación era crítica, pero aún podría posponer la bancarrota unos meses más.

En ese momento se abrió la puerta y entró dando brincos mi compañero de laboratorio, Bill. Se dejó caer en una silla medio rota y me lanzó unos papeles sobre la mesa.

—Muy bien, ya puedo decirlo: este cabrón funciona, ¡y lo hace de maravilla! —anunció.

Empecé a pasar las hojas en las que aparecían las lecturas del aparato y, sin un ápice de sorpresa, comprobé que cada una de las muestras de gas arrojaba ahora un valor distinto... y de lo más preciso. Por lo general soy yo quien reconoce el éxito de un proyecto mucho antes de que lo haga Bill. Él siempre quiere hacer una nueva verificación y algún ajuste adicional antes de admitir que hemos vencido al fracaso. Pero aquella vez no.

Bill y yo nos sonreímos con complicidad: habíamos conseguido salir adelante, una vez más. El proyecto entero era un ejemplo perfecto de nuestra forma de trabajar en equipo: yo concibo una quimera, un sueño imposible, lo embellezco hasta el límite de lo impracticable, luego lanzo y vendo la idea a un organismo público, compro el material y, por último, se lo dejo todo a Bill. A partir de esas bases, él crea un primer modelo, un segundo y hasta un tercero, sin dejar de protestar todo el rato por la imposibilidad de desarrollar aquella idea que no es más que un sueño. Cuando su quinto diseño presenta signos prometedores y el séptimo se pone en marcha (siempre que una lo encienda vestida con camisa azul y mirando al este), ambos caemos seducidos por los efluvios del éxito.

Se inicia entonces una etapa en la que yo trabajo de día y él de noche, y durante ese periodo nos vamos enviando por Twitter, SMS y Facebook todas las lecturas que haya obtenido cada cual, hasta que aquella creación casera nuestra demuestra ser tan precisa y fiable como la máquina Singer con la que cosía mi abuela. Entonces, y solo después de que Bill haga una batería adicional de pruebas —o dos, o puede que incluso tres—, únicamente entonces damos por finalizado el proceso. En ese momento me toca a mí hacer un repaso de todo lo que hemos hecho en el informe final: contar cómo hemos creado a nuestro pequeño y lo hemos hecho caminar, sin olvidarme de explicar a nuestro benefactor por qué ha hecho una excelente inversión en ese proyecto. Cuando comienza el siguiente año fiscal volvemos a empezar de cero, planteándonos entonces un objetivo aún más ambicioso para cuya consecución contamos con un presupuesto tan ajustado que, haciendo un sinfín de cálculos, solo lograremos que nos lleve hasta la mitad de nuestro nuevo camino.

Elaborar una base de datos concluyente, hecha con integridad e interpretada sin intenciones aviesas, es una de las cosas menos emocionantes que hay en el mundo; y, sin embargo, cada vez que Bill y yo generamos una nos sentimos como Bonnie y Clyde en su última escaramuza con la policía. «¡Chúpate esa, universo!», exclamábamos a veces.

Aquella noche levanté los brazos hacia el techo y luego me pasé los dedos por el pelo a modo de masaje para intentar introducir en mi cerebro algo de oxígeno, cosa que hacía, como por acto reflejo, desde que estaba en el instituto.

—Creo que ya estamos demasiado viejos para estas largas noches en vela.

Miré el reloj y en ese instante caí en la cuenta de que mi hijo ya llevaba varias horas dormido.

—Bien, ¿y cómo vamos a llamar a este artefacto?

Bill, espoleado por el éxito, quería que ambos nos devanáramos los sesos hasta que diésemos con un nombre gracioso que además se pudiese abreviar en un acrónimo más gracioso todavía.

—Creo que podríamos empezar con CATA, por aquello de la reacción de dismutación *cata*lizada por níquel.

No hay escritor en el mundo que dé tantas vueltas a las palabras como los científicos. Para nosotros, la terminología es fundamental: identificamos un fenómeno por el término convencional que en algún momento se le ha atribuido, lo describimos mediante vocablos acordados universalmente, lo estudiamos caso por caso, y escribimos sobre ello valiéndonos de un lenguaje que lleva años dominar. En la presentación de nuestro trabajo, «planteamos hipótesis» pero nunca «conjeturamos»; llegamos a «conclusiones», pero nunca «tomamos decisiones». La palabra *importante* nos resulta tan vaga, tan imprecisa, que la consideramos inútil, pero somos conscientes de que el mero añadido de la partícula *muy* puede suponer medio millón de dólares para nuestra investigación.

Que a un científico se le permita poner su nombre a una especie nueva, a un mineral nuevo, a una nueva partícula atómica, a un nuevo compuesto o a una nueva galaxia está considerado el más alto honor —y la más excelsa tarea— al que puede aspirar toda persona consagrada a la ciencia. Estrictas reglas y normas, impuestas por la tradición, rigen las convenciones y la nomenclatura en cualquier campo científico. Cuando alguien se enfrenta a esta tarea ha de hacer acopio de todo lo que sabe acerca de sus descubrimientos y del mundo en el que vive, tiene que pasar revista a sus recuerdos y a aquello que le hace reír, pensar en alguna referencia que sea actual y a la vez eterna, y, por último, bautizar al preciado objeto o sustancia con el mejor nombre que se le ocurra, confiando en que esa denominación suya llegue a ser pegadiza y persista a lo largo de las épocas venideras. Pues bien, aquella noche mi cerebro estaba demasiado agotado para festivales semánticos; a mí lo único que me interesaba en esos momentos era marcharme a casa y meterme en la cama.

—Podríamos llamarlo «480.000 dólares de dinero público», porque eso es lo que nos hemos gastado fabricando este condenado aparato —sugerí yo, soltando un resoplido sobre nuestro rebelde presupuesto, al que estaba torturando en busca de una solución.

No tenía ni idea de a qué institución podía solicitar nuevos fondos ahora que ya habíamos construido la máquina, y, para colmo, los organismos públicos que habían financiado nuestra investigación estaban viendo seriamente mermados sus fondos. Adoro la ciencia, es cierto, pero tengo que admitir que estoy demasiado cansada de todos esos trabajos extenuantes, que deberían ser mucho más fáciles.

Bill me miró durante unos instantes; luego se levantó y se dio una palmada en los muslos.

—¡Ya lo tengo! No tenemos que llamarlo de ninguna manera. Basta con ponerle tu apellido. No necesitamos más.

Nos miramos y en ese momento vimos reflejados en los ojos del otro nuestros quince años de historia compartida. Asentí y, cuando estaba tratando de hallar las palabras adecuadas para darle las gracias, Bill se giró y salió de mi despacho.

Bill es fuerte cuando yo soy débil, y por ese motivo juntos constituimos un individuo perfecto, completo, pues cada uno obtiene del mundo la mitad de lo que necesita y la otra mitad nos la proporcionamos mutuamente. Me prometí a mí misma que haría lo que fuese necesario para que Bill recibiera un sueldo más alto y para que pudiéramos seguir investigando juntos. Solo tenía que encontrar la manera, como había hecho años antes. Aquella noche en el laboratorio pusimos la radio, cada cual en su despacho, y separados tan solo por una pared, sintonizamos emisoras distintas y volvimos al trabajo después de habernos confirmado una vez más que no estábamos solos.

# 2

COMO TANTAS OTRAS PERSONAS, albergo vívidos recuerdos de uno de los árboles de mi infancia. Era una pícea de Colorado *(Picea pungens)* que se mantenía desafiantemente verde en los largos meses de invierno. Recuerdo sus agujas afiladas e hirientes sobre el fondo de la nieve inmaculada y el cielo plomizo, como un perfecto ejemplo del estoicismo que me inculcaban en casa. En verano me abrazaba a su tronco, me encaramaba a sus ramas y charlaba con ella. En mi mente infantil concebí la idea de que aquel árbol me conocía, pero que no podía verme cuando me quedaba bajo su follaje observando a las hormigas arrastrar agujas muertas de un sitio para otro, condenadas por siempre jamás a los trabajos que impone un círculo del infierno reservado para los insectos. Cuando me hice mayor comprendí que en realidad no se preocupaba en absoluto por mí, y en el colegio aprendí que se fabricaba sus propios alimentos a base de agua y aire. Por aquel entonces ya sabía que cuando trepaba por su tronco no le provocaba más que una ligera vibración, apenas perceptible, y que quitarle alguna rama para mis castillos de nieve no le causaba más dolor que a mí arrancarme algún pelo de la cabeza. Durante aquellos años dormí a escasos pasos de mi árbol. Solo nos separaba el cristal de mi ventana. Después me marché a la universidad y me adentré en esa larga etapa en que uno deja atrás sus orígenes y, junto con ellos, su propia infancia.

Con el tiempo comprendí que mi árbol, en su momento, también había sido un niño. El embrión que dio lugar a mi pícea estuvo en el suelo durante años, atrapado en una encrucijada: si esperaba demasiado no podría brotar y si dejaba salir la semilla antes de tiempo tampoco. Si no salía en el instante preciso acabaría muerto, devorado por un entorno feroz, implacable, capaz de descomponer la hoja más fuerte en apenas unos cuantos días. Después mi árbol se convirtió también en un adolescente. Pasó por un periodo de crecimiento desaforado y de despreocupación por el futuro que se prolongó unos diez años. A los veinte ya medía más del doble, y a veces no estaba bien preparado para afrontar los nuevos desafíos y responsabilidades que su elevada estatura traía consigo. Se esforzaba en no quedarse atrás respecto a sus compañeros, y alguna que otra vez hasta llegó a sobrepasarlos, apropiándose con descaro de ese raro botín que son los rayos de sol no compartidos con nadie. Como estaba centrado en su propio desarrollo, no tenía fuerzas para generar semillas que superasen los envites hormonales. A lo largo del año experimentaba el paso del tiempo como los demás adolescentes: en la primavera se disparaba su estatura, en verano generaba agujas nuevas y, cuando llegaba la temporada otoñal, extendía sus raíces, hasta que, de muy mala gana, se preparaba para un invierno aburrido y anodino.

A los árboles adolescentes, la edad adulta se les presenta como un futuro por un lado apremiante y, por otro lado, de final incierto. Nada menos que cincuenta, ochenta o puede que incluso cien años en los que solo tienen que mantenerse erguidos, no interrumpir el esfuerzo de tener que reponer cada mañana las agujas caídas y producir enzimas de forma incesante por las noches. Ya no experimentan esa absorción de nutrientes que marca la conquista del territorio subterráneo, sino que basta que una vieja raíz primaria caiga sobre las grietas del pasado invierno. Los adultos se ponen todos los años un poquito más gruesos, sin apenas experimentar ningún otro cambio a medida que pasan las décadas.

A las nuevas generaciones, siempre tan hambrientas, no les ofrecen sus nutrientes, que tanto les ha costado obtener, más que a cuentagotas. En los barrios prósperos, ricos en agua, en suelos fértiles y, lo que es más importante, en luz solar, crecen árboles capaces de alcanzar su máximo potencial. En cambio, los árboles que nacen en vecindarios desfavorecidos no crecen ni la mitad que los demás; nunca dan del todo el estirón propio de la adolescencia, sino que simplemente tratan de persistir, así que al final se quedan rezagados respecto a los árboles más afortunados.

A lo largo de sus ochenta y tantos años, mi árbol debió de caer enfermo unas cuantas veces. Como no podía huir cada vez que le asaltaba alguno de los muchos insectos y animales que buscaban alimento y cobijo en él, se defendía de sus ataques con unas agujas afiladas y una savia tóxica y de sabor desagradable. Sus vulnerables raíces eran las que más peligro corrían, pues quedaban totalmente aplastadas en un manto de tejido vegetal que se descomponía. Para mantener sus defensas, mi árbol tenía que valerse de sus recursos exiguos en lugar de dedicarlos a su propia perpetuación: cada gota de savia desperdiciada era una semilla que no brotaba; cada espina perdida, una hoja que no se formaba.

En 2013, mi árbol cometió un terrible error. Convencido de que el invierno había llegado a su fin, extendió sus ramas e hizo brotar un nuevo contingente de agujas antes de que hubiese empezado el verano. Pero resultó que, contra todo pronóstico, en el mes de mayo se levantó una fuerte ventisca y, en apenas una semana, los campos quedaron cubiertos de nieve. Las coníferas pueden soportar el peso de los copos sin dificultad; pero el peso añadido del nuevo follaje acabó siendo excesivo para ellas. Las ramas empezaron a arquearse hasta que, al final, se rompieron, dejando a la vista un tronco largo y desnudo. Mis padres le practicaron la eutanasia a mi árbol: talaron el tronco y eliminaron todas las raíces. Cuando me lo contaron por teléfono meses más tarde, yo disfrutaba de un sol resplandeciente, pues por aquel entonces vivía a más de 6.000 kilómetros de distancia, en un lugar en el que no nieva nunca. Pienso en la ironía de aquella noticia: no me di cuenta del todo de que mi árbol estaba vivo hasta que me comunicaron su muerte. Pero además me percaté de algo mucho más importante, y es que mi pícea de Colorado no solo fue un ser vivo, sino que, además, tuvo una *vida*. Una vida similar y al mismo tiempo distinta a la mía. Logró sus propios objetivos. Mi árbol tuvo su momento, y el tiempo lo cambió.

El tiempo también me ha cambiado a mí, mi percepción sobre mi árbol y mi percepción de cómo mi árbol se percibía a sí mismo. La ciencia me ha enseñado que todo es mucho más complicado de lo que en un principio suponemos, y que quien es capaz de extraer felicidad de aquello que descubre tiene la receta de una vida hermosa. Además, estoy convencida de que la anotación minuciosa, atenta, de cuanto a uno le sucede es la única defensa con la que verdaderamente contamos frente al olvido de algo importante que existió en otro momento y que ya no existe más, como por ejemplo mi pícea, que debería haber vivido más años que yo, pero que no me sobrevivió.

# 3

UNA SEMILLA SABE ESPERAR. La mayoría de las semillas esperan un año antes de empezar a crecer; una semilla de cereza puede llegar a esperar hasta cien años sin ninguna dificultad. ¿Y a qué esperan exactamente? Cada semilla aguarda a que suceda algo, y solo ella sabe qué es. Debe darse una combinación única de temperatura, humedad y luz, junto a otros factores adicionales, para convencer a una semilla de que salte al exterior y se decida a cambiar. Para que aproveche su primera y única oportunidad de crecer.

Mientras permanece a la espera, la semilla sigue viva. Las bellotas caídas al suelo están tan vivas como los robles de trescientos años que se elevan sobre ellas. Y ninguno de los dos, ni la semilla ni el roble centenario, están creciendo, sino que ambos se encuentran a la espera. Pero no aguardan lo mismo. La semilla espera su brote, mientras que el árbol únicamente aguarda su muerte. Si te adentras en un bosque, es muy probable que tiendas a mirar las plantas que han crecido muy por encima de la altura de los humanos. Posiblemente no bajarás la vista al suelo, pero justo ahí, bajo tus pies, se encuentran centenares de semillas, todas ellas vivas y a la espera. Ellas aguardan una oportunidad que posiblemente nunca llegará. Más de la mitad morirán antes de sentir que han llegado a alcanzar esa combinación única que estaban esperando, y en el curso de unos años terribles no sobrevivirá ni una sola. Cuando vamos a un bosque, por cada árbol que vemos, hay por lo menos un centenar esperando en la tierra, ansiando salir a la luz.

Un coco es también una semilla, solo que tan grande como nuestra cabeza. Puede flotar desde las costas de África y, después de atravesar el Atlántico, echar raíces y crecer en una isla del Caribe. Las semillas de las orquídeas, en cambio, son muy pequeñas: un millón de ellas no pesa más que un simple clip. Sea cual sea su tamaño, lo que en realidad hacen las semillas es alimentar al embrión que permanece a la espera. Este no es más que una colección de células, pero aloja en su interior el molde de la planta futura, con su raíz y tallo ya formados.

Cuando el embrión contenido en una semilla empieza a crecer, básicamente lo que hace es estirarse desde su posición primigenia hasta que materializa la forma que lleva contenida en su seno. De hecho, la cubierta dura que rodea a un hueso de melocotón, a una semilla de sésamo o a una cáscara de nuez está ahí justamente para evitar esa expansión. En el laboratorio, nos dedicamos a raspar esa cubierta y a añadirle algo de agua; y eso basta para hacer crecer prácticamente cualquier semilla. A lo largo de mis años como científica debo de haber manejado miles de semillas, y aun así nunca ha dejado de asombrarme cómo al día siguiente brota de nuevo la vida. Todo lo difícil puede lograrse como por ensalmo si se cuenta con algo de ayuda. Y es que, estando en el sitio adecuado y contando con las condiciones adecuadas, al final se puede llegar a alcanzar aquello a lo que uno estaba destinado a ser.

Cuando un equipo de científicos rompió la cubierta de una semilla de loto sagrado *(Nelumbo nucifera)* se encontró con que allí dentro estaba alojado el embrión en su proceso de crecimiento, pero ellos se quedaron solamente con la cáscara. Una vez sometida a la prueba de radiocarbono, resultó que la plántula alojada en su interior llevaba dos mil años esperando en una turbera de China. Aquella semillita había mantenido tercamente la esperanza en su propio futuro mientras las civilizaciones humanas aparecían y desaparecían. Hasta que de pronto, un buen día, el deseo de aquella plantita se hizo realidad en un laboratorio. Quién sabe dónde estará ahora ese pequeño ser.

Todo comienzo es el final de una espera. A cada uno de nosotros se nos ha concedido una única oportunidad de existir. Todos somos algo en esencia imposible y a la vez inevitable. De la misma manera que todo árbol repleto de frutos fue antes una semilla que aguardaba su momento.

# 4

LA PRIMERA VEZ que llevé a cabo un experimento que no fuera un simple y repetitivo ejercicio de clase contaba diecinueve años y lo hice porque necesitaba el dinero.

Mientras estudiaba en la Universidad de Minesota, creo que llegué a desempeñar hasta diez trabajos distintos. Durante los cuatro años que estuve allí trabajé veinte horas semanales durante el curso, y muchas más en épocas no lectivas, con el fin de ganar dinero para complementar mi beca. Trabajé de correctora para la editorial de la universidad, de secretaria para el decano de Agricultura, de camarógrafa para el programa de enseñanza a distancia, y de operaria encargada de la limpieza de los microscopios. Además impartí clases de natación, recogí libros de la biblioteca y acompañé hasta su asiento a los acaudalados espectadores del auditorio Northrop. Y, sin embargo, ninguno de estos empleos puede compararse con el tiempo que pasé trabajando en la farmacia de un hospital.

Una compañera de mi clase de Química me había recomendado para un puesto vacante en el hospital universitario en el que ella trabajaba. El sueldo estaba bastante bien, y además contaba con la ventaja de que me permitirían hacer dos turnos de ocho horas seguidas, ganando un cincuenta por ciento más en el segundo turno. Su jefe me contrató en el acto, sin tomarse siquiera la molestia de comprobar mis referencias, y así, en un visto y no visto, me convertí en la orgullosa propietaria de dos uniformes hospitalarios de color turquesa.

Al día siguiente me presenté en el hospital después de mis clases, a las dos y media de la tarde, lista para incorporarme al turno vespertino, que empezaba a las tres de la tarde y no terminaba hasta las once de la noche. A mí me correspondía trabajar en el sótano del hospital, concretamente en el servicio de farmacia, que era el que se encargaba de almacenar, clasificar y llevar el control de los medicamentos administrados a cada uno de los pacientes del hospital. Contaba con un espacio de grandes dimensiones de uso exclusivo, en el cual había un mostrador de información, una sala de dispensación de entregas y varios almacenes provistos, entre otras cosas, de cámaras frigoríficas que funcionaban a diversas temperaturas. El servicio estaba construido en torno a un laboratorio abierto, desprovisto de paredes, que por su tamaño más parecía una nave industrial que una farmacia, y por donde pululaban siempre multitud de personas que elaboraban los medicamentos prescritos, necesarios para las complicadas terapias que se aplicaban en las diversas unidades del hospital. La subdirectora del servicio de farmacia me explicó que en un principio yo trabajaría de «mensajera», llevando en mano los analgésicos intravenosos hasta la sala de enfermería que los hubiera requerido.

En aquellos días, los médicos tenían que solicitar por escrito cada uno de los medicamentos que sus pacientes necesitaban, y después se trasladaba su petición a la farmacia del hospital. Cuando solicitaban calmantes, por ejemplo, en el laboratorio se inyectaba una pequeña cantidad de sedante en una bolsa para líquidos, y acto seguido esta quedaba envuelta en una gruesa capa de papeles y autorizaciones administrativas, porque cada vez que pasaba a manos de otro empleado del hospital este debía firmar la entrega y anotar la hora en que aquella medicación había llegado a sus manos. Una vez preparada la bolsa, un farmacéutico profesional —es decir, alguien que estuviera en posesión de los estudios universitarios correspondientes—, comprobaba dos veces la fórmula y las cantidades requeridas, refrendando con su firma dicha revisión, y seguidamente entregaba la medicación preparada a un mensajero, que también firmaba cuando se le transfería la medicación solicitada. Finalmente se recorría el hospital hasta dejar la bolsa en manos de la enfermera que estuviera a cargo del paciente, la cual a su vez estampaba también su firma y luego, como es lógico, administraba el tratamiento que le habían entregado.

Una vez cumplido su encargo, el mensajero debía revisar en la enfermería la bandeja de las prescripciones pendientes, por si hubiera alguna más y, en caso de que así fuera, tenía que trasladársela al servicio de farmacia. A mí me parecía emocionante que se requiriese mi firma en un proceso que yo consideraba importantísimo, y todo ello desencadenó en mi mente un cúmulo de fantasías e ideaciones maravillosas en las que yo me veía cada día proporcionando alivio al sufrimiento, salvando almas y conservando generalmente la vida a cuantos me encontraba en mi camino. Como a la mayoría de las chicas que sobresalen en ciencias, a mí también me habían animado a estudiar medicina, y de hecho empecé a considerarlo seriamente, más que nada porque confiaba en que de ese modo podría obtener alguna generosísima e improbable beca.

Trabajando como mensajera del servicio de la farmacia podía deambular por todo el hospital y, de paso, conocer cómo funcionaban las salas de enfermería, aunque a decir verdad en la inmensa mayoría de mis recorridos hacía casi siempre la misma ruta, la que me llevaba desde el laboratorio de la farmacia hasta la unidad de cuidados paliativos. En el hospital aprendí a trabajar durante horas sin más contacto social que el que proporciona una firma o una simple mirada. Aunque estaba siempre rodeada de gente, de luces que jamás se apagaban y de máquinas que no cesaban de hacer ruido, era como si trabajase en un estado de perfecto aislamiento, sin que la actividad circundante me molestase lo más mínimo.

Además me di cuenta de que podía dejar que mi subconsciente se concentrase en una tarea concreta mientras mi mente consciente se ocupaba de ejecutar los rituales de las labores cotidianas. Cuando me entrevistaron para conseguir el puesto, me había quedado mirando esperanzada el laboratorio principal, en el que una cohorte de industriosos auxiliares de farmacia rellenaban jeringuillas, examinaban viales y sacaban tubos de ensayo esterilizados. Picada por la curiosidad, le pregunté a la farmacéutica qué era lo que estaban haciendo.

—Antiarrítmicos en la mayoría de los casos, medicamentos para los ataques de corazón —me explicó.

A la mañana siguiente le comuniqué a mi profesor de lengua que ya había elegido el tema de mi trabajo de fin de curso: *Análisis del uso y significado de la palabra «corazón» en «David Copperfield»*. La profunda emoción que sentí en ese instante no me duró mucho, porque en cuanto me puse a leer la novela me encontré con cientos de menciones de las palabras *corazón*, *corazonada*, *descorazonador* y de otros términos derivados, y eso que solo había revisado los diez primeros capítulos de la novela. Decidí entonces limitar mi trabajo a los ejemplos más relevantes; pero este nuevo enfoque se fue al traste en el capítulo 38, donde me topé con la siguiente frase: «Lo que soy incapaz de describir es cómo en un recóndito escondrijo de mi corazón sentía celos hasta de la Muerte». Me quedé pensando en aquella críptica sentencia, pero por más vueltas que le di no conseguí encontrarle ningún sentido. Al final me dieron las dos de la tarde y no me quedó más remedio que marcharme a trabajar.

Esa noche hice diez o veinte entregas en la unidad de cuidados paliativos, dejando que mis ojos y mis manos estuvieran perfectamente concentrados en las tareas que se me encomendaban. Era ya muy tarde cuando, de pronto, en lo más profundo de mi cerebro, me asaltó la idea de que a nosotros, a los trabajadores del hospital, se nos pagaba por seguir los pasos a la Muerte mientras esta custodiaba cuerpos frágiles, devastados tras un largo y difícil recorrido por la vida, llevándose consigo a los que más amaba. Mi trabajo consistía en reunirme con los miembros de aquella expedición y acompañarlos en las estaciones de su periplo, suministrándoles nuevas provisiones para el viaje. Cuando aquel extenuado grupo se desvanecía en el horizonte, nosotros volvíamos enseguida a nuestro lugar, conscientes de que al cabo de muy poco llegaría otra familia destrozada por el sufrimiento.

Si los médicos, las enfermeras y yo misma no llorábamos era porque los maridos y las hijas del paciente, aturdidos por el dolor, derramaban lágrimas suficientes por todos nosotros. Y, sin embargo, en nuestro desvalimiento, en nuestra impotencia ante el implacable poder de la Muerte, cuando llegábamos al servicio de farmacia inclinábamos la cabeza, inyectábamos veinte mililitros de salvación en una bolsa acuosa, que bendecíamos una y otra vez, y luego nos la llevábamos a la unidad de cuidados paliativos con sumo cuidado y se la brindábamos al paciente cual si fuese una ofrenda. El medicamento entraba en la vena sin ninguna resistencia, la familia se acercaba a su ser querido, y entonces se eliminaba temporalmente de su océano de dolor una minúscula proporción de su contenido. Al terminar mi turno pensaba que, cuando llegara a casa sería capaz de escribir página tras página sin ningún esfuerzo; pero cuando me ponía frente al ordenador pasaban horas antes de que mi trabajo diera algún fruto. Por eso decidí aprenderme de memoria los pasajes más complejos de la novela, y dejar luego que mi subconsciente pensase en su significado mientras yo iba realizando mis tareas habituales en el hospital.

A los empleados del hospital se les permitía tomarse tres descansos de veinte minutos en cada turno de ocho horas, pero a los que hacíamos de mensajeros se nos pedía que nos coordináramos con ellos, programando escalonadamente nuestros propios descansos, de manera que, si surgía algo inesperado y había más actividad de la prevista, solamente faltara uno de los nuestros. A mí esta forma de organizar las pausas me obligaba a manejar cuidadosamente los tiempos en que podía dejar mi mente absorta en sus propias derivas, pero a la vez aprendí a ejercer un sofisticado control sobre mi capacidad para poner mi cabeza nuevamente en marcha. Podía pasarme horas con el cerebro concentrado en la actividad de las manos, hacer que se centrase veinte minutos en mis pensamientos y desviarlo de nuevo hacia los dedos sin ninguna dificultad, de la misma manera en que era capaz de llevar un cubo medio lleno de un sitio a otro sin que se me escurriera el agua por los lados.

Los descansos me los pasaba en unos jardincillos que había en el patio interior del hospital, disfrutando de la luz natural y del aire no filtrado. Una mañana estaba tumbada en el césped con las piernas en alto, contando las colillas desperdigadas por el suelo, mientras trataba de mejorar la circulación sanguínea de mis extremidades, cuando me vino a la mente una frase del capítulo 52. «El sol de la mañana caía de costado sobre gabletes y ventanas, tiñéndolos de tonos dorados; y algunos rayos de su antigua paz parecieron alcanzar mi corazón», recité en voz alta. En ese momento vi que mi supervisora aparecía por el jardín y me hacía señas para que volviese al trabajo. Por un instante temí haber perdido la noción del tiempo, pero según mi reloj aún me quedaban cinco minutos de descanso. Cuando volví al laboratorio, me encontré con mi supervisora y la farmacéutica responsable aguardándome con gesto severo.

—¿Por qué no utilizas la puerta principal cuando tienes que llevar una bolsa de sustancias controladas? —me espetó una de ellas.

—Porque prefiero usar la escalera de atrás.

—Pero por ahí no puedes acceder a la pasarela que lleva a la torre de cuidados paliativos.

—Claro que sí, puedo cruzar por la zona de carga y descarga.

—¿Quieres decir que no utilizas nunca el ascensor? —La farmacéutica me miró perpleja.

—Es un atajo, así no tengo que esperar —contesté—. Es muy rápido, de verdad; lo he cronometrado. Porque, al fin y al cabo, de eso se trata, ¿no? Tenemos a alguien ahí arriba preso del dolor y a la espera de esa medicación...

Ellas se miraron la una a otra, alzaron la vista enarcando las cejas y, sin decir nada más, volvieron a su trabajo.

El caso es que no les había mentido. Si había adoptado esa ruta era justamente para reducir el tiempo de entrega. Lo que no les había mencionado es que necesitaba estar continuamente en movimiento para quemar energía, porque por aquellos días se apoderaba de mí una actividad frenética que no me dejaba ni dormir. El trabajo en el hospital me proporcionaba un lugar y una misión que cumplir, donde además realizaba siempre las mismas tareas, y todo ello me ayudaba a poner freno a la ebullición de mi mente.

Era bastante frecuente que, antes de que terminase el turno de la tarde, alguno de los mensajeros del servicio llamase para avisar de que estaba enfermo y, como consecuencia no acudiría esa noche al hospital. A mí me resultaba de lo más oportuno, porque así podía trabajar en su turno si veía que, de todas formas, no iba a pegar ojo. Al final regresaba a casa exhausta, aunque no demasiado somnolienta, pero, eso sí, confortada por una noche de insomnio compartido y por el nuevo cheque que llevaba en el bolsillo; como se decía en el capítulo 10, «las conchas y guijarros de la playa [...] trajeron calma a mi corazón». Y a todas esas ventajas había que añadir que estaba siendo partícipe de algo importante, o al menos eso es lo que yo me decía a mí misma para convencerme.

Más o menos un mes después de haber explicado cómo eran mis rutas de entrega, entré un día en el laboratorio y la farmacéutica jefe gritó:

—¡Lydia, está aquí!

Se acercó entonces hacia mí y me explicó:

—Lydia va a enseñarte a preparar bolsas de medicación. —Y así, de un plumazo, puso fin a mi carrera como mensajera.

Lydia se levantó de su puesto y miró de soslayo a la jefa. La expresión de su rostro no me hizo alegrarme precisamente por mi ascenso, pero me dio la impresión de que la formación que ella iba a impartirme sería un obstáculo ineludible que se interpondría entre mi persona y un suculento aumento de sueldo.

—Vamos, siéntate y relájate —me dijo Lydia con su vozarrón, posiblemente para poner en una situación incómoda a la farmacéutica y no tanto para tranquilizarme a mí.

Yo estaba emocionada, y además «se me llenó el corazón de esperanza y de gozo», por citar una frase del capítulo 20. A partir de entonces, en vez de entregar los preparados de medicinas intravenosas, me iba a ocupar de fabricarlos yo misma, y después se los entregaría a otra persona para que comprobara su contenido y procediera al reparto. Ya me veía sentada en mi puesto y ajustando mi taburete a la altura perfecta. Me imaginaba a mí misma merodeando en torno a la mesa de los materiales y seleccionando los frascos de medicinas concentradas con la misma seguridad con que una ricachona elige el esmalte perfecto antes de hacerse la manicura. Me veía a mí misma en mi puesto, sentada muy erguida, echando los hombros hacia atrás, y empezando a obrar mi magia, con una calma perfecta pero sin perder ni un segundo, porque, al fin y al cabo, la vida de una persona estaba en mis manos.

—Toma, échate el pelo hacia atrás y recógetelo con esto —me dijo Lydia sacándome de mis ensoñaciones y poniéndome una cinta de goma elástica delante de la cara—. Y será mejor que te acostumbres a no maquillarte. Apuesto a que crees que yo siempre voy hecha un desastre —dijo pensativa, con una triste sonrisa de desdén en el rostro.

El pelo suelto, el esmalte de uñas y las joyas eran tres de las cosas que estaban terminantemente prohibidas en el servicio de farmacia, ya que ofrecían una superficie adicional para posibles elementos contaminantes, y por esa razón adopté en aquellos días ese aspecto de agotamiento «natural» que tan a menudo se ve en el personal de los hospitales y que yo mantengo desde entonces.

En nuestro equipo había tantos auxiliares de laboratorio como estudiantes a la espera de su cualificación profesional; pero yo no encajaba en ninguno de los dos grupos. Como los estudiantes, tenía clases y exámenes de los que ocuparme y, al igual que los auxiliares, trabajaba en exceso porque necesitaba estar en algún sitio. Lydia era lo que en el laboratorio llamaban una «veterana»: se le podía preguntar por cualquiera de los antiguos trabajadores que hubiese pasado por allí porque ella ya estaba en el servicio cuando ellos comenzaron. Mientras yo guardaba mi mochila en el armario, Lydia le contó a nuestra farmacéutica que me iba a enseñar a reconocer los diversos medicamentos que había en el almacén, donde estaban ordenados en función de su fórmula química. Nos dirigimos entonces hacia el almacén, tal como ella había dicho, pero no me sorprendió demasiado cuando pasó de largo y se fue directa hacia el patio.

Lydia era conocida por dos cosas: por sus descansos y por llevar en coche a las compañeras. En lo que respecta a los primeros, básicamente lo que hacía era concentrarlos todos en los noventa minutos iniciales de su turno y en ese tiempo se fumaba los tres paquetes de cigarrillos que habría consumido en ocho horas fuera de la farmacia. Fumar sesenta cigarrillos en sesenta minutos requería de no poca concentración, y, aunque era fácil encontrársela en el patio, generalmente estaba tan concentrada en lo suyo que no tenía tiempo ni para entablar conversación con quien se le aproximase. En la segunda hora de su turno estaba sumamente alerta, en plena ebullición de actividad, pero unas cinco horas después lo más juicioso era evitarla porque la menor muestra de descuido podía sacarla de sus casillas. Cuando solo le quedaban veinte minutos para acabar el turno, hasta los mismos farmacéuticos la rehuían, mientras ella, sentada muy tiesa, miraba el reloj blandiendo una aguja esterilizada con el puño.

No parecía cuadrar con su carácter, pero el caso es que, si eras mujer y estabas en el mismo turno de Lydia, ella insistía en llevarte en coche a casa para que no anduvieses sola por las calles en plena noche. Cuando tratábamos de averiguar sus verdaderas motivaciones, nos soltaba una incoherente retahíla de gruñidos acerca de esos «cabrones violadores» que andaban sueltos por ahí, y esa es la única explicación que llegamos a tener de su estratégica generosidad. A mí me resultaba difícil imaginar a esos supuestos violadores, enfundados en sus gruesos abrigos para combatir los veinte grados bajo cero de aquellos días y dando vueltas en torno al hospital hasta las once de la noche, cuando un fatigado rebaño de estudiantes de enfermería salía con paso tambaleante y se adentraba en su territorio; pero como en aquella parte del país los inviernos son gélidos, no se me ocurría ninguna razón para rechazar que alguien me acercase a casa.

Al salir de la cámara de gas de segunda mano en la que se había convertido el coche de Lydia después de tantos cigarrillos, tenías que quitarte el uniforme del hospital en el vestíbulo de tu edificio, porque de lo contrario te apestaba la casa entera como si se hubiera reunido en ella el sindicato de los mineros. Lydia no se marchaba hasta que veía que habías entrado en el portal y encendías la luz. «Apaga y enciende varias veces si crees que tengo que salir a arrancarle los huevos a alguien», nos decía maternalmente. «No sustituiría a mi madre, nadie podría hacerlo; pero ocupó un lugar en mi corazón que se cerró en torno a ella», recordé del capítulo 4, y me sonreí a mí misma.

Ese primer día, Lydia y yo salimos al patio después de nuestra primera hora de laboratorio y nos acomodamos en las sillas del jardín, frente a una de las mesas. Ella se sacó un paquete de Winston Lights del pliegue del calcetín y le dio tres golpes sobre la palma de la mano. Luego me lo extendió por si me apetecía fumar, y se encendió un cigarrillo con el mechero común que estaba atado a una rama de un pequeño abedul, plantado en medio del cemento, que pasaba por momentos difíciles. Lydia puso los pies encima de una silla y dio una larga calada con los ojos cerrados. Yo, mientras tanto, jugueteaba con el paquete, sacando los cigarrillos y volviendo a ponerlos en su lugar, a pesar de que no fumaba.

A mí Lydia me parecía una mujer mayor, es decir, que dentro de mi limitada percepción del tiempo debía de tener unos treinta y cinco años. Y, por su forma de comportarse, deducía que al menos treinta y cuatro de ellos habían sido complicados. Suponía que Lydia no había tenido tampoco suerte en el amor, pues si ella hubiera sido una de esas mujeres que pueden quedarse sentadas en la cocina, bebiendo ginebra a sorbos de una taza de café mientras esperan que vuelvan los niños del colegio, seguro que se le habría concedido la bendición de un enlace matrimonial. El capítulo 36 lo expresaba mucho mejor que yo: «Ella me recordó a algo salvaje que tirara sin cesar de la cadena que lo tenía sujeto, arrastrándose por un trillado sendero y desgastándose el corazón».

Curiosamente, Lydia también tenía interés en mi vida, y quiso saber de dónde era yo. Cuando se lo dije, replicó:

—Ah, sí, ya sé. Es la ciudad esa del Medio Oeste donde matan unos cerdos enormes, ¿no? Ostras, de menuda cloaca has conseguido salir.

Me encogí de hombros.

—Solo hay un sitio peor que ese —continuó—: el agujero infecto en el que yo me crie. Un pueblucho congelado que queda más al norte.

Tiró al suelo un cigarrillo encendido, miró el reloj y al instante se encendió otro.

Luego nos pasamos cinco minutos sin intercambiar palabra, hasta que ella exhaló una última bocanada de humo y me dijo:

—¿Lista para volver al trabajo?

Respondí encogiéndome de hombros, pero enseguida nos pusimos ambas en pie.

—Tú haz lo que yo hago, ¿vale? Voy a ir despacio, ya lo verás. Todo irá bien —dijo.

Y esa fue toda la formación en medicina farmacológica que recibí. No tenía la menor idea de cómo se prepara una mezcla esterilizada de medicamentos intravenosos para una persona gravemente enferma, pero me dio la sensación de que iría aprendiendo sobre la marcha.

Al final resultó que sentarse junto a Lydia e imitar cuidadosamente sus maniobras no era una mala forma de aprender la técnica de la esterilización, en la que, más que actuar, lo que hay que hacer es bailar con las manos. El aire de los lugares por los que pasamos, tanto en las calles como en el interior de los edificios, está lleno de pequeños organismos que disfrutan alimentándose en nuestro interior, pero que generalmente no suponen ninguna molestia porque no llegan a nuestras partes más jugosas, como pueden ser el cerebro y el corazón. La piel del cuerpo es gruesa y compacta, y cualquiera de nuestros orificios, allí donde se encuentran alojados los ojos, la nariz, la boca y las orejas, están cubiertas de láminas protectoras de fluidos y cera.

Esto significa que cualquier aguja de cualquier hospital podría ser el premio gordo de la lotería para una bacteria que tuviera la fortuna de encontrarse por allí, y que, una vez recuperada del golpe inicial de la inyección, se encontrará deslizándose por un suave torrente de sangre hasta que acabe instalada cómodamente en los riñones, por ejemplo. Allí encontrará alimento y, además, producirá un cultivo tras otro de unas toxinas que son muy difíciles de combatir porque están junto a nuestros órganos vitales. Las bacterias no son más que una de las facciones que hostigan al cuerpo humano. A ellas tenemos que sumar los virus y los hongos, que son capaces de desarrollar sus propias formas de destrucción, aunque no difieren mucho de las bacteriológicas. Una aguja esterilizada, entonces, es nuestra mejor defensa frente a un ataque de este calibre.

Cuando una enfermera nos pone una inyección o nos extrae sangre, la punción es relativamente rápida, la aguja entra y sale enseguida y después nuestra piel se cierra en torno al pinchazo y vuelve a levantar sus múltiples cortafuegos frente a posibles entradas de visitantes no deseados. Para evitar que se cuele algún polizonte bacteriológico, la enfermera utilizará una jeringuilla con la punta esterilizada y protegida con un capuchón de plástico. Antes de ponernos la inyección, nos limpiará la piel con alcohol rectificado (o isopropílico) con el fin de eliminar cualquier tipo de bacteria que pudiera estar alojada en nuestra epidermis, y que podría introducirse en nuestro cuerpo en el momento de la punción.

Si lo que nos ponen es medicación intravenosa, entonces el proceso es ligeramente distinto. La enfermera nos limpia la piel, introduce una vía bajo nuestra epidermis y la deja ahí varias horas, de manera que la aguja, el tubo y la bolsa unida a este se convierten en realidad en una extensión de nuestra vena; y todo el líquido de la bolsa colgada en el gotero pasa a ser una prolongación de nuestro flujo sanguíneo. Para que aquel fluya hacia nuestro cuerpo y no a la inversa, nos colocará la bolsa por encima de la cabeza, y si el médico lo recomienda, activará una bomba de perfusión que impulse levemente la entrada de líquido. El contenido de la bolsa se mezclará entonces con nuestro flujo sanguíneo, y cualquier resto quedará almacenado en ese depósito de residuos que es la vejiga urinaria.

En este nuevo escenario, una bacteria tiene mucho más territorio en el que prepararse para la acción. Ahora no es solo la punta de la aguja la que puede albergar alguna infección, sino que a ella se va a sumar el interior de la bolsa y los conductos —amén, por supuesto, del líquido en sí mismo—, todo lo cual constituye una extensión cien veces más grande que la de la propia jeringuilla. Como es natural, esto implica que el equipo entero debe mantenerse estéril, pero es que, además, todo lo que haya estado en contacto con alguna parte de este sistema cuando se añaden y mezclan las medicinas —e incluso antes, cuando se sintetizan y guardan los ingredientes químicos— debe igualmente seguir esterilizado a lo largo de las diversas fases del proceso.

La mayor ventaja de las medicinas intravenosas es que se pueden introducir en el cuerpo de una manera rápida, dejándolas actuar durante un largo periodo de tiempo. Cuando se produce una parada cardíaca, el cerebro no puede quedarse esperando unas horas hasta que le llegue de nuevo el oxígeno mientras el corazón aguarda junto al estómago y a los intestinos a que le haga efecto la píldora que en algún momento se haya tomado el paciente. Entonces, ¿cómo se puede preparar un litro de líquido con sustancias activas, haciéndolo de manera individualizada en función del peso y estado del paciente, mientras al mismo tiempo se mantienen estériles todos los elementos? Si es para Urgencias o para la UCI, disponemos de unos diez minutos para elaborarlo. Afortunadamente para el paciente, en el sótano se encuentra una joven insomne que se encargará de esta tarea siguiendo las indicaciones de una dispensadora de cócteles químicos que fuma como un carretero y que siempre está preparada para la acción.

El primer paso es la creación de un espacio de trabajo aséptico. Aunque pueda resultar difícil imaginárselo, se pueden eliminar las bacterias, las levaduras y otros organismos minúsculos presentes en el aire pasándolos por una rejilla cuyos orificios miden trescientas veces menos que el diámetro de un cabello humano. Cuando preparaba medicamentos intravenosos me sentaba frente a un panel que filtraba el aire y lo expulsaba hacia mí completamente limpio. Esa zona entre el extractor y mi cuerpo era, por lo tanto, un espacio aséptico en el que se podían manipular los artículos estériles.

Lo primero que hacía cuando me ponía los guantes era limpiar concienzudamente mi zona de trabajo con alcohol isopropílico, rociando bien la superficie de la encimera y mis propias manos, y pasando un paño tras otro por el resto de los sitios. Si dejaba todas las superficies bien impregnadas de alcohol era porque sabía que la corriente de aire esterilizado iba a secarlas al salir del aparato en dirección a mi rostro.

Después iba al teletipo y seleccionaba el formato de prescripción médica que iba acompañado de una etiqueta adhesiva de cinco por cinco centímetros, en la cual figuraba el nombre, sexo y localización del paciente, junto a un código que describía la combinación de medicinas que se había prescrito para él. Cogía entonces una bolsa de líquido sellada cuya forma y textura recordaban a las de un lomo embuchado. Estaba amontonada junto con otras muchas que había preparado el auxiliar de la farmacia encargado de las «bolsas de perfusión», en las cuales había puesto un litro de suero fisiológico o de la solución láctica de Ringer, una sustancia salina ligeramente edulcorada que llevaba el nombre del médico y fisiólogo británico Sydney Ringer, quien en 1882 estaba estudiando el corazón de una rana muerta cuando vio que podía hacerlo latir de nuevo si lo sumergía repetidamente en esa fórmula. Una vez había leído lo que solicitaba el doctor, cogía la bolsa, despegaba la etiqueta y la adhería en la parte superior con el texto mirando hacia abajo, para que se pudiera leer perfectamente cuando la bolsa estuviera colgada en el gotero.

Luego me llevaba la bolsa a la mesa donde se encontraban todos los materiales, seleccionaba las sustancias concentradas que iba a necesitar y me hacía con un pequeño arsenal de lo que usaría más frecuentemente. Todas estas sustancias estaban envasadas en unos botecitos cerrados con un tapón de caucho y envasados con etiquetas de distintos colores para facilitar su identificación. A su vez, los tapones iban cubiertos de una fina lámina de aluminio, y tanto el cristal del envase como el metal brillaban bajo las implacables luces del laboratorio. Algunos de estos botecitos eran piezas muy preciadas, porque en su interior alojaban una pequeña cantidad de una proteína líquida que se había extraído de los cuerpos donados a la ciencia por personas heroicas, o bien se había sacado de algún animal al que no le sonrió la fortuna precisamente. Cada uno de aquellos envases relucientes contenía un día de frustración, una semana tal vez, para un tumor despiadado; puede que incluso el tiempo suficiente para hacer que la desafiante hostilidad que provoca una enfermedad mortal se vaya suavizando hasta que llegue el momento de la despedida final, o así al menos es como me lo imaginaba yo mientras trabajaba.

Cuando volvía a mi puesto de trabajo, colocaba todos mis materiales delante de mí, alineándolos en la parte frontal de la mesa. A la izquierda ponía la bolsa en la que iba a inyectar el líquido, orientando el punto de la punción hacia el panel por donde salía el aire filtrado. Entonces le daba la vuelta a la pegatina para poder leerla bien, y ponía de izquierda a derecha todas las medicinas que iba a utilizar, colocándolas en el mismo orden en que iba a introducirlas. Además de los botecitos ponía sobre la mesa una jeringuilla que fuera del tamaño adecuado para la cantidad de medicina especificada en el adhesivo. Comprobaba de nuevo la relación de sustancias empleadas, siguiendo siempre el orden en que aparecían mencionadas, y comparaba las palabras anotadas en la etiqueta con las que aparecían inscritas en los diversos envases; y, para no perder tiempo leyendo el nombre completo de cada una, solo me detenía en las tres primeras letras de cada término.

Aspiraba entonces profundamente y cogía unas cuantas toallitas impregnadas en alcohol; prefería las que estaban empaquetadas en envases individuales, porque eran más fáciles de abrir. Manteniendo bien firmes las manos, me acercaba la bolsa y sacaba el precinto de la boquilla. Me ponía una toallita delante, la sacaba de su envoltorio y la dejaba justo delante de la bolsa. Luego limpiaba la zona por donde iba a penetrar la aguja y pasaba también la toallita por los laterales de la boquilla, poniendo buen cuidado de que mis manos no salieran de la superficie cubierta por el panel del aire. A continuación procedía de la misma manera con el primer frasco de la medicación, pero utilizando una toallita nueva.

Con la mano izquierda movía el émbolo de la jeringuilla, y paralelamente sacaba el capuchón de la aguja con la derecha. Agarraba todos los elementos con seguridad, pero manteniendo los dedos hacia atrás, como si quisiera hacer que llegara una especie de luz sagrada a aquellas sustancias. Introducía entonces en la jeringuilla la cantidad de medicación que aparecía consignada en la etiqueta, intentando en todo momento que el líquido me quedara a la altura de los ojos, de manera que pudiera verlo sin dificultad y no hubiera ningún equívoco en la cantidad de milímetros introducidos. Para sacar la jeringuilla, tiraba suavemente de ella flexionando los músculos de la mano derecha mientras al mismo tiempo relajaba con cuidado los de la izquierda para que no saliera ni una sola gota de la medicación en el momento en que extrajera la aguja.

Acto seguido depositaba el botecito sobre la mesa, introducía la aguja en la bolsa orientándola hacia los laterales e inyectaba la sustancia seleccionada sin salirme de los márgenes del panel. Una vez estaba el líquido dentro, movía la aguja hacia arriba para sacarla, y en ese mismo instante quedaba inutilizada. A continuación volvía a poner el émbolo de la jeringuilla a la altura de la medicación inyectada, y luego dejaba la jeringuilla vacía en una bandeja que estaba apartada de mi zona de trabajo. Después cerraba con cuidado el frasquito de la medicación que acababa de inyectar y lo depositaba también en la bandeja, justo a la derecha de la jeringuilla desechada. Hacía lo mismo con todos los envases de medicación requeridos en la prescripción, y de esa manera completaba la receta que me habían solicitado. Luego volvía a cerrar la bolsa con un capuchón de plástico y la dejaba cruzada sobre la misma bandeja, apoyada en el lado contrario de las agujas y jeringuillas utilizadas.

Una vez terminado el preparado, me quitaba los guantes, cogía un bolígrafo y firmaba con mis iniciales en una esquina de la etiqueta adhesiva de la bolsa, asumiendo así una parte de responsabilidad en algo que no sabía siquiera definir muy bien. Llevaba entonces mi bandeja a la fila donde estaban las que debía revisar un farmacéutico profesional, que metódicamente comprobaba las etiquetas, las jeringuillas y los envases utilizados, con el fin de tener la plena seguridad de que la bolsa contenía exactamente lo que se había solicitado. Si había algún error, se retirana la medicación mal preparada, se imprimía de nuevo la etiqueta y se empezaba otra vez el proceso desde el principio, que ahora era ya de suma urgencia y que por tanto requería la intervención de una de las veteranas.

Que fuera mi primer día en el laboratorio no parecía marcar ninguna diferencia respecto a las rutinas habituales. Ahí no había bolsas para prácticas. Ahí solo se podía aprender a base de equivocarse. En el laboratorio se nos observaba en todo momento para que no diésemos preferencia a las prescripciones más sencillas, y porque querían asegurarse de que habíamos utilizado todo el contenido de los envases antes de abrir uno nuevo. Continuamente se nos recordaba que un error por nuestra parte podía suponer la muerte de una persona. Pero lo cierto es que recibíamos muchas más solicitudes de medicación de las que podíamos asumir; era imposible completarlas en el tiempo que se nos pedía, así que íbamos constantemente rezagados. Cuantos más mensajeros se daban de baja por enfermedad, menos quedábamos en el laboratorio, y los pocos que estábamos preparando medicación teníamos que trabajar más rápido, sin dar nunca abasto porque el laboratorio siempre iba retrasado.

Era un sistema de trabajo completamente inoperante, pero no había tiempo para discutir sobre su falta de utilidad o para justificarnos diciendo que no éramos asesinos ni máquinas de precisión. Allí lo único que había era un sinfín de prescripciones médicas, unas recetas extendidas por personas tan agotadas como nosotros y sin nadie mejor en quien poder delegar la tarea.

Cuando trabajas en un hospital aprendes que en el mundo solamente hay dos clases de personas: las enfermas y las sanas. Si uno se encuentra en el segundo grupo, tiene que dejar de lamentarse y ayudar a los demás. Veinticinco años después, sigo pensando que es una buena forma de contemplar el mundo.

Lydia era fabulosa preparando medicaciones, muy posiblemente porque llevaba casi veinte años haciendo lo mismo todos los días, a lo largo de sus sesenta horas de trabajo semanales. Observarla en acción en el curso de todo aquel proceso era como contemplar a una bailarina que desafía la gravedad. Mirando sus manos volar me vino a la mente alguien que actúa «con la despreocupación del aficionado y sin necesidad de ningún libro (a mí me parecía que se lo había aprendido todo de corazón)», como se decía en el capítulo 7. En aquel primer día de trabajo fui testigo de cómo preparaba al menos veinte bolsas de medicación, a veces hasta con los ojos cerrados. Y nunca vi que cometiese un solo error. Me parecía que trabajaba sumida en una especie de trance, como si no le llegara suficiente oxígeno al cerebro. Una de las cosas peores que uno puede hacer cuando se encuentra en el laboratorio es ponerse a soltar estornudos u otros fluidos corporales en un espacio esterilizado; pero Lydia, que no podía expirar el aire sin sentir el escozor de la tos en la garganta, ejercía un control fuera de lo común sobre su respiración cuando preparaba las combinaciones de medicamentos.

En mis dos primeras horas en el laboratorio completé de forma satisfactoria varias bolsas de electrolitos básicos, en vista de lo cual la supervisora empezó a presionarme para que me hiciese cargo de algunas de las recetas más complicadas, porque el laboratorio se estaba quedando demasiado rezagado en la realización de sus tareas. Decidí iniciarme con una petición de «bolsa de benzodiacepinas» que me pareció que no entrañaba grandes complicaciones, pero justo después de haber inyectado el sedante me entró un pánico atroz, pues súbitamente me asaltó la idea de que, si hubiera puesto más sedante del necesario, el paciente se curaría de su ansiedad de una manera mucho más definitiva de lo que nadie hubiera previsto. Aterrorizada como un animalillo preso en un cepo, empecé a pensar que a fin de cuentas siempre podría salir airosa de la situación si ponía mi bolsa en la bandeja en la fila correspondiente y después seguía con mi vida sin darle más vueltas. Pero en el último minuto me di cuenta de que aquello era una completa locura. De manera que me llevé la bolsa al fregadero, la abrí con ayuda de un escalpelo y la tiré por el desagüe mientras la farmacéutica me lanzaba una mirada asesina. Luego volví al puesto de Lydia, y esta vez fui yo quien propuso que nos tomáramos un descanso.

—No me veo capaz de hacer esto —le confesé cuando llegamos al patio—. Nunca he hecho algo tan estresante.

Lydia soltó una risilla.

—A mí me parece que estás exagerando. Recuerda que no trabajas para el equipo de neurocirugía.

—Ah, sí, ya me acuerdo: los de neurocirugía están en la quinta planta —dije yo: era una broma que los mensajeros nos hacíamos constantemente entre nosotros—. Vale, pero ¿y si resulta que no consigo aprender? —señalé quejumbrosa—. La mitad del tiempo no recuerdo siquiera si lo he hecho bien o mal.

Lydia miró a su alrededor; luego se inclinó hacia mí y me dijo:

—Escucha atentamente, voy a contarte algo sobre la técnica de la esterilización. —Se echó hacia atrás y siguió hablando en voz baja—. Verás, no debes lamer las agujas o hacer algo similar, faltaría más; pero recuerda que si hubiera algo mortífero en tus manos, los pacientes morirían de todas formas.

No se ocurrió nada que replicar a algo así, y, como Lydia parecía estar convencida de haberme contado todo lo que necesitaba saber, ambas nos quedamos en silencio mientras ella seguía fumando.

Al rato me froté las sienes.

—Uf, tengo dolor de cabeza. Oye, Lydia, ¿no te preocupa lo que todo ese alcohol que respiramos puede hacernos en los pulmones?

Lydia tenía en ese instante un cigarrillo pegado a los labios, así que, por la mirada que me lanzó, seguramente debió de pensar que yo acababa de demostrar que era una soberana imbécil. Dio una larga, larguísima calada y, exhalando el humo, me contestó:

—¿Tú qué crees?

Cuando volvimos al trabajo, puse rápidamente manos a la obra y, para hacer algo bueno en lo que quedaba de mi primer día en el laboratorio, me encargué de una bolsa de quimioterapia bastante complicada. Preparé el contenido de la forma debida y cuando terminé me sentí de lo más orgullosa, hasta que una de las farmacéuticas, enfurecida, se acercó a mí y sostuvo un botecito del preciado interferón a dos centímetros de mi cara.

—¡Acabas de echar a perder el frasco entero! —me soltó colérica.

Pocos minutos antes, yo había inyectado aquel valioso incentivador del sistema inmunitario y luego había apartado el frasco de mi mesa sin cerrarlo de nuevo, haciendo que se contaminase el contenido sobrante. Así, en un instante de descuido, había desperdiciado más de mil dólares, además de provocar un tremendo problema burocrático. No me sentía tan abochornada desde que estaba en el colegio, cuando uno de mis profesores, más que harto de bregar conmigo, me sorprendió leyendo la página equivocada. Como el protagonista del capítulo 7 de mi novela particular: «levanté la vista con el rostro sonrojado y el corazón lleno de remordimiento».

Lydia se olió la oportunidad y quiso meter baza en la conversación.

—No pasa nada, solo necesita descansar un rato —le dijo a la farmacéutica para tranquilizarla—. Hoy no se ha tomado ni un descanso en todo el día. Vamos, chica, vente conmigo. —Y acto seguido me llevó hasta el patio y empezamos nuestro enésimo descanso.

Cuando llegamos al jardín, me senté en una de las sillas y puse la cabeza entre las manos.

—No sé qué voy a hacer si me despiden —farfullé entre hipidos, tratando de contener las lágrimas que pugnaban por salir.

—¿Despedirte? ¿A ti? ¿Es eso lo que crees que va a pasar? —Se echó a reír—. Vamos, tranquilízate. Nunca he visto que despidieran a nadie de este antro. Y, por si no lo habías notado, los que quieren marcharse se van mucho antes de que los despidan.

—Yo no puedo irme —confesé angustiada—. Necesito el dinero.

Lydia encendió un cigarrillo y, mirándome fijamente, dio una larga calada.

—Sí —dijo con voz triste—, tú y yo somos de las que no abandonan.

Empujó el paquete de Winston Lights en mi dirección y yo lo rechacé por sexta vez ese día.

Esa misma noche, cuando me llevaba a casa después del trabajo, quise saber en qué pensaba durante todas esas horas que trabajábamos en la farmacia sin intercambiar palabra.

Se quedó pensando unos instantes y luego contestó:

—En mi exmarido.

—Déjame adivinarlo —me aventuré con osadía—. ¿Está en la cárcel?

—¡Qué más quisiera él! —resopló—. Ese cabrón vive en Iowa.

Mientras estábamos allí sentadas, riéndonos de un chiste tan viejo como la propia Minesota, me vino a la mente una frase del capítulo 7: «Y nosotros nos reímos, cual miserables cachorrillos, pálidos como la cera y con el corazón encogido en un puño».

Cuando se reducía el número de prescripciones médicas en el laboratorio y yo estaba más que harta de permanecer ociosa en mi puesto, salía de allí y me acercaba al banco de sangre para ver si querían que les llevase unas cuantas bolsas a la sala de emergencias. De esta forma tenía la oportunidad de quemar algo de energía, ya que disponía de mucho tiempo para caminar de un lado a otro mientras aguardaba a que revisaran varias veces la cantidad de sangre requerida y el grupo sanguíneo de cada lote.

El veterano encargado del banco de sangre en el turno vespertino se llamaba Claude y, aunque no me pareciera tan viejo como Lydia, a mis ojos seguía siendo una persona mayor, pues había llegado a los treinta y ocho años. Claude me tenía fascinada, en primer lugar porque era la única persona que conocía que había estado en la cárcel y, en segundo lugar, porque era uno de los hombres más inofensivamente amables que había visto en mi vida. Las duras condiciones de su existencia le habían dejado marcas físicas nada fáciles de sobrellevar, y sin embargo él no parecía albergar ningún resentimiento, seguramente porque su capacidad de concentración era tan escasa como poco duradera. Claude se había jactado en alguna ocasión, con una mezcla de orgullo y confusión, de que el trabajo en el banco de sangre era sin lugar a dudas el más sencillo del hospital.

Me explicó que, en lo que respecta a la sangre, su trabajo se reducía a tres tareas: descongelación, comprobación y desecho de restos. Todos los días, en cuanto empezaba su turno, sacaba de la cámara frigorífica varias cajas, sobre cada una de las cuales se habían apilado bolsas de sangre congelada, que se habían convertido en pesados bloques por efecto del frío, y de ahí se las llevaba a una sala a quince grados bajo cero para su descongelación controlada. La sangre se almacenaba inmediatamente después de haber sido donada y sometida a los procedimientos debidos, pero para poder utilizarla cuando llegara el momento había que descongelarla lentamente. Al trasladar todas esas bolsas a la sala de descongelación, Claude estaba preparando las reservas de sangre de las que dispondrían los tres turnos siguientes. Después solo tenía que ocuparse de atender el mostrador del banco de sangre durante las siete horas siguientes, esperando que llegase algún empleado del hospital solicitando sangre. Antes de firmar la orden de salida debía comprobar dos veces el grupo sanguíneo de las bolsas, cotejándolo con lo especificado en el formulario de la petición, y a veces, para la segunda comprobación, tenía que llamar a los quirófanos que la iban a utilizar. Me explicó que había «como poco cuatro o seis» tipos de sangre, y que si enviaba uno equivocado «se podía echar la sangre a perder y provocar la muerte de alguien»; y a mí preocupaba que en su mente no estuvieran diferenciadas del todo ambas consecuencias.

Cuando veía a Claude con aquellas bolsas amarillentas de plasma sanguíneo que dejaba caer sobre la mesa de tres en tres, no podía evitar pensar en las carnicerías que había en mi ciudad natal, pero sobre todo me acordaba de los mostradores donde el señor Knauer cortaba de un tajo todo lo que mi madre le había encargado, para acto seguido enviarme a casa con el pedido a fin de que pudiese colaborar en la preparación de la comida. Poco antes de que concluyese su turno, Claude tenía que deshacerse de las bolsas descongeladas que no se hubiesen utilizado, las cuales sumaban litros y litros de sangre, arrojándolas por un conducto conectado al depósito de desechos peligrosos, donde más tarde se procedería a su incineración junto con el resto de residuos médicos generados a lo largo del día. Le comenté que me parecía un auténtico desperdicio, amén de una vergüenza, que ciudadanos de buen corazón se hubiesen tomado la molestia de donar aquella sangre que él tiraba al contenedor de la basura.

—No hay por qué sentirse mal —replicó él demostrando gran sensibilidad—. La mayoría son vagabundos que vienen por el bocadillo.

Los empleados del banco de sangre eran bien conocidos por su afición a perseguir a las mensajeras del servicio de farmacia, así que no me sentí particularmente halagada cuando Claude empezó a dar muestras de estar colado por mí.

—Cuando he oído llegar todas esas ambulancias he pensado que tal vez te vería aparecer hoy por aquí —me soltó un día en que me presenté con una solicitud de sangre; y para contrarrestar su andanada me vi obligada a hablarle de un supuesto novio que estudiaba Bellas Artes y cuya imagen había ido forjando con todo detalle para poder servirme de ella en situaciones como aquella.

—Si tienes novio, ¿por qué trabajas aquí? —me preguntó Claude, y aquello hizo que me diera cuenta de que su comprensión de las relaciones personales era sin lugar a dudas mucho más profunda que la mía. Para salir del paso, me justifiqué diciendo que generalmente los artistas no tienen nunca dinero, aunque generalmente sean atractivos y tengan ese aspecto afligido y medio apesadumbrado que tanto recuerda al del bateador Ted Williams en aquella fotografía del Juego de las Estrellas de 1941.

—Ah, entonces te necesita para que le compres marihuana —dijo en un tono que no supe discernir si estaba teñido de sarcasmo; y como no se ocurrió nada que replicar para salir en defensa de mi novio imaginario, lo dejé estar.

Al final opté por trabajar en el turno de noche, de once a siete de la mañana, y los martes y jueves por la mañana me aseguraba de estar siempre en el hospital para dedicarme a la preparación y posterior entrega de un carrito de «bolsas de goteo» destinadas a la unidad de psiquiatría. En este caso se trataba de medicaciones intravenosas a base de suero fisiológico, en las cuales se había introducido un sedante llamado droperidol que servía para anestesiar al paciente cuando se le administraba la terapia electroconvulsiva; es lo que el personal de la unidad conoce como TEC, pero que normalmente se denomina, erróneamente, «tratamiento de choque». A los pacientes se los preparaba dos veces por semana para recibir esta terapia. Para ello se les acomodaba en una camilla a primeras horas de la mañana, y después se les dejaba en el pasillo a la espera de que llegara su turno. La terapia se administraba en una sala aislada en la que un equipo de médicos y enfermeras aplicaba estímulos eléctricos en uno de los lados de la cabeza del paciente mientras a la vez vigilaba sus constantes vitales en un monitor; y todo este proceso tenía lugar con el paciente atiborrado de la anestesia que yo había llevado.

Los miércoles y los viernes eran los mejores días de la semana en la unidad de psiquiatría, pues a buena parte de los pacientes, que las jornadas anteriores parecían caminar como muertos vivientes, se los veía sentados por la unidad y vestidos con ropa de calle. Algunos incluso me miraban fugazmente a los ojos. En cambio, los domingos y los lunes eran días horrendos en la unidad, porque los pacientes entonces se movían a bandazos, se arañaban a sí mismos y gemían sin cesar cuando yacían en sus camas, atendidos por unas enfermeras que daban tantas muestras de diligencia como de impotente desvalimiento.

La primera vez que pasé por las puertas de doble cerradura de la unidad psiquiátrica me sentí aterrorizada, pues, por alguna razón que nada tenía que ver con la realidad, se me había pasado por la cabeza que aquel lugar estaba plagado de seres malvados dispuestos a saltar sobre mí a la menor ocasión. Sin embargo, una vez dentro, me encontré con un lugar en que los desplazamientos son más lentos que en ningún otro sitio del mundo, y al mismo tiempo comprendí que aquellos pacientes eran seres singulares porque el tiempo se había detenido en sus heridas, que no parecían sanar nunca. El dolor en aquellas salas era tan palpable, tan sofocante, que se respiraba en la atmósfera de la misma manera que uno percibía la pesada humedad del aire estival; y por eso mismo no tardé en darme de cuenta de que lo más difícil allí no sería defenderme de los pacientes, como había llegado a creer, sino de la creciente indiferencia con respecto a ellos. Algo que en principio me resultó críptico en el capítulo 59 se volvió en ese momento prosaico: «Ellos se concentraban en su interior, reconcomiéndose por dentro, y eso para el corazón no puede ser bueno».

Al cabo de unos meses en el laboratorio me convertí en una verdadera profesional de los preparados intravenosos, hasta el punto de que era capaz de seguir el ritmo de Lydia o incluso de superarla en alguna que otra ocasión. Con el tiempo, la doble comprobación de la farmacéutica diplomada dejó de revelar errores en mi trabajo, y poco después mi confianza se trocó en aburrimiento. Me retaba a mí misma imponiéndome rituales que me permitiesen ahorrar tiempo en cualquiera de mis tareas, desde la forma en que alineaba mis medicinas hasta el número de pasos que daba hasta llegar al teletipo. Me estudiaba los nombres de cada etiqueta y pronto empecé a reconocer a los pacientes más enfermos que necesitaban los mismos preparados día tras día. Comencé a inyectar disoluciones complicadas en unas bolsas más pequeñas destinadas a bebés prematuros, las cuales llevaban etiquetas en las que, en lugar del nombre completo del paciente, únicamente aparecía «Jones, niño», «Smith, niña».

En alguna ocasión me hicieron entrega de una «notificación de interrupción del tratamiento» impresa en un segundo teletipo, mucho menos ruidoso que el que solíamos utilizar, a través de la cual se informaba a la farmacia de la muerte de un paciente que requería medicación y que, consecuentemente, no iba a seguir necesitándola. Si una farmacéutica me tocaba levemente en el hombro y me presentaba una de esas notificaciones, yo me levantaba, me dirigía hacia el fregadero, hacía pedazos la bolsa que estaba preparando y vertía su contenido por el desagüe, y, al volver a mi puesto, cogía otra de las prescripciones pendientes. Un día me notificaron la interrupción de un tratamiento de quimioterapia que estaba preparando en esos momentos para uno de mis pacientes habituales, uno al que tenía la costumbre de buscar cada día entre el montón de solicitudes médicas. Me detuve y miré a mi alrededor. En cierto modo tenía la sensación de que debía rendirle algún sencillo tributo a aquella persona, pero ¿a quién le importaba?

Lentamente pasé de creer que estaba realizando el trabajo más importante del mundo a considerar insustancial el hecho de ser parte de aquella cadena de producción farmacológica de la que continuamente salían cargamentos de medicamentos que eran repartidos por las plantas superiores a todas horas en un proceso sin fin. Visto desde esta sombría perspectiva, el hospital era un lugar en el que se confinaba a una persona enferma y luego se le inyectaba medicación hasta que fallecía o mejoraba de su dolencia. No había más complicación. Yo no podía curar a nadie. Solo podía seguir los pasos de una receta y esperar a ver qué ocurría.

Justo cuando más desilusionada me sentía con mi labor en el hospital, uno de mis profesores me ofreció un puesto permanente en su laboratorio científico que combinaba trabajo y estudio, y así, de improviso, se me garantizó el dinero necesario para continuar mis estudios hasta su conclusión. Renuncié pues a mi trabajo en el hospital y dejé de salvar la vida de otras personas. A partir de entonces trabajaría en un laboratorio científico para salvar mi propia vida. Para salvarme a mí misma del miedo a tener que salirme del camino escogido y de que mi cuerpo acabara hipotecado por algún chico de mi provinciana ciudad; de la boda allí y de los niños que vendrían después, y que acabarían odiándome por descargar en ellos mis ambiciones frustradas. En lugar de eso iba a emprender un largo y solitario viaje hacia la madurez con la confianza y el empecinamiento del pionero que ha comprendido que no existe la tierra prometida, pero que aun así conserva la esperanza de hallar un sitio mejor donde vivir.

El día en que di la noticia a los de recursos humanos, me pasé el descanso entero con Lydia. Mientras se fumaba un cigarrillo empezó a explicarme que no debía comprarme nunca un Chevrolet porque no son vehículos que ofrezcan confianza a una mujer. Ella se había mantenido fiel a los Ford y, hasta el momento, ni uno solo la había dejado nunca en la estacada. Cuando hizo una pausa le dije que había conseguido un empleo mejor pagado y que acababa de presentar mi renuncia en el servicio de farmacia. Cierto, apenas llevaba seis meses en el hospital, pero había empezado a verlo tal y como verdaderamente era. Un antro, eso es lo que era, justo como ella me había dicho el día en que nos conocimos.

Algún día, pronostiqué muy pomposa, tendría mi propio laboratorio científico, y sería incluso más grande que ese que me disponía a abandonar, y nunca contrataría a nadie que no se preocupase tanto del trabajo como de sí mismo. Y concluí mi perorata con un poquito más de arrogancia del capítulo 10: era inevitable, dije, que yo «me emplease de corazón en mi propia casa [...] antes que en la de cualquier otro».

Sabía que Lydia no se había perdido ni una palabra de todo lo que le había dicho, así que me dejó perpleja cuando, en lugar de decirme algo, se limitó a desviar la mirada y dar una calada a su cigarrillo. Al rato tiró la ceniza y siguió hablándome de coches como si nada, retomando su charla en el punto en que la había dejado. A la salida del trabajo me quedé esperándola un rato, pero en vista de que no aparecía me fui andando a mi apartamento.

Era una noche clara y gélida; de hecho, había bajado tanto la temperatura que la nieve crujía bajo mis pies a medida que avanzaba por la acera. Apenas había recorrido unas cuantas manzanas cuando el coche de Lydia me pasó por delante mientras yo me movía fatigosamente, y de pronto me sentí herida por una nueva clase de soledad. «Era consciente de que llevaba alojada en el corazón una antigua pérdida, algo que me faltaba y me hacía infeliz», recordé que decía del capítulo 44. Vi entonces desaparecer por el puente el coche de Lydia, con la luz de un solo faro en la parte de atrás. Bajé la cabeza contra el viento y seguí adelante dispuesta a labrarme mi propio camino.

# 5

NO HAY RIESGO MÁS ATERRADOR que el que corre la raíz primigenia. Si tiene suerte, algún día llegará a encontrar agua, pero su primera tarea es la sujeción: tendrá que anclar un embrión a la tierra y terminar para siempre con su fase móvil, aunque su movilidad fuera meramente pasiva. Una vez que esa primera raíz se ha extendido, la planta no volverá a albergar la menor esperanza (aunque sea débil) de poder resituarse en un lugar menos frío, menos seco, menos peligroso. De hecho, deberá enfrentarse al frío, a la sequía y a las fauces voraces sin ninguna posibilidad de emprender la huida. La raicilla solamente tiene una oportunidad de saber lo que obtendrá en los próximos años, décadas, siglos incluso, en el suelo en el que se encuentra. De manera que evalúa la luz y la humedad del momento, revisa sus propias constantes y, literalmente, se lanza a por todas.

Arriesga el todo por el todo cuando las primeras células (el hipocófilo) avanzan desde la cubierta de la semilla. La raíz crece hacia abajo antes de que el brote lo haga hacia arriba, y de ahí que el verde retoño no pueda generar nuevos nutrientes en el curso de los días o semanas siguientes. El juego es arriesgado, y perder conlleva la muerte. Las apuestas están a más de un millón contra uno.

Y sin embargo, cuando gana, lo hace a lo grande. Si una raíz encuentra lo que necesita, se desarrolla en forma de raíz primaria, una sujeción que puede romper el sustrato rocoso, y que mueve durante años varios litros de agua cada día, y lo hace de una manera mucho más eficiente que cualquier bomba mecánica ideada por el hombre. De la raíz primaria salen otras raíces que se entrelazan con las de la planta que está junto a ella, y estos apéndices alertan a la planta del peligro, de la misma manera en que las neuronas se intercambian información por medio de las sinapsis. El área cubierta por este sistema radicular puede llegar a ser cien veces más grande que la de todas las hojas juntas. Si en la superficie de la tierra quedara destrozado todo, absolutamente todo, la inmensa mayoría de las plantas podría volver a crecer a partir de una raíz intacta. No una vez ni dos. Algunas más.

La osada acacia (del género homónimo *Acacia*) es la planta que tiene las raíces más profundas. Cuando se empezó a excavar el canal de Suez se hallaron las raíces de una pequeña y combativa acacia que se extendían a lo largo de doce, trece o treinta metros, según cual sea la fuente consultada, Thomas (2000), Skene (2006) o Raven y otros (2005). A mí me da la impresión de que estos biólogos incluyeron en sus manuales la anécdota del canal de Suez para transmitirme alguna enseñanza hidráulica, pero en cambio lo que han conseguido es que la historia permanezca en mi memoria como el recuerdo de algo falseado, húmedo y frío.

Me traslado mentalmente al año 1860 y veo a un grupo de hombres agotados que encuentran una raíz viva cuando cavan a más de treinta metros de profundidad. Los veo en ese lugar, rodeados de aquel aire fétido, mientras tratan de hacerse a la idea, perplejos, de que aquella raíz pueda estar de alguna forma unida a alguno de los árboles que crecen lejos de allí. En realidad, ambas partes, trabajadores y vegetal, mostraron su incredulidad aquel día: la acacia debió de sorprenderse igualmente al encontrar sus raíces expuestas fuera de la roca que las contenía, y de ahí que reaccionase soltando sus hormonas, primero en torno a sí misma y después difundiéndolas a través de cada una de las células de su ser.

Cuando aquellos hombres removieron el suelo y las rocas para abrir una vía de comunicación desconocida entre el Mediterráneo y el mar Rojo, se encontraron con una planta audaz que había creado por su cuenta una senda nunca vista. Se toparon con una acacia que había removido el suelo y las rocas a lo largo de años de sequía y fracaso en busca de un éxito nada probable.

En mi mente, allá en 1860, veo a los hombres felicitarse mutuamente y arremolinarse luego un rato en torno a la raíz, lo suficiente para tomarse una foto junto a ella. Y después me los imagino cortándola de un tajo.

# 6

LOS CIENTÍFICOS CUIDAN cuanto pueden de los suyos. Mis profesores de la universidad, al darse cuenta de que yo estaba verdaderamente interesada en el trabajo de sus laboratorios de investigación, me aconsejaron que completase mis estudios con un doctorado. Presenté pues la solicitud en las universidades más prestigiosas de las que tenía noticia, cautivada por la idea de que, si me aceptaban, no solo se ocuparían de mi matrícula, sino también de los gastos de manutención y alojamiento en el tiempo que durasen los estudios. Así es como normalmente funcionan las cosas en los doctorados en ciencias e ingeniería: si tu tesis sirve a los fines de un proyecto financiado por el gobierno, se te apoya económicamente hasta lo que podríamos llamar un «nivel de subsistencia académico». Apenas un día después de que la Universidad de Minesota me concediera el graduado *cum laude*, me dirigí a las oficinas del Ejército de Salvación en Lake Street, doné toda mi ropa de invierno, dejándola apilada en un montón enorme, conduje por Hiawatha Avenue en dirección al aeropuerto de Mineápolis-Saint Paul, y cogí un vuelo para San Francisco. Cuando llegué a la Universidad de Berkeley no entablé contacto con Bill. Más bien diría que simplemente lo identifiqué.

En el verano de 1994 me nombraron profesora adjunta de un grupo de estudiantes con el que íbamos a emprender lo que a todas luces parecía un interminable viaje de campo por el Valle Central de California. La gran mayoría de las personas no se imaginan dentro de un agujero, observándolo, más de los veinte segundos que se necesitan para recoger alguna cosa que se les pueda haber caído; pero aquellas clases no eran para la gran mayoría de las personas. A lo largo de seis semanas, esos chicos se verían obligados a cavar cinco, seis o siete hoyos cada día y a pasarse horas en su interior, para después acampar en las proximidades y a la mañana siguiente volver a hacer lo mismo en otro sitio, y así una y otra vez. Cada rasgo característico hallado en el hoyo era clasificado conforme a una taxonomía compleja, y los estudiantes aprendían a registrar la menor hendidura en la tierra, realizada por la raíz de una planta, valiéndose de las categorías oficiales desarrolladas por el Servicio de Conservación de Recursos Naturales.

Cuando examinaban una excavación de posible interés científico, se valían de un libro titulado *Keys to Soil Taxonomy* («Claves para la taxonomía de suelos»), un manual de seiscientas páginas que por su aspecto parecía una agenda de teléfonos, pero cuyo contenido era mucho menos interesante. En algún lugar de Wichita (creo) había una comisión de ingenieros agrónomos del gobierno a los que continuamente se encargaba la transcripción y reinterpretación de las «claves taxonómicas» a lo largo del tiempo, como si de un texto en arameo se tratase. En el prólogo de la versión de las *Claves* de 1997 se describían, en un párrafo de lo más grandilocuente, los descubrimientos que el Comité Internacional sobre Arcillas de Baja Intensidad había introducido en esa nueva edición, aunque no sin resaltar que dicha edición era en realidad circunstancial, para casos de emergencia, pues los trabajos que en ese momento tenía en marcha el Comité Internacional sobre el Régimen de Humedad Acuoso sin duda harían inevitable una nueva revisión del manual, muy posiblemente antes de 1999. Pero nosotros estábamos en el año 1994, y por consiguiente nos veíamos obligados a utilizar la edición de 1983 y a trabajar con una inocente ignorancia, porque nada nos hacía sospechar que muy pronto el Comité Internacional de Irrigación y Drenaje lanzaría sobre el terreno sus propias bombas.

Para las clases nos metíamos en un hoyo junto con los diez o doce estudiantes que habían trabajado con nosotros durante la excavación. Según el plan de estudios, aquellas enseñanzas debían servirles de guía en su conocimiento del ignoto mundo de los ingenieros agrónomos, de los funcionarios públicos, de los guardas forestales de los parques nacionales y de cualquier otro empleo relacionado con la gestión de los terrenos en la práctica. De todos los ejercicios sobre la clasificación documental de los suelos, el más relevante es aquel que determina el «mejor uso práctico» para el terreno en estudio, para lo cual es preciso considerar si es más adecuado para construir un «complejo residencial», una «edificación comercial» o «infraestructuras» en general, especificando en cada caso la utilización más apropiada. A la cuarta semana de estudio, una fosa séptica parece algo demasiado sofisticado comparada con los hoyos que se están evaluando, y de ahí que se tienda a pavimentar mentalmente el paisaje convirtiéndolo en un interminable aparcamiento. A mi entender, esta estrategia mental es la que ha permitido que algunos terrenos de Estados Unidos hayan acabado siendo lo que son.

Pues bien, había transcurrido algo más de una semana desde el inicio de nuestro viaje cuando me percaté de que había un estudiante —el que se parecía a Johnny Cash de joven y vestía vaqueros y chaqueta de cuero incluso a cuarenta grados de temperatura— que siempre acababa distanciándose del grupo y cavando por su cuenta. El profesor titular de aquel curso era además mi tutor de tesis, y, como yo no era más que su asistente, tenía que estar siempre en la retaguardia, proporcionando apoyo a los estudiantes. Mi trabajo consistía en circular de un hoyo a otro, comprobar si los chicos avanzaban en sus tareas y contestar a sus dudas. Eché un vistazo a la lista del curso y, por eliminación, deduje que el alumno solitario debía de ser Bill. Me dirigí a su hoyo e interrumpí su labor en soledad.

—¿En qué estás? ¿Tienes alguna pregunta, alguna duda que necesites resolver?

Bill no levantó la vista siquiera; simplemente rechazó mi ayuda diciendo:

—No. Estoy bien.

Me quedé en el sitio unos instantes y luego me encaminé hacia otro grupo para revisar sus tareas, evaluar el alcance de sus progresos y responder a sus dudas.

Al cabo de unos treinta minutos me di cuenta de que Bill estaba cavando un nuevo hoyo, después de haber rellenado cuidadosamente el anterior y de haber aplastado bien la tierra que lo cubría. Cogí su carpeta y vi que había cumplimentado meticulosamente la evaluación del suelo y que hasta había añadido respuestas alternativas en una segunda columna, a la derecha de la página. En la parte superior de su informe había seleccionado la casilla de terreno adecuado para «infraestructuras», añadiendo con una caligrafía perfecta, el tipo específico de construcción para ese suelo, un «centro de reclusión de menores».

Me acerqué a su hoyo y me quedé un instante allí.

—¿Qué, buscando oro? —bromeé, tratando de entablar conversación.

—No. Me gusta cavar, eso es todo —replicó sin parar de trabajar—. Antes vivía en una madriguera.

Esta respuesta tan directa de algo relativo a su vida personal me dio a entender que lo decía en serio.

—Y no me gusta nada que me observen por la espalda —añadió.

Haciendo caso omiso de la indirecta, me quedé parada y seguí mirándole mientras cavaba un rato más; empecé a percatarme entonces de la extraordinaria cantidad de tierra que levantaba a cada paletada, algo nada habitual, y de la fuerza que debía de esconder su poco musculosa complexión corporal. Observé asimismo que para cavar se valía de una herramienta que parecía un arpón viejo con el extremo aplastado; como si hubiera transformado una espada en una auténtica reja de arado.

—¿De dónde has sacado esa pala? —pregunté, pensando que debía de haberla encontrado entre el montón de herramientas inútiles que yo misma había sacado del armario del departamento, abandonado en el sótano durante mucho tiempo, junto a una vieja carbonera.

—Es mía —dijo—. Si no la pruebas, nunca podrás entender lo que esta maravilla puede hacer ella solita.

—¿Me estás diciendo que te has traído tu propia pala de casa? —Sonreí con satisfacción, sorprendida y a la vez amistosa.

—Claro que sí —aseveró—. No iba a dejarla seis semanas abandonada.

—Me gusta tu forma de pensar —repliqué. Y en vista de que no me necesitaba en lo más mínimo, añadí—: Dirígete a mí si tienes dificultades o alguna duda.

Me disponía ya a marcharme cuando vi que Bill levantaba la vista del suelo.

—La verdad es que sí que quiero preguntarte algo —dijo lanzando un suspiro—. ¿Por qué no han acabado aún esos imbéciles del otro hoyo? Deben de haber examinado decenas de agujeros antes que ese. ¿Cuánto tiempo necesitan para aprender a localizar una jodida lombriz?

Asentí y me encogí de hombros.

—Ya sabes, cosas que ojo no vio, ni oído oyó...

Bill se me quedó mirando unos segundos.

—¿Y eso qué diablos se supone que quiere decir?

Volví a encogerme de hombros.

—¿Cómo voy a saberlo? Es una cita de la Biblia y, como seguramente sabes, se supone que uno no tiene por qué saber todo lo que quiere transmitirnos. Nadie lo sabe.

Se me quedó mirando con aire de suspicacia, pero al ver que yo no añadía nada más, se tranquilizó y volvió a su tarea. Esa misma noche, justo cuando estaban distribuyendo la comida preparada en común, me senté frente a él en una mesa de pícnic. Bill estaba batallando con un trozo de pollo a medio hacer.

—Uf —exclamé mientras examinaba mi plato—. No creo que pueda comerme esto.

—Sí, es verdad, está asqueroso —concedió—. Pero, como es gratis, todas las noches me zampo una segunda ración de lo que me den.

—Ya, como perro que vuelve a su vómito —repliqué mientras hacía la señal de la cruz en el aire.

—Amén —añadió Bill con la boca llena y levantando su lata de Seven Up.

A partir de entonces empezamos a buscarnos el uno al otro de manera informal, y observar juntos la escena de nuestra excavación se convirtió en una posición de partida cómoda para los dos. Nos situábamos relativamente cerca de los demás, como si todavía formáramos parte del grupo, pero sin implicarnos en sus actividades. A mí me parecía algo natural, sencillo, poder quedarme sentada junto a él, aunque no tuviéramos nada que decirnos.

Por las noches yo me pasaba las horas leyendo mientras Bill limpiaba los restos de tierra de su viejo cuchillo Buck, cuya hoja pulía y pulía hasta dejar desgastada la espátula que utilizaba para ello.

—¿De qué va el libro? —me preguntó una noche.

En esos momentos estaba leyendo una biografía de Jean Genet, un escritor que me tenía fascinada desde que asistí a una representación de *Los biombos* en un teatro de Mineápolis, en 1989. Para mí, Genet era la perfecta encarnación del «escritor orgánico», un autor que simplemente se dedicó a escribir lo que quería, sin preocuparse de satisfacer al público ni esperar reconocimiento alguno, y que, cuando le llegó la fama, no la aceptó. Era un escritor instintivo, sin formación, de ahí que tuviera una voz narrativa completamente original en lugar de imitar de manera subconsciente los cientos de libros que había leído. A mí me obsesionaban especialmente los primeros años de Genet, pues creía encontrar en ellos la clave de su éxito, haciéndole al mismo tiempo inmune a su influjo.

—Es un libro sobre Jean Genet —respondí con cautela, consciente de que me estaba presentando ante él como un ratón de biblioteca.

Bill no emitió ningún juicio, pero en cambio, por la expresión de su rostro, me pareció que tenía un cierto interés. Animada, me aventuré a contarle algo más.

—Fue uno de los grandes escritores de su generación, dotado con una imaginación sin límites y desprejuiciada; pero incluso después de alcanzar la fama no se vio afectado por ello. —Luego añadí algunos de los detalles de su vida que más perturbadores me resultaban—: De joven estuvo encarcelado varias veces por delitos menores, y así fue como adquirió una concepción distinta de la moral —le expliqué, sorprendida de lo bien que me sentaba hablar con alguien acerca de un libro.

Estando allí fuera, al aire libre, mientras reflexionaba sobre los motivos vitales que habían impulsado a un escritor desaparecido, me vino a la mente mi propia familia, a la que había dejado atrás, en varios sentidos. Al observar a Bill raspar la tierra adherida a su cuchillo me acordé de aquellos días de verano en los que mi madre y yo trabajábamos juntas en el jardín.

—Genet se prostituía y robaba a sus clientes y, cuando lo encarcelaban, se ponía a escribir —continué—. Lo más extraño de todo es que, después de haber conseguido fama y fortuna, no dejó de entrar en las tiendas para robar cualquier artículo insustancial que no necesitaba para nada. En una ocasión, Pablo Picasso pagó de su bolsillo la fianza para sacarlo de la cárcel... Para mí, ese comportamiento no tiene sentido —concluí.

—Es muy posible que para él sí que lo tuviera —me contradijo Bill—. Todo el mundo hace todo tipo de estupideces sin saber por qué les da por algo así. Lo único que saben es que tienen que hacerlo —añadió; y yo me quedé pensando en esta idea unos instantes.

—Eh, chicos, ¿queréis una cervecita bien fría?

Aquel ofrecimiento bienintencionado de un estudiante algo achispado y peligrosamente armado con una guitarra nos sacó de nuestras cábalas. En la mano llevaba una de esas cervezas que se compran a seis dólares la caja en algún pueblo perdido sin nada mejor que ofrecer.

—No, paso. Esa cerveza sabe a meados —dijo Bill.

Yo me sentí obligada a suavizar un poco esa afirmación tan directa, así que añadí:

—A mí no me gusta la cerveza, debo reconocerlo, pero esa no me parece muy buena.

—Jean Genet jamás hubiera robado esa mierda —le gritó por encima del hombro, y yo sonreí para mis adentros, consciente de que ese comentario era algo que solo nosotros dos podíamos entender.

Los chicos se acercaron a sus compañeros, se dijeron algo en voz baja y luego empezaron a soltar unas risitas nerviosas mientras miraban en nuestra dirección. Bill y yo nos miramos y enarcamos las cejas. Aquella fue posiblemente la primera vez, y desde luego no iba a ser la última, en que las personas que estaban a nuestro alrededor malinterpretaban el carácter de nuestra conexión.

A la semana siguiente realizamos una visita guiada a un huerto de cítricos donde nos enseñaron las diversas maneras en que se pueden sacudir mecánicamente los frutos de un árbol. Luego nos llevaron a la nave donde se almacenaban los limones, y allí vimos varias filas de mujeres situadas a lo largo de una cinta transportadora y sacando sin cesar unas bolas grandes o extrañamente esféricas de una riada de frutos verde oliva que bajaba por la cinta a un ritmo de diez unidades por segundo. Estoy segura de que en nuestros rostros se dibujó una expresión de absoluta incredulidad cuando nuestro guía nos anunció que aquellas mujeres estaban seleccionando limones. A juzgar por el ruido seco que hacían al caer por la cinta transportadora, cualquiera hubiera creído que aquellas esferas eran bolas de billar.

Después el guía siguió dándonos algunas indicaciones más sobre los lugares que habíamos visitado y elogiando con entusiasmo las condiciones de trabajo de aquella fábrica, que contaba además con viviendas para los trabajadores construidas en el mismo emplazamiento. Al oírle decir eso no pude evitar pensar en cómo sería la extraña villa surgida al amparo de aquellas instalaciones. Luego nos acompañó a la «sala de maduración», una nave que estaba a quince grados bajo cero y que no era más que un contenedor desprovisto de ventanas y lleno hasta el techo de frutas verdes y más duras que el cemento. Por la noche cerraban herméticamente la puerta, nos dijo, y llenaban el contenedor con gas etileno, que hacía que los limones interrumpieran su evolución normal y maduraran en apenas diez horas. En efecto, la sala que teníamos al lado estaba repleta de limones del mismo tamaño, cada uno de los cuales presentaba una piel tan amarilla, tan perfecta, que daba la impresión de que eran frutas de plástico.

Cuando terminó la visita dimos una vuelta por el aparcamiento.

—Santo cielo, vaya aburrimiento. Después de esto, nunca volveré a quejarme de las clases del colegio.

Bill se refería a la selección de los limones, y mientras hablaba no paraba de dar saltos para entrar en calor después de nuestra visita a las salas refrigeradas.

—Las cadenas de montaje me deprimen una barbaridad. En la ciudad donde me crie había muchas como esa —dije frotándome las manos y estremeciéndome con el recuerdo prestado de mi hermano, que en tercero de primaria había visitado el matadero con sus compañeros de colegio—. Diría que más bien eran cadenas de desmontaje.

—¿Llegaste a trabajar en la fábrica? —me preguntó Bill.

—Tuve suerte: fui a la universidad antes de verme obligada a trabajar allí. Me marché de casa de mis padres cuando cumplí los diecisiete. —Desgranaba mis confidencias con cautela, para que no se notara que necesitaba confiar en él.

—Yo me fui a los doce —replicó Bill—. Pero no muy lejos. Solo hasta el jardín.

Asentí como si aquello fuera lo más normal del mundo.

—¿Fue entonces cuando te fuiste a vivir a tu madriguera?

—En realidad era una fortaleza subterránea. Le puse moqueta, electricidad y todo lo necesario.

Bill hablaba en un tono despreocupado, pero no exento de orgullo.

—Suena bien —dije—, aunque no creo que yo pudiera dormir en una fortaleza de esas.

Él se encogió de hombros.

—Soy armenio —replicó—. Nosotros nos sentimos más cómodos bajo tierra.

En ese momento yo no sabía que estaba haciendo un chiste macabro sobre su padre, que de niño se había escondido en un pozo mientras el resto de su familia era asesinada. Más tarde supe que Bill vivía atormentado por los fantasmas de sus espantosos antepasados, y que, por esa razón, no dejaba nunca de construir, planificar y acumular para el futuro, decidido a sobrevivir fuera como fuese.

—¿Dónde está Armenia? Ni siquiera sé situarla en el mapa.

—La mayor parte del país no existe —contestó—. Ese es el problema.

Al verle tan circunspecto, asentí, aunque no entendía muy bien lo que quería decir.

Un día, poco antes de terminar nuestro viaje de campo, me acerqué a mi profesor cuando vi que estaba preparando el equipo necesario para el día siguiente.

—Oye, tenemos que contratar a Bill en el laboratorio —le dije.

—¿Te refieres al tipo raro que va siempre a su aire? —preguntó él.

—Sí. Es el más inteligente de la clase. En el laboratorio nos vendrá muy bien.

Mi profesor volvió la vista a las herramientas que acababa de seleccionar.

—Ah, ¿sí? ¿Y cómo estás tan segura?

—No lo estoy —dije—; pero tengo un buen presentimiento.

Mi profesor, como de costumbre, transigió.

—Muy bien, adelante, pero te encargarás tú misma de los trámites burocráticos. Yo estoy demasiado cargado de responsabilidades, no puedo asumir ni una más, así que quedará bajo tu cargo. Serás tú quien tendrá que mantenerle ocupado, ¿entendido?

Asentí agradecida. En los últimos tiempos contemplaba el futuro con entusiasmo, aunque no sabía muy bien por qué.

Tres días más tarde terminó por fin nuestro viaje de campo y regresamos a la ciudad. Como yo era la responsable del grupo tenía que encargarme de llevar a los estudiantes a sus casas y dejarlos allí junto con sus pertenencias. Bill fue el último al que tuve que acompañar, así es que era ya muy tarde cuando me detuve en la estación de ferrocarril que me había indicado.

Aproveché entonces para hablarle del trabajo que había encontrado para él.

—Oye, no sé si estarás interesado, pero puedo hacer que te contraten en el laboratorio científico donde yo trabajo. Es un empleo pagado y perfectamente en regla.

Al principio no reaccionó. Desvió la vista hacia el suelo, hasta que al cabo dijo con expresión seria:

—Vale.

—De acuerdo entonces —convine.

Bill se quedó en el asiento, mirándose los pies, mientras yo aguardaba a que saliese del coche y se despidiese de mí. Al rato levantó la vista y se quedó mirando unos minutos por la ventanilla mientras yo me preguntaba qué era lo que le retenía allí.

Bill se giró por fin hacia mí y dijo:

—¿Y si nos vamos al laboratorio?

—¿Ahora? ¿Quieres que vayamos al laboratorio ahora mismo? —exclamé sonriendo a mi nuevo amigo.

—No tengo ningún sitio mejor adonde ir —dijo con resolución. Y acto seguido añadió—: Y además llevo mi propia pala.

Como en otras ocasiones, una escena de uno de los libros que había leído me vino en ese momento a la mente, una de Dickens, de nuevo, pero en este caso de *Grandes esperanzas*. Me acordé de Estella y Pip al final de la novela, al límite de sus fuerzas pero llenos de esperanza en aquel jardín cubierto por la maleza en el que volverían a levantar la casa destruida. Me acordé de que, aunque no supieran lo que sería su vida en el futuro, ninguno de los dos veía ningún atisbo de separación.

# 7

LA PRIMERA HOJA DE VERDAD es una idea nueva. En cuanto una semilla se sujeta a la tierra, cambia sus prioridades y redirige toda su energía hacia el estiramiento. Sus reservas están a punto de agotarse y necesita desesperadamente captar la luz para poner en marcha el proceso que la mantiene viva. Como es la planta más pequeña del bosque, tiene que trabajar mucho más que el resto de los vegetales que crecen por encima de ella, y siempre lleva una existencia miserable en la sombra.

Dentro del embrión se encuentran doblados los cotiledones, dos hojillas ya formadas que se hinchan para su uso temporal. Son tan pequeñas e inadecuadas como una rueda de repuesto que solo nos puede llevar hasta la próxima gasolinera. Una vez que se han ensanchado con la savia, estos cotiledones, levemente verdosos, ponen en marcha la fotosíntesis como si fuera un coche viejo en una gélida mañana de invierno. Al no estar demasiado bien diseñados, hacen que toda la planta renquee hasta que es capaz de producir una hoja auténtica, una hoja *de verdad*. Una vez que la planta está en condiciones de elaborar una hoja auténtica, los cotiledones, esas hojillas temporales, se marchitan y se caen; se comportan pues como el resto de las hojas que van a brotar de la planta.

La primera hoja de verdad se elabora a partir de un patrón genético más bien impreciso que deja muchísimo margen para la improvisación. Ahora cierra un momento los ojos y piensa, por ejemplo, en las espinas de las hojas del acebo, en la estrella que forman las hojas de arce, en la forma acorazonada de las hojas de la hiedra, en el limbo triangular de la fronda de los helechos, en las hojas pinnadas de las palmeras. Piensa que un solo roble puede llegar a tener cien mil hojas, todas lobuladas, y que no hay dos idénticas; de hecho, algunas pueden llegar a ser el doble de grandes que las demás. Cada hoja de roble alberga una belleza singular, única, obtenida a partir de un proyecto en bruto e incompleto.

Las hojas que encontramos en la Tierra son las incontables elaboraciones de una máquina muy sencilla que ha sido diseñada para realizar una sola tarea; y de esa tarea depende la humanidad entera. La clave está en que las hojas producen azúcar. Las plantas son los únicos seres del universo capaces de generar azúcar a partir de una materia inorgánica sin vida. Todo el azúcar que han ingerido los seres humanos se elaboró originalmente en el interior de una hoja. Es una sustancia fundamental, porque si el cerebro no recibe continuamente glucosa nos morimos. Así de sencillo. En condiciones extremas, el hígado es capaz de sintetizar la glucosa de las proteínas o las grasas; pero tanto unas como otras se formaron originariamente a partir de la glucosa vegetal presente en algún otro animal. Es un proceso del que no podemos escapar nunca: en este mismo instante, en las sinapsis de nuestro cerebro, las hojas están alimentando nuestros pensamientos sobre las hojas.

Las hojas son superficies pigmentadas conectadas por un sistema de redes vasculares. Estas llevan agua desde el suelo hasta la hoja, donde se transforma gracias a la luz. Con esta energía la planta une el agua y lo que obtiene de la atmósfera formando azúcares. Luego un segundo conjunto de vasos conductores traslada la savia azucarada desde la hoja hasta las raíces, y allí es seleccionada y procesada para su uso inmediato o para ser almacenada y utilizada en el futuro.

Las hojas crecen extendiendo una cadena de células situadas a lo largo de un vaso central; las células aisladas que se hallan en el perímetro de la hoja deciden de manera independiente cuándo dejan de dividirse. En el ápice de la hoja se desarrollan los vasos más pequeños, y esta red vascular se completa en el tallo. La maduración, por tanto, va generalmente del ápice a la base de la hoja. Una vez formada la parte más audaz de la hoja, la planta empieza la casa por el tejado y vuelve a impulsar el azúcar hacia abajo, haciéndolo descender hasta el lugar donde será utilizado para generar más raíces, las cuales se utilizarán para absorber más agua, que a su vez se empleará para desarrollar hojas nuevas, que a su vez volverán a producir más azúcar; y repetirán este mismo proceso que se ha reproducido una y otra vez durante cuatrocientos millones de años.

A veces, sin embargo, a una planta se le ocurre una idea y genera una hoja nueva que lo cambia todo. La choya, por ejemplo, tiene unas espinas hirientes, tan afiladas y fuertes como para perforar la curtida piel de una tortuga. Además hacen que disminuyan las corrientes de aire en torno a la piel del cactus, reduciendo por tanto la evaporación. Proporcionan muy poca sombra al tallo, pero es ahí donde se condensa el rocío. Pues bien, las espinas de la choya son en realidad sus hojas; la parte verde de la planta es su tallo hinchado.

Posiblemente, en los últimos 10 millones de años, una planta tuvo una nueva idea y en lugar de extender su hoja acabó convirtiéndola en una espina, como las que encontramos hoy día en las choyas. Fue esta idea novedosa lo que permitió a una nueva clase de planta crecer de una forma desaforada y vivir en un lugar seco en el que ella era el único vegetal comestible en varios kilómetros a la redonda; todo un éxito, aunque de lo más absurdo. Esa idea insólita permitió a la planta contemplar un mundo desconocido y extraer materia dulce de un cielo completamente nuevo.

# 8

LA CARRERA CIENTÍFICA lleva muchísimo tiempo. La parte que más riesgos entraña es aquella en la que se aprende qué es un científico de verdad y con pasos temblorosos se comienza a caminar por esa senda, que luego se trocará en una carretera, y que a su vez se convertirá en una autopista, que quizá algún día nos lleve a casa. Un científico auténtico no lleva a cabo los experimentos prescritos; un verdadero científico desarrolla los suyos propios, generando así conocimientos completamente nuevos. El tránsito entre ambas etapas, entre el hacer lo que nos dicen y decir nosotros qué debe hacerse, sucede, por lo general, cuando se está a mitad de camino en la realización de la tesis. Esta se convierte, en varios sentidos, en lo más difícil y aterrador que un estudiante puede hacer; y es justamente la incapacidad o falta de disposición para escribirla lo que en buena medida elimina a la gente de los programas de doctorado.

El día en que me hice científica me hallaba en un laboratorio, contemplando la salida del sol. Creía haber encontrado algo extraordinario y aguardaba a que el nuevo día alcanzase una hora prudente en la que poder hacer una llamada de teléfono sin riesgo de molestar. Deseaba contarle a alguien lo que había descubierto, aunque no estaba muy segura de a quién podía llamar.

Mi tesis doctoral giraba en torno al *Celtis occidentalis*, más conocido como almez americano. Es un árbol que se encuentra en toda América del Norte, una especie tan común como el helado de vainilla y tan poco atractiva en su apariencia como este último. Los almeces son árboles originarios del norte de América que se plantaron en gran número en las ciudades para contrarrestar las innumerables bajas provocadas por la conquista europea del Nuevo Mundo.

Durante siglos, los escarabajos —al igual que las personas— han emigrado de Europa a Estados Unidos, adonde llegaban en barcos que atracaban a lo largo de la costa de Nueva Inglaterra. En 1928, un grupo de estos robustos insectopioneros de seis patas salió de los Países Bajos y, cual okupas, se alojaron en la corteza de un sinfín de árboles del género *Ulmus*. En el curso de su ocupación introdujeron un hongo mortal en los vasos conductores de dichos árboles. Estos reaccionaron bloqueando su sistema vascular por completo a fin de limitar la infección, y, poco a poco, fueron muriendo de hambre porque los nutrientes no usados se les quedaban concentrados en las raíces. En la actualidad, la grafiosis, o enfermedad holandesa del olmo, sigue haciendo estragos en Estados Unidos y Canadá, y cada año perecen decenas de miles de árboles, lo cual eleva el número total de ejemplares muertos a varios millones.

El almez americano, por el contrario, es capaz de resistirlo prácticamente todo, cosa que, según se ha observado, permite al árbol soportar las primeras escarchas y la sequía de épocas posteriores sin perder una sola hoja. Estos árboles de nueve metros no son tan majestuosos como sus antecesores los olmos, que llegaban a alcanzar el doble de altura; exigen bastante poco de su entorno y, con su extraordinaria humildad, se granjean el mayor de nuestros respetos.

A mí me interesaba el *Celtis occidentalis* por sus maravillosos frutos, que en su apariencia externa son semejantes a los arándanos. Pero si cogemos uno y lo apretamos entre los dedos veremos que la baya es dura como una piedra; básicamente porque es una piedra: justo debajo de su piel rosácea hay una cáscara más dura que las valvas de una ostra. Esta estructura hace las veces de una fortaleza inexpugnable para una semilla que podría tener que pasar por las tripas de un animal, aguantar lluvia y nieve y presentar durante años, antes de la germinación, una batalla implacable contra los hongos. Entre los sedimentos de muchas excavaciones arqueológicas se encuentran sin duda restos de los huesos alojados en el interior de esas pequeñas drupas, pues cada árbol genera a lo largo de su vida millones de semillas. Como científica, esperaba desarrollar un análisis de los huesos fosilizados de esas semillas que me permitiese calcular cuál era el promedio de las temperaturas estivales que se presentaban en el Medio Oeste entre las diversas glaciaciones.

A lo largo de 400.000 años, los glaciares se han expandido desde el Polo Norte para después, como un perfecto mecanismo de relojería, contraerse cada cierto tiempo. En los breves periodos interglaciares en que las Grandes Llanuras estaban desprovistas de hielo, plantas y animales migraban, se reproducían y probaban nuevos alimentos y hábitats no explorados. Pero ¿cómo eran, climatológicamente hablando, esos estíos de las épocas interglaciares? ¿Tan abrasadores como los de nuestros días, o más bien templados para evitar que cayese la nieve? Todo aquel que haya vivido alguna vez en el Medio Oeste sabe que esta distinción tiene su importancia; y, desde luego, no resulta difícil imaginar lo crucial que sería para aquellas personas cuya vida estaba estrechamente ligada a la tierra, sin más cobijo que unas simples pieles de animal sobre su cabeza y moviéndose continuamente en busca de alimento.

A mi director de tesis y a mí se nos pasaban por la cabeza toda clase de reacciones químicas con las que obtendríamos la temperatura a la que se formaron los huesos de semilla cuando condensaban la savia del fruto. Toda nuestra teoría acerca de la temperatura que permitía que el fruto se convirtiera en fósil era completamente novedosa, y lo bastante misteriosa como para mantener las respuestas sencillas fuera de nuestro alcance. Me dispuse entonces a desarrollar un conjunto de experimentos que me permitieran desglosar la cuestión principal en una serie de tareas menores. Y la primera de estas tareas era hacernos una idea exacta de cómo se formaban las semillas del almez americano y de cuál era su composición.

Para tal fin puse controles en torno a unos cuantos almeces vivos de Minesota y Dakota del Sur para poder comparar ambientes fríos con otros (relativamente) cálidos. Mi plan era recoger los frutos periódicamente a lo largo de un año. Después, en el laboratorio de California, cortaría centenares de esos frutos en láminas finísimas para describirlas y fotografiarlas bajo el microscopio.

Cuando las observé en el microscopio bajo una lente de aumento de 350, la superficie regular del hueso del almez parecía un panal repleto de algo duro y quebradizo. Tomando como punto de referencia las reacciones en un hueso de melocotón, sumergí varios huesos de almez en un ácido capaz de disolver una miríada de melocotones, y luego examiné lo que había quedado. El relleno se había disuelto en el interior del panal, del que solo quedaba su entramado blanquecino. Cuando puse esta minúscula estructura blanca en una línea de vacío y la sometí a una temperatura de 815 °C, se liberó dióxido de carbono, lo cual quiere decir que había algo orgánico dentro de la telilla blanca (una nueva capa misteriosa).

El árbol había generado una semilla y en torno a ella tejió una red fibrosa. Luego cubrió esta trama con una especie de esqueleto y rellenó los espacios vacíos con la misma materia que forma los huesos de melocotón. De este modo protegía la semilla, dándole más facilidades para germinar y, por consiguiente, para convertirse en un árbol o puede que hasta para engendrar noventa generaciones adicionales de esa misma especie arbórea. Si íbamos a obtener los datos climatológicos de épocas anteriores basándonos en los huesos de semilla fosilizados, esa trama reticular de color blanco era sin duda todo un tesoro de información. Y una vez supiera de qué estaba hecha la parte más importante del hueso de la semilla, ya estaría bien encaminada.

Si cada clase de roca se forma de manera distinta, lo mismo sucede con su disgregación, que es diferente en cada caso. Para diferenciar los diversos minerales que componen una roca se puede desmenuzar una muestra y examinarla con rayos X. Si se los examina atentamente, se puede observar que todos los granos de la sal de mesa son unos cubos perfectos. Pues bien, si pulverizamos uno de esos granos hasta convertirlo en un fino polvillo, lo habremos desmenuzado en millones de cubos perfectos. La forma cúbica se conserva indefectiblemente en la sal porque los átomos que componen la sal pura están unidos en un armazón cuadrado, el cual traza un número infinito de cubos. Cualquier fractura en esta estructura interna se producirá siguiendo los planos de debilidad que definen estas uniones atómicas, dando lugar a más cubos y repitiendo en todo momento el mismo patrón atómico hasta en los componentes más pequeños.

Todos los minerales tienen fórmulas químicas distintas, cada una de las cuales refleja el número y tipo de átomos que cada mineral contiene, así como la forma de unión de tales átomos. Estas divergencias provocan a su vez diferencias en el fractal que persiste, incluso cuando solo tenemos un fino polvillo. De manera que, si somos capaces de percibir las pequeñas figuras presentes en una pizca de polvo mineral —incluso en el más heterogéneo que podamos hallar en una roca compleja y fea—, entonces estaremos en condiciones de determinar también su fórmula química.

Pero ¿cómo ver la forma de esos cristales minúsculos? Cuando una ola choca contra un faro, refluye de vuelta una onda que cruza el mar. La longitud y amplitud de esta onda reflejada alberga información sobre la ola y, también, sobre el faro. Si estuviéramos en una barca anclada lejos de allí, podríamos distinguir un faro de base cuadrada de otro redondeado por el modo en que esa onda nos golpea, pues nos permitiría hacernos una idea muy clara del tamaño de la ola, de su energía y de su frecuencia, y de la dirección en que se mueve. Algo así es lo que nos permite saber cómo se comportan los diminutos cubos que encontramos en el polvo de mineral a partir de las olas que vuelven o se refractan en esas ondas electromagnéticas que reciben el nombre de «rayos X». Un trozo de película fotográfica atrapa las ondas en sus picos, y su amplitud e intensidad nos permite reconstruir la forma que tenían en el momento de la refracción.

En otoño de 1994 solicité que me dejaran acceder al laboratorio de difracción de rayos X que estaba situado al otro lado de la universidad, lejos de mi laboratorio habitual, y al final me asignaron unas cuantas horas en las que podría hacer uso de la máquina de rayos X. Esperaba mis análisis con la misma felicidad contenida con que uno asiste a un partido de béisbol: sabiendo que todo es posible pero que a buen seguro llevará bastante tiempo.

Después de darle unas cuantas vueltas, decidí reservarme la máquina para las noches, aunque no estaba del todo segura de haber escogido bien: en ese laboratorio trabajaba un investigador posdoctoral de lo más arisco y a mí no me hacía ninguna gracia enfrentarme a semejante compañía. Le había visto ponerse hecho una furia por detalles sin importancia, hasta por una simple pregunta, y me imaginaba que sería particularmente amenazante para la extraña mujer que estaba a punto de entrar dentro de su órbita. Así pues, me enfrentaba a un dilema: si me reservaba las horas diurnas, no tendría más remedio que verlo, pero siempre habría alguna persona en el laboratorio que me serviría de escudo humano. Por la noche, en cambio, tendría todo el espacio a mi disposición;

pero, si se diera la extraña casualidad de que se dejase caer por allí, yo sería un blanco fácil. Al final me incliné por el turno de medianoche y, por si acaso, me llevé conmigo una llave inglesa de las de diecinueve milímetros. No tenía del todo claro cómo iba a defenderme con semejante herramienta si fuera necesario, pero el simple hecho de sentir su peso en el bolsillo trasero del pantalón hacía que me sintiera mejor.

Cuando llegué al laboratorio de difracción de rayos X, coloqué un portaobjetos sobre la encimera, puse espuma fijadora sobre él y luego esparcí por encima algo del polvillo del hueso de almez. Situé el portaobjetos en la máquina de difracción, lo orienté todo con sumo cuidado, y, seguidamente, activé la fuente de rayos X. Después de calibrar la línea base, recé en mi interior para que el difractómetro no se quedase sin tinta a mitad del análisis, y me puse cómoda para esperar y observar los resultados.

Si un experimento de laboratorio no ha terminado de funcionar, mover cielo y tierra no hará que salga bien; y, análogamente, hay experimentos que, por mucho que uno haga, nunca los fastidia. Pues bien, la lectura que presentaba la pantalla del difractómetro era inequívoca: aparecía un pico clarísimo, con el mismo ángulo de difracción cada vez que yo replicaba la medición.

El largo, lento y marcado descenso de la línea de tinta no tenía nada que ver con los picos firmes y espasmódicos que mi tutor y yo esperábamos obtener, y eso indicaba de manera clara que el mineral de mi muestra era ópalo. Me quedé parada, mirando fijamente la lectura de la máquina. Sabía que era imposible que yo —o cualquier otra persona— pudiera haber malinterpretado el resultado. Aquello era ópalo y no había vuelta de hoja; era algo inapelable, algo sobre lo que podía trazar un círculo y declarar en un juicio que era cierto. Mientras miraba los resultados me quedé pensando en que en ese instante yo sabía algo que apenas una hora antes era una absoluta incertidumbre, y poco a poco empecé a apreciar cómo había cambiado mi vida.

Era la única persona en un universo infinito en expansión que sabía que ese resto de hueso de almez era ópalo. En un mundo vasto y amplio, poblado por una cantidad inimaginable de personas, yo era, además de una criatura pequeña e insustancial, alguien especial. No solo era una colección de genes en concreto, sino que, además, era única desde el punto de vista existencial, y lo era por obra y gracia de ese pequeño detalle que yo había descubierto sobre la creación, porque era yo quien lo había visto y quien lo había comprendido. Que el ópalo fuese el mineral que fortaleció las semillas de los almeces americanos era un conocimiento específico, nuevo, y solamente me pertenecía a mí hasta que no se lo comunicara a alguien. Su relevancia científica, si verdaderamente era algo digno de conocer, sería una cuestión distinta que habría que determinarse en otro momento. En ese instante, yo estaba en el laboratorio, asimilando aquella revelación mientras mi vida daba un giro radical y mi primer descubrimiento científico brillaba como lo hace cualquier juguete de plástico cuando lo acabamos de comprar.

No quería tocar nada porque solo estaba de paso en el laboratorio. Así pues, me quedé junto a la ventana, mirando el cielo a la espera de que asomase el sol, cuando al rato me resbalaron unas lágrimas por las mejillas. No sabía si lloraba porque no era la esposa ni la madre de nadie —o porque tenía la sensación de que no era la hija de nadie—, o a causa de la belleza de aquella línea perfecta en la lectura a la que siempre podría referirme como *mi* ópalo.

Todo mi trabajo había estado dirigido hacia ese día. Al resolver ese misterio había conseguido además demostrar algo, al menos a mí misma, y por fin supe cómo era la investigación de verdad. Pero por muy satisfactorio que fuera todo aquello, no dejaba de ser uno de los momentos más solitarios de mi vida. En el fondo, la constatación de que era capaz de hacer ciencia de la buena iba acompañada de la certidumbre de que, definitiva, inexorablemente, había perdido la oportunidad de ser como cualquiera de las mujeres que conocía.

A lo largo de los años siguientes me crearía, en el seno de mi propio laboratorio, una nueva clase de normalidad para mí misma. Tendría un hermano al que me sentiría más unida que a mis hermanos biológicos, alguien a quien podía llamar siempre, fuera la hora que fuese, y charlar con un desparpajo del que no había dado muestras ni con mis mejores amigas de la adolescencia. Juntos nos dedicaríamos a exponer lo absurdo de nuestros proyectos y continuamente nos recordaríamos el uno al otro ejemplos particularmente ridículos. Juntos formaríamos a una nueva generación de estudiantes entre los cuales había algunos hambrientos de atención y algunos otros, muy pocos, en realidad, que desarrollarían el potencial que en ellos percibí. Pero aquella noche, la noche de mi primer descubrimiento científico, me limpié las lágrimas de la cara, avergonzada por haberme echado a llorar por algo que la mayoría de la gente consideraría trivial o de lo más insulso. Me quedé mirando por la ventana hasta que vi que los primeros rayos de sol extendían su resplandor por encima del campus; y me pregunté quién más en el mundo estaría disfrutando de ese maravilloso amanecer.

Era consciente de que, antes de que dieran las doce del mediodía, alguien me comunicaría que mi descubrimiento no tenía nada de especial. Un científico con más años y conocimientos que yo me diría que, de hecho, lo que yo había visto era algo que él mismo podría haber dado por sentado. Me explicaría que mi observación no revelaba ni mucho menos algo novedoso, sino que solamente confirmaba una conjetura que a todas luces debía de haber sido obvia, y yo, cortés, escucharía atentamente sus explicaciones. A mí no me importaba lo que él dijera. Nada podía alterar la abrumadora sensación de poseer por un breve instante un pequeño secreto que el universo había guardado solo para mí. Mi instinto me decía que, si se me había concedido la gracia de conocer dicho pequeño secreto, algún día podría llegar a descubrir uno de los grandes.

Para cuando el amanecer se impuso sobre la niebla del Área de la Bahía, yo me sentí liberada también de mis emociones sensibleras. Me dispuse a comenzar mi día y, para ello, volví al edificio en el que estaba mi lugar de trabajo habitual. El aire frío de la mañana emanaba un peculiar aroma a eucalipto que en mi memoria ha quedado siempre asociado a la Universidad de Berkeley. Por el campus, sin embargo, no se veía ni un alma. Me dirigí pues a mi laboratorio y, para mi sorpresa, me encontré las luces encendidas. Vi a Bill allí, sentado en medio de la sala en una vieja silla de playa, mirando la pared mientras escuchaba la radio en su pequeño transistor.

—Mira, he encontrado esta silla en el contenedor de detrás del McDonald's —me dijo cuando me acerqué a él—. Y no está nada mal. —La examinó con satisfacción sin levantarse.

Al ver a Bill allí sentí una dicha infinita: había contado con pasar otras tres horas en soledad antes de que apareciese alguien con quien poder hablar.

—Me gusta tu silla —le dije—. ¿Nos la dejarás usar a todos?

—Hoy no —contestó—. Tal vez mañana. —Lo meditó un instante y luego añadió—: Aunque puede que mañana tampoco.

Yo me quedé de pie, meditabunda, pensando en lo extraño que resultaba todo lo que decía aquel hombre, por simple que fuera.

Contrariamente a lo que me dictaban mis instintos escandinavos, decidí compartir con Bill mi descubrimiento, lo más importante que había hecho en mi vida.

—Oye, ¿has visto alguna vez un ópalo con rayos X? —le pregunté mientras sostenía en alto la lectura de los datos.

Bill cogió su radio y la puso en silencio sacando la pila de nueve voltios, ya que el botón de apagado hacía tiempo que no funcionaba. Luego levantó la vista hacia mí.

—Sabía que si me quedaba aquí sentado, esperando, algo sucedería —me dijo—. Y resulta que tenía razón.

Después de descubrir que los huesos de almez americano contenían ópalo, mi siguiente objetivo fue encontrar algún modo de calcular en retrospectiva la temperatura que determinó su formación en el interior de la semilla. El armazón de la cáscara del almez estaba en realidad hecho de ópalo, pero, en cambio, el relleno arenoso era de un mineral compuesto por carbonato de calcio que recibe el nombre de aragonito; justamente el mismo mineral que se encuentra en la concha de los caracoles. El aragonito puro es fácil de precipitar en el laboratorio; para ello basta con mezclar dos líquidos sobresaturados y los cristales llueven de la mezcla clara como vapor condensado en una nube. La química de los isótopos de los cristales se controla estrictamente por medio de la temperatura, lo cual significa que, midiendo los marcadores isotópicos del oxígeno de un solo cristal, podremos predecir la temperatura exacta a la que se mezclaron las soluciones. Esto era algo que yo podía hacer en el laboratorio con un cien por cien de seguridad. Una prueba infalible. Luego me tocaría demostrar que eso era justamente lo que pasaba en un árbol, que ese mismo proceso era el que tenía lugar en el interior de sus frutos, donde los cristales del aragonito se formaban cuando se mezclaban las soluciones de savia.

El tutor de mi tesis había presentado esta idea en un escrito de quince páginas en el cual solicitaba a la Fundación Nacional de Ciencia fondos para la investigación, y resultó que, una vez recibido el visto bueno de los científicos que supervisaban la propuesta, nos concedieron la financiación. Así fue como, en la primavera de 1995, regresé al Medio Oeste en busca de árboles adecuados para el estudio. Al final me incliné por tres almeces americanos adultos que encontré en las riberas del Platte Sur, en las cercanías de Sterling, en el estado de Colorado. Apostada bajo lo que ante mis ojos se presentaba como el cielo más grande y más azul del mundo, calculé cómo la composición del río, junto con la composición de los frutos de ese verano, me permitiría establecer la temperatura media de la estación. Segura de mi éxito, puse cuerdas en torno a los árboles y empecé a controlarlos como un padre primerizo, complacida por la expectativa del regalo pero dirigiendo mi atención a los procedimientos. Durante el proceso me sentí además profundamente desconcertada, pues ese verano ninguno de aquellos almeces americanos floreció ni dio fruto, como tampoco lo hicieron los que crecían en las cercanías.

Para poner de manifiesto el desamparo y la profunda estupidez humana no hay nada mejor en el mundo que un árbol que no florecerá. Al estar ya acostumbrada a que las personas —y no digamos las cosas— con el tiempo terminaran acomodándose a mis deseos, aquello me resultó difícil de asumir. Analicé la situación con el único amigo que tenía en el condado de Logan, un chico llamado Buck que trabajaba de dependiente en una licorería situada en el cruce de la carretera principal. A decir verdad, si me decidí a entrar fue más por mi perentoria necesidad de aire acondicionado que por la cerveza que suministraban, pero, después de revisar mi documentación, Buck reconoció a regañadientes que yo me conservaba «muy bien para ser una mujer mayor», y yo me tomé aquello como una invitación para quedarme. Al término del verano, Buck estaba cada vez más desconcertado por que él tuviera más suerte con sus rasca y gana que yo con mis árboles, pero se abstuvo de restregarme por las narices las teorías que yo, con profunda ironía, le había explicado sobre las estadísticas de los juegos de azar.

Buck se había criado en un rancho no lejos de allí, y quizá por eso yo tenía la vaga sensación de que, en cierta forma, él era partícipe de la catástrofe de los frutos, o que al menos que debía ser responsable de ello.

—Pero ¿por qué no florecen? ¿Y por qué precisamente este año? —le exhortaba yo. Había estudiado los registros climáticos de la zona y no había encontrado nada sospechoso en el clima.

—Es algo que sucede a veces. Cualquier persona de por aquí podría habértelo dicho —replicó él, con una muestra de conmiseración que raras veces puede verse en un vaquero.

Yo, por mi parte, no podía quitarme de la cabeza que los árboles estaban enviándome una señal y que mi carrera se estaba yendo al traste. Aquello, naturalmente, me aterrorizaba, pues me veía a mí misma en la cadena de montaje del matadero, arrancando los carrillos de las cabezas de los cerdos despiezados, uno tras otro, ininterrumpidamente, seis horas diarias, tal como la madre de una de mis amigas de la infancia había hecho a lo largo de veinte años.

—Esa respuesta no me sirve —repliqué—. Tiene que haber una razón.

—Los árboles no entienden de razones. Ellos van a su aire, no hay más —clamó Buck—. De hecho, no hacen nada en particular. No son más que árboles, eso es todo. Joder, no están vivos, no son como tú y como yo.

Al final, Buck perdió la paciencia; había algo en mí y en mis preguntas que le fastidiaba.

—Por los clavos de Cristo —añadió frustrado—, solo son árboles.

Mi única respuesta fue salir de la licorería y no volver jamás.

Al poco tiempo regresé a California, derrotada.

—Bueno, si yo tuviera un coche que pudiese superar todo lo que le echasen encima, te diría «Venga, vamos a prender fuego a uno de esos árboles tuyos» —me dijo Bill mientras concentraba las migas del fondo de una bolsa de patatas Lay's con ayuda de un embudo del laboratorio—. Dejemos que el resto vea cómo uno de sus compañeros arde un rato y luego les preguntamos si no se sienten un pelín más inclinados a florecer.

Bill se había convertido en un habitual del laboratorio. Aparecía todos los días en torno a las cuatro de la tarde y se quedaba unas ocho o diez horas, dependiendo de su ánimo y sus necesidades inmediatas. Para él carecía de relevancia que solo se le remunerasen diez horas de trabajo a la semana y, curiosamente, gustaba de escuchar mis obsesivas diatribas sobre aquellos árboles que no florecían, algo en lo que en lo que yo caía irremediablemente casi todas las noches. Antes de mi último viaje a Colorado, Bill me había instado a hacerme con una escopeta de aire comprimido y practicar algunas tardes disparando a hojas y ramas.

Me negué en redondo.

—No soy una arbolista ni nada parecido, pero no creo que algo así me sirva de nada.

—Hará que te sientas mejor —insistió él—. Créeme.

Aquel verano en California fue un fracaso desde el punto de vista de la recogida de datos, pero me enseñó algo mucho más importante, algo que considero fundamental en la ciencia: que los experimentos no se diseñan para obtener aquello que nosotros deseamos que el mundo haga. Mientras restañaba mis heridas, ese mismo otoño me serví de los restos de mi hecatombe para trazarme una nueva meta, algo mucho mejor que mi plan anterior. Descubrí por qué hice lo que hice y me esforcé en comprender su lógica, lo cual, decidí, tenía que serme de mucha más utilidad que el simple menoscabo de mí misma como científica.

Todas las especies de la Tierra —tanto las extintas como las vivas, desde los microbios unicelulares y los enormes dinosaurios hasta las margaritas, los árboles y los propios seres humanos—, todas sin excepción, deben cumplir cinco condiciones para poder persistir: han de crecer, reproducirse, reponerse, almacenar recursos y defenderse a sí mismas. A mis veinticinco años podía vislumbrar ya que mi propia reproducción iba a ser complicada, si es que algún día se llevaba a cabo. A mí me parecía algo inaudito esperar que la fertilidad, los recursos, el tiempo, el deseo y el amor pudieran confluir todos en la dirección adecuada, y, sin embargo, la mayor parte de las mujeres acababan siguiendo ese camino. En Colorado me había obsesionado tanto con lo que los árboles debían hacer que dejé de observar lo que en realidad estaban haciendo. El florecimiento debió de quedar relegado a un segundo plano ese verano, dando paso a algo distinto que yo no supe percibir. Y es que los árboles *siempre estaban haciendo algo*. Cuando conseguí que este hecho estuviera bien asentado en mi mente, me acerqué mucho más a la comprensión del problema.

Se imponía un cambio de perspectiva: quizá pudiera aprender a ver el mundo tal como las plantas lo ven, tal vez pudiese ponerme en su lugar y averiguar cómo trabajan. Al ser irremediablemente ajena a su mundo, ¿hasta dónde podría acercarme para conseguir llegar a su interior? Traté de imaginarme una nueva ciencia ambiental que no se basase en el mundo que nosotros deseábamos tener en compañía de las plantas, sino más bien en una visión del mundo de las plantas en el que nosotros tuviésemos un lugar. Pensé en los diversos laboratorios en los que había trabajado y en todas aquellas máquinas, sustancias y microscopios formidables que tanta felicidad me habían dado... ¿A qué clase de ciencia sólida podría yo apelar para desarrollar tan extraña pesquisa?

La perversidad de aquel enfoque me resultaba atractiva: ¿qué era lo que podría detenerme, aparte de mi temor a ser «poco científica»? Era consciente de que, si decía que estaba estudiando «qué es ser una planta», algunos me tacharían de ridícula, pero posiblemente otros se sumasen a la aventura. Quizá trabajando mucho se pudiese estabilizar aquel inestable terreno científico. No las tenía todas conmigo, ciertamente, pero en mi interior sentía las primeras y deliciosas punzadas de una emoción que me acompañaría a partir de entonces. Era una idea nueva, la primera hoja verdadera que brotaba en mí. Y como cualquier otra audaz plántula de la Tierra, la fui formando a medida que avanzaba.

# 9

TODA PLANTA PUEDE DESCOMPONERSE en tres elementos: hojas, tallo y raíces. Los tallos funcionan todos del mismo modo: como un fardo de paja atada, pacas de conductos microscópicos que transportan el agua subterránea de las raíces y el agua azucarada de las hojas. Si los árboles son un tipo único de plantas es justamente por sus tallos, que pueden medir cerca de cien metros, y que, además, están hechos de esa asombrosa sustancia que llamamos «madera».

La madera es fuerte, ligera y flexible, carece de elementos tóxicos y resiste las inclemencias climatológicas; serían precisos miles de años de civilización humana para producir un material de construcción destinado a toda clase de usos que fuese mejor que este. Centímetro a centímetro, una viga de madera es tan fuerte como una de hierro fundido, pero resulta cien veces más flexible y diez veces menos pesada. Incluso en esta época de alta tecnología producida por el hombre, la madera extraída de los árboles sigue siendo el material de construcción preferido para la edificación de casas. Solo con los tablones empleados en Estados Unidos a lo largo de las dos últimas décadas se podría construir un puente desde la Tierra hasta el planeta Marte.

Los seres humanos cortan los troncos de los árboles, clavan sus tablas dándoles forma de caja y luego se echan a dormir en ella. Los árboles utilizan la madera de sus troncos para un objetivo distinto, y es que a ellos les sirve para enfrentarse a otras plantas. Del diente de león al narciso, de los helechos a los higos, de las patatas a los pinos, no hay planta que crezca sobre la tierra que no pugne por hacerse con dos preciados tesoros: la luz que viene de lo alto y el agua que viene desde el subsuelo. La rivalidad entre dos plantas puede decidirse en un solo movimiento, cuando el ganador llega simultáneamente a lo más alto y a lo más profundo antes de que lo haga el otro contrincante. Detengámonos un momento en la tremenda ventaja que la madera confiere a uno de los contendientes en esta batalla: provistos de un soporte rígido pero flexible, fuerte pero ligero, que separa —y conecta— hojas y raíces, los árboles han dominado la competición durante más de 400 millones de años.

La madera es un compuesto estático y funcional, elaborado en otra época y abandonado luego para que quedase siempre como tejido inerte. Desde el centro del árbol (o «duramen») salen unas células radiales que llevan al buen xilema y al dulce floema hasta el cámbium en la periferia del tronco. El cámbium elabora el tejido vivo que queda justo debajo de la corteza. Si un árbol crece es justamente a base de producir capas nuevas de tejido. Cuando una de ellas crece demasiado deja atrás su esqueleto de madera, que progresivamente va formando los anillos que se pueden ver en el corte transversal de la madera, una vez talado el árbol.

La madera de un árbol es además su memoria: podemos saber la edad de un árbol contando los anillos de su tronco; cada época de crecimiento requiere que el cámbium elabore una capa nueva de tejido. En los anillos está escrita muchísima información adicional, pero en una lengua que los científicos no son capaces de hablar con fluidez... por el momento. Un anillo excepcionalmente grueso puede ser la marca de un buen año, con el crecimiento disparado, o puede ser fruto de la adolescencia, un simple impulso de las hormonas del crecimiento que se habrían disparado con la afluencia de un tipo de polen desconocido llegado de lejos. Un anillo que sea grueso en un lado del árbol pero delgado en el otro nos relata la historia de una rama caída: cuando un árbol pierde una de sus ramas, su equilibrio queda descompensado, lo cual provoca que las células se activen en el interior del tronco para reforzar la parte que ahora debe soportar la carga desigual de la copa.

Para los árboles, perder ramaje es la norma y no la excepción. La inmensa mayoría de las ramas generadas por un árbol se acaban cayendo a mitad de su desarrollo, generalmente por obra de fuerzas externas como el viento, los relámpagos o el simple impulso de la gravedad. Como toda desgracia que no puede evitarse ha de ser superada, los árboles disponen de una estrategia preparada para tal efecto: en el año posterior a la pérdida de la rama, el cámbium formará nuevo tejido sano sobre la base rota de lo que antes era la rama, y año tras año irá depositando capas sucesivas hasta que no sea visible la antigua cicatriz.

En la ciudad de Honolulu, concretamente en el cruce de Manoa Road con Oahu Avenue, se alza un enorme samán *(Pithecellobium saman)*, también conocido como árbol de la lluvia o cenízaro. El tronco llega a una altura de nueve metros y su ramaje forma un arco colosal que se extiende hasta el otro lado de la concurrida intersección. Orquídeas silvestres crecen justo encima de las ramas: se apiñan bien juntas en amistosa compañía, dejando colgar por debajo sus raíces desnudas. Loros asilvestrados saltan de una orquídea a otra, batiendo sus alas de color amarillo lima y graznando improperios a los transeúntes.

El samán, como tantos árboles de los trópicos, vive una floración perpetua: grandes globos de pétalos amarillos y rosados con tonos plateados caen cual gotas de lluvia sobre los turistas que se detienen a hacer una foto del árbol antes de visitar las famosas cascadas de Manoa. En salones de cualquier parte del mundo pueden verse libros de fotografía con infinidad de imágenes del samán que se encuentra en el cruce de Manoa Road y Oahu Avenue, miles de primeros planos de su magnífico dosel de 743 metros cuadrados entreverado de flores.

A ojos de los turistas, este árbol ha alcanzado su forma perfecta: no ven que ante ellos se encuentra un ejemplar que es menos de lo que podría haber sido, o que se vio obligado a crecer de un modo distinto después de que sus ramas se rompieran. Si se talara el samán de Manoa Road podríamos contar los nudos y observar las cicatrices enterradas de los centenares de ramas que perdió en el último siglo de su vida. Pero como el árbol sigue hoy en día en su lugar, no veremos más que las ramas que han crecido y no echaremos en falta las que se perdieron en el camino.

Toda la madera de nuestro hogar —desde las repisas de la ventana hasta los muebles y las vigas del techo— fueron en otro tiempo parte de un ser vivo, que creció en la naturaleza y que estuvo lleno de savia. Si miramos atentamente la veta de la madera en esos objetos podremos encontrar el rastro de un par de anillos. La delicada forma de sus líneas nos cuenta la historia de algunos años de vida. Si uno aprende a escuchar, cada uno de los anillos le describirá cómo la lluvia caía, el viento soplaba y el sol aparecía cada día en el horizonte.

# 10

EL RESTO DEL AÑO 1995 pasó en un suspiro. Una vez aprobado el preceptivo, y rigurosísimo, examen oral de tres horas que me capacitaba para escribir la tesis doctoral, no quedaba más que redactarla. Me puse a ello a toda marcha, dándome el gusto de escribir durante largos periodos de tiempo y tecleando con el televisor encendido con el fin de tener el ruido que necesitaba para concentrarme más allá de mi soledad. Poco después de haber terminado de escribirla obtuve mi título de doctora. Los cuatro años de estudio se me habían pasado en un abrir y cerrar de ojos. Consciente de que debía superar en dinamismo y estrategia a mis compañeros universitarios varones, en el tercer año de nuestros estudios había empezado a buscar empleo como profesora en otros centros, hasta que finalmente me llegó una oferta de una universidad pública que estaba en plena expansión: el Instituto de Tecnología de Georgia. La siguiente fase de mi carrera pasaba a ocupar el primer plano, o al menos eso era lo que me decían todos.

En mayo de 1996, a Bill se le entregó su título de graduado, en la misma ceremonia pomposa en la que a mí se me concedió el título de doctora. Nuestras familias no habían venido a vernos, así que nos apartamos torpemente de la escena, desplazándonos ligeramente hacia el lateral mientras los demás graduados se abrazaban y se hacían fotos, todos sonriendo de oreja a oreja y levantando el diploma en alto. Al cabo de una hora de toda aquella fanfarria, ambos coincidimos en que no había champán que justificase semejante tortura, así que nos marchamos al laboratorio. Una vez allí nos quitamos las togas de la graduación, las doblamos sin muchos miramientos y las dejamos tiradas en un rincón. Cuando nos pusimos nuestra bata de laboratorio, todo parecía mucho más normal. La noche acababa de empezar: apenas pasaban unos minutos de las nueve y las horas de trabajo duro no habían comenzado aún.

Decidimos pasarnos la noche soplando vidrio, una de nuestras actividades preferidas para la madrugada. Mi objetivo era alojar una pequeña cantidad de dióxido de carbono puro en una treintena de tubos de ensayo. Era algo que iba a necesitar como referencia cuando pusiese en marcha el espectrómetro de masas: cada tubo me proporcionaba un valor conocido que me serviría para compararlo con los de mis desconocidas muestras. Elaborar estas «referencias» era algo tedioso que absorbía bastante tiempo y que además debía repetirse cada diez días aproximadamente; como la inmensa mayoría del trabajo de laboratorio de carácter secundario, no revestía interés alguno, pero al mismo tiempo era fundamental hacerlo con exactitud y sin cometer ningún error.

Bill se sentó cerca de mí y se dispuso a iniciar el proceso fundiendo una parte de la longitud de un tubo. Para derretir el cristal se valía de un soplete con la llama baja alimentado con acetileno e impulsado por una corriente de oxígeno puro. Era algo así como una barbacoa de esteroides, todos lanzándose por una sola y minúscula boquilla, que, como es natural, apuntaba lejos de su cara. La llama que sale de este soplete tiene tal intensidad que, si se la mira sin protección, provoca daños oculares, y por eso ambos llevábamos gafas protectoras de cristales oscuros.

El cristal es duro y quebradizo a temperatura ambiente, pero se ablanda como un caramelo masticable cuando se lo somete a temperaturas elevadas. El cristal fundido está lo bastante caliente como para prender fuego a un trozo de papel o madera que se le ponga encima. Si nos cayera en el brazo una gota de vidrio derretido nos quemaría la piel al instante y no pararía hasta que fuera enfriada por la sangre que sale por debajo del hueso. Es muy posible que las normas de la universidad no me permitiesen dejar en manos de estudiantes aquella tarea tan peligrosa y especializada, pero Bill había aprendido a realizar sin el menor problema todas las actividades menores que yo le había enseñado, luego se puso a arreglar todo lo que estaba roto en el laboratorio, y al final se había dedicado a realizar operaciones de mantenimiento preventivo; y todo por iniciativa propia. No podía quedarse de brazos cruzados, así de sencillo, y yo no tenía ningún argumento para impedirle avanzar en tareas más importantes, así que empecé a enseñarle los rudimentos del soplado de vidrio.

Aquella noche en el laboratorio, mientras trabajábamos, contemplé ansiosa mi vida entera y me vi en el futuro elaborando cada semana tubos de referencia para siempre jamás, volviéndome cada vez más vieja mientras observaba cómo bailaba la aguja de un indicador como la que en ese momento tenía ante mis ojos. Era una sensación deprimente y a la vez consoladora. Pues si había algo sobre lo que no albergaba ninguna duda era que no podía imaginar ningún otro porvenir para mí.

Saliendo de mi ensoñación eché un vistazo al contenedor de nitrógeno líquido y a su indicador. La aguja no se movía, lo cual quería decir que no quedaba gas en la línea de vacío: se había condensado todo dentro del tubo y el interior del recipiente estaba congelado. Sellé el tubo fundiendo vidrio a modo de cierre y luego lo dejé sobre la mesa para que el extremo fundido se fuese enfriando lentamente mientras en el interior del tubo se descongelaba el contenido.

Eché un vistazo a mi alrededor y vi que Bill estaba totalmente concentrado en la producción de tubos.

—¿Y si ponemos la radio? —sugerí en tono cómplice, en mi afán de romper la monotonía con algo tan poco amenazador como aquel ruido superfluo.

En el laboratorio, por norma, teníamos prohibido escuchar música, sobre todo en el curso de trabajos peligrosos que exigían toda nuestra atención. Ambos sabíamos, por nuestra propia formación científica, que no nos podíamos permitir el lujo de tener una parte del cerebro distraída en alguna ocupación sin importancia mientras hacíamos algo en lo que cada movimiento resulta crucial para la seguridad y para el resultado final del experimento.

—Claro que sí —respondió él—. Lo que quieras salvo esa porquería de la NPR. No tengo ningunas ganas de oír discursitos sobre la penosa situación de los pescadores en alguno de esos villorrios que ni siquiera puedo situar en el mapa. Ya tengo bastantes problemas yo solito.

Comprendí perfectamente lo que quería decir, pero no hice el menor comentario. Pocos días antes había llevado a Bill hasta el sórdido complejo de apartamentos en el que vivía, un bloque situado a las afueras de un barrio de Oakland bien conocido por su elevado índice de delincuencia. Así pues, sabía a ciencia cierta que disponía de un lugar donde alojarse, aunque sospechaba que no era el mejor escenario posible. A pesar del largo tiempo que habíamos pasado juntos, Bill seguía siendo un misterio para mí. Había estado lo suficientemente cerca de él —de forma incomprensible, dado su característico desapego— como para saber que no se drogaba, no se saltaba las clases y no andaba emborrachándose por la calle, pero aparte de eso no sabía mucho más.

Me quité las gafas protectoras, me incliné por detrás del aparato estereofónico y empecé a buscar una emisora de AM en la que retransmitiesen algún programa de tertulias y debates que nos entretuviese un rato. El mando de la radio, roto, no estaba bien enganchado con el mecanismo de sintonización y por eso tenía que toquetearlo continuamente o impulsar el dial si quería que se moviese. Lo último que recuerdo haber oído con claridad es un estallido que resonó de manera increíble, agudo, como si alguien hubiera encendido un petardo dentro de mi cabeza. Después estuve cinco minutos sin oír nada. Absolutamente nada. Ni mi propia respiración, ni el zumbido del sistema central del aire condicionado, ni el palpitante bombeo de la sangre a través de mi cabeza. Nada.

Aterrorizada, me puse en pie y vi que la parte del laboratorio donde yo había estado trabajando estaba cubierta de cristales rotos. Incliné la cabeza hacia los lados y vi entonces que me encontraba sola. Bill no estaba en el lugar donde se había sentado. Me entró el pánico y grité su nombre. Al no ser capaz de oír mi propia voz, me invadió un terror aún mayor. Entonces vi a Bill asomar la cabeza por encima de la mesa de trabajo y mirarme a los ojos estupefacto. En cuanto percibió aquel ruido que parecían disparos de un arma a poca distancia, se lanzó debajo de una mesa y se quedó allí agachado hasta que me oyó gritar su nombre.

De pronto me di cuenta de lo que había hecho mal: había condensado en el tubo más dióxido de carbono del que quería. Mientras andaba absorta en mis pensamientos lo había dejado un minuto más de lo previsto y había entrado mucho más gas del que cabía en el tubo. Una vez sellado este, el gas congelado aumentó de temperatura y en un santiamén se expandió por el tubo y explotó como una bomba casera. Pero es que, además, había estallado junto a la reserva de tubos de cristal de la que Bill se había provisto, así que había hecho añicos el trabajo de varios días y lanzado trozos de vidrio por toda la sala.

Por detrás de la radio se habían quedado encajadas centenares de esquirlas minúsculas de cristal, y algunas no tan minúsculas. El aparato había actuado como escudo y, milagrosamente, había impedido que la explosión me llegase a la cara; de no haber estado tratando de sintonizar una emisora, la lluvia de cristales me habría caído directamente sobre los ojos. Un miedo irracional se apoderó entonces de mí: el temor a que hubiese saltado todo por los aires. Eché un vistazo a mi alrededor, como enloquecida, hasta que finalmente comprendí que estábamos a salvo, que lo único que había que lamentar era la pérdida de nuestros tubos de cristal. Poco a poco fui recuperando mi capacidad de audición, aunque acompañada de un intenso dolor de oídos, por lo que cualquier sonido que percibía, por mínimo que fuese, me hacía arder la cabeza, como si tuviese los conductos auditivos en carne viva y ensangrentados.

«No puedo permitírmelo», pensé; y a continuación: «¿Qué diablos creías que estabas haciendo?». Lo había fastidiado todo. Y eso no era nada bueno.

Bill apagó los sopletes y luego revisó a fondo la sala y desenchufó todos los aparatos que encontró. Yo entretanto me había quedado parada, meditando sobre lo que debía hacer. Tenía la sensación de que allí no solo habían reventado los tubos de cristal: todo mi mundo había explotado con ellos. «Los científicos no hacen algo así. Solo los fracasados hacen algo así», pensé. Ni siquiera me sentía capaz de mirar a Bill a los ojos.

—Oye, ¿puedo tomarme un descanso para fumarme un cigarrillo? —me preguntó Bill al cabo de un rato; su voz transmitía una calma sorprendente que me lo hacía todo aún más irreal.

Asentí con un gesto de dolor. Me estallaban los oídos.

Bill arrastró los pies entre las esquirlas de cristal que había dispersas a nuestro alrededor como una alfombra de granizo y se dirigió hacia la puerta. Cuando llegó al umbral se detuvo y se dio la vuelta.

—¿Vienes? —me preguntó.

—No fumo —respondí con tristeza.

Bill me señaló el pasillo con la cabeza.

—No hay problema —dijo—. Yo te enseñaré.

Salimos a la calle, bajamos por Telegraph Avenue y, después de recorrer unas cuantas manzanas, nos sentamos en el bordillo de la acera.

Bill se encendió un cigarrillo, y, como ambos íbamos vestidos con camisetas finas, temblábamos de frío, medio aturdidos en aquella fresca noche californiana. A esas horas salían de los edificios todos los que solían acudir a Berkeley por las noches, y nosotros los observábamos mientras pasaban por delante, algunos enfrascados en frenéticas conversaciones.

Me atraje las rodillas hacia el pecho y empecé a morderme la piel de las manos. Era una costumbre que trataba por todos los medios de ocultar a los demás. En el laboratorio me resultaba fácil porque generalmente llevaba los guantes puestos, pero en un momento de profunda ansiedad como aquel era algo que me superaba. Me trabajé a conciencia los nudillos de la mano derecha hasta que sentí la finas costras en carne viva, y el gusto de la sangre y de la piel desagarrada empezó a infundirme una calma que ninguna otra cosa podía procurarme. Pasé los dientes por la piel desnuda entre los nudillos, clavándolos hasta el hueso y succionando desesperadamente en busca de consuelo. Pocos meses después sería profesora en la universidad, pero aquella noche estaba plenamente convencida de que era incapaz de hacer nada bien.

Bill dio una calada a su cigarrillo.

—En casa teníamos una perra que se mordía las patas —repuso.

—Sí, es repugnante —dije embargada de vergüenza. Me doblé sobre las manos y me las apreté contra el estómago en un intento de mantenerlas lejos de la boca.

—Qué va —replicó él—. Era una perra fantástica. A nosotros no nos importaba que hiciera algo así. —Y a continuación añadió—: Cuando tienes una perra tan bueno como esa, le dejas hacer lo que le plazca.

Dejé la cabeza en reposo sobre las rodillas mientras mantenía los ojos cerrados. Ambos seguimos sentados en silencio mientras Bill fumaba su cigarrillo.

Al poco regresamos al laboratorio y barrimos todos los cristales de la sala, cuidando de no dejar ni un solo rastro de lo sucedido aquella noche. Me alegraba que hubiese pasado durante la madrugada, pero cuando me percaté de que con todas esas maniobras estaba tratando de escabullirme de algo de suma gravedad, no pude evitar sentirme culpable.

—¿Qué vas a hacer el año que viene?, ¿lo sabes ya? —me preguntó Bill mientras barríamos.

A mí no me había sorprendido en lo más mínimo que Bill obtuviese las mejores notas en ciencia del suelo, y, naturalmente, daba por hecho que ya le habrían ofrecido algún empleo relacionado con la materia, pues nuestro departamento era muy conocido por saber colocar a sus estudiantes.

—Mi plan —me dijo Bill con toda franqueza— es cavar otra madriguera en el jardín de mis padres y trasladarme a vivir allí. —Asentí en señal de reconocimiento—. Y fumar —continuó—, quiero fumar hasta que no me quede ni un solo cigarrillo. —Volví a asentir—. Luego supongo que es muy probable que me roa las manos —añadió encogiéndose de hombros.

Dudé unos segundos, pero al final me lancé.

—Oye, ¿te gustaría venirte a Atlanta y ayudarme a montar un laboratorio? —le propuse. Y rápidamente añadí—: Puedo pagarte. Sí, estoy segura de que cuento con fondos suficientes.

Bill se quedó pensando un rato.

—¿Podemos llevarnos la radio? —preguntó señalando el destrozado aparato de plástico que estábamos a punto de arrojar al contenedor de la parte de atrás.

—Sí, claro —respondí yo—. Vamos a tener muchas como esa.

Dos meses después cargábamos todas nuestras pertenencias en la caja de mi *pickup*, en la que cabían perfectamente, y poníamos rumbo al sur de California, donde yo dejaría a Bill con su familia, en la casa donde había pasado su infancia. Habíamos acordado que yo me instalaría primero, con tiempo suficiente para empezar el semestre de invierno en el Instituto Tecnológico de Georgia, y que unos meses después se me uniría él.

Los padres de Bill eran unas personas de lo más cálidas y amables, anfitriones generosos y hospitalarios que desde el primer instante me trataron como a una hija largo tiempo añorada. El progenitor, de unos ochenta años, siempre tenía historias fascinantes que contar, pues a lo largo de su dilatada carrera como cineasta independiente había recopilado multitud de testimonios sobre el genocidio armenio, el mismo que había provocado la huida de su familia cuando él contaba pocos años de edad. Como solo disponían de una ayuda parcial del Fondo Nacional para las Artes, la familia entera se había volcado en el rodaje de aquellas películas, trabajando ellos mismos en la filmación mientras viajaban a través de Siria en condiciones nada favorables. En la casa que poseían en las cercanías de Hollywood, editaban el metraje rodado y cuidaban de un enorme jardín. El padre era capaz de hacer crecer cualquier cosa y la madre insistía en hacerme probar las naranjas de su mejor árbol.

La última noche de mi visita me encontraba en el dormitorio de la hermana de Bill, tumbada en la cama con la mirada fija en el techo y pensando en mi futuro. A la mañana siguiente conduciría hasta Barstow, me incorporaría a la interestatal número 40 y abandonaría California para siempre. No era la primera vez que dejaba atrás todo lo que conocía y a lo que me sentía ligada siendo muy consciente de que no volvería jamás. Me había sucedido lo mismo cuando abandoné la casa de mis padres y me marché a la universidad y cuando me fui a hacer el doctorado: todos creían que estaba preparada para dar ese paso; todos salvo yo misma. No obstante, era la primera vez que contaba con un amigo de verdad en el lugar a donde me dirigía, y para entonces sabía lo suficiente como para estar agradecida a Dios por tener algo así.

El 1 de agosto de 1996 me convertí en profesora adjunta del Instituto Tecnológico de Georgia y, aunque no contara más que veintiséis años de edad, albergaba la esperanza de poder desenvolverme como una verdadera docente, a pesar de que no tenía la menor idea de cómo se hacía eso. Muchos días me pasaba seis horas preparando una clase de sesenta minutos. Y después me recompensaba a mí misma quedándome en el despacho para seleccionar y encargar sustancias químicas y materiales varios para el laboratorio, como una novia embelesada que escoge su lista de bodas. Cuando llegaban mis compras, las dejaba apiladas en el sótano, hasta que muy pronto todas aquellas cajas formaron una enorme montaña. La oficina central del correo había estampado la palabra «JAHREN» en cada uno de los paquetes que recibían a mi nombre, y a mí me encantaba apoyarme en una de las paredes del sótano y contemplar aquella torre gigantesca con mi nombre trazado por veinte manos distintas. Habíamos acordado que Bill llegaría en enero y que luego montaríamos juntos todo el equipo, haciendo así realidad el paisaje onírico que tan a menudo nos habíamos descrito el uno al otro cuando estábamos en California. Yo no quería desembalar el material en tanto no pudiésemos hacerlo juntos; pero me sentía como una niña pequeña que espera ansiosa la mañana del día de Navidad. Cogía una caja, la agitaba e intentaba adivinar qué había dentro; me aventuraba entonces a abrirla, pero al instante me contenía y la devolvía a la montaña.

En la universidad enseñaba Geología en primer curso y Geoquímica en tercero, todo lo cual suponía mucho más trabajo del que había calculado. Creo que en el primer semestre cometí más fallos en la revisión de los trabajos que mis propios alumnos. Con el tiempo me convertí, para mi propia satisfacción, en una profesora amable e indulgente siempre dispuesta a repartir buenas notas entre sus alumnos. Era un papel que encajaba mucho mejor conmigo que el de profesor duro de roer, pues a fin de cuentas no les sacaba muchos años a mis alumnos de primero, mientras que la inmensa mayoría de los de tercero tenían algunos más que yo. Además, en mi época de estudiante nunca había visto con buenos ojos las clases de la universidad: todos los conocimientos importantes los había adquirido trabajando con las manos.

Aun así, cumplí a rajatabla con todas mis obligaciones lectivas. Escribí ecuaciones en la pizarra, encargué ejercicios para casa y los corregí, mantuve horas de tutoría y puse los exámenes finales, aunque la mayor parte del tiempo solo pensaba en la fecha de Año Nuevo, cuando Bill y yo diéramos inicio a la construcción de mi laboratorio, el primero que estaría bajo mi responsabilidad.

El día en que Bill aterrizaba en la ciudad, me presenté una hora antes en el aeropuerto de Atlanta y me quedé esperándolo en la zona de recogida de equipajes, hipnotizada por el movimiento circular de las cintas transportadoras de las maletas. De pronto percibí una voz conocida:

—Eh, Hope, aquí, ¡estoy aquí!

Al darme la vuelta vi a Bill dos cintas más allá. Llevaba consigo cuatro pesadas maletas de las de antes, cuatro de esas maletas compactas que no llevan ruedas ni correas.

—Ay, hola, ¿qué tal?

Me había equivocado de zona de recogida. Perpleja, eché una mirada en derredor. No recordaba haber comprobado el número de cinta; y tampoco recordaba haber aparcado el coche, y sin embargo tenía en la mano un tique del aparcamiento en el que aparecía escrito, de mi puño y letra, la plaza de mi vehículo, «C2». Era algo que me sucedía con bastante frecuencia: jirones de tiempo perdido aquí y allá, y aunque trataba de subsanarlo para que nadie se diera cuenta, a la postre estaba resultando mucho peor. Al final me decidí a consultarlo con un médico, quien tras un examen que no le llevó más de cuarenta segundos llegó a la conclusión de que trabajaba en exceso, y acto seguido me prescribió un calmante suave cuyo nombre anotó en una receta que ya tenía preparada.

—No tienes el mismo aspecto de siempre —me dijo Bill.

Llevaba razón. No dormía mucho y además había perdido unos cuantos kilos. Siempre he sido una de esas personas inquietas, con bastante nervio, pero aquello era algo distinto.

—Sufro de ansiedad. Esa es la novedad —le expliqué con expresión de sorpresa—. Es una enfermedad que afecta a más de veinticinco millones de norteamericanos —dije citando el folleto que el doctor me había entregado.

—Entiendo. —Bill miró a su alrededor y añadió—: Vaya, vaya, así que esto es Atlanta. ¿Y qué diablos hacemos nosotros aquí?

—«¡Es nuestra última y mejor opción para la paz!» —Eran las palabras con que empezaba la serie *Babylon 5*, que declamé con la voz profunda y seria de un narrador de ciencia-ficción.

Nos encaminamos hacia la pasarela que comunicaba con el aparcamiento y al poco rato ya habíamos encontrado mi vehículo. Bill metió sus maletas en la parte de atrás y se acomodó en el asiento del acompañante.

—Nunca he estado tan al este del país —anunció—. Dime que venden cigarrillos por estos lares.

Le extendí el paquete de Marlboro Lights que llevaba en mi bolso desde hacía meses sin haberlo abierto siquiera.

—Lo siento, no he seguido practicando. Pero en cambio soy muy buena con esto —dije mostrándole mi frasco de lorazepam, que agité como un sonajero.

—Sobre gustos no hay nada escrito —murmuró Bill.

Se encendió un cigarrillo, bajó la ventanilla y arrojó al exterior la cerilla que había utilizado. Al inhalar aquel humo prestado me sentí relajada en una atmósfera de aroma conocido. Bill constataba, con suma satisfacción por su parte, que el invierno no era gran cosa en el Sur; conducíamos con las ventanas bajadas y sin cinturón de seguridad mientras avanzábamos en dirección al *skyline* de Atlanta. Yo me sentía embargada de esa profunda y sencilla felicidad que procede del hecho de no estar solo.

Al rato caí en la cuenta de que no sabía adónde estaba llevando a Bill. Me vino entonces a la mente aquella noche de dos años y medio atrás, cuando terminó el curso práctico de nuestro viaje de campo y él fue el último a quien tuve que llevar a casa.

—Ya sabes que puedes dormir en el sofá de casa hasta que encuentres algún sitio —le ofrecí.

—No, gracias. Si me dejas por el centro puedo apañármelas yo solo —dijo—. Pero antes quiero ver el nuevo laboratorio.

—¡Hecho! —repuse—. Allá vamos.

Enfilé hacia la universidad y aparqué justo delante de nuestro edificio, conocido en el campus como la «antigua Escuela de Ingeniería Civil», a pesar de que esta rama de los estudios había sido trasladada hacía tiempo a mejores tierras. Bajé por la escalera delante de Bill, guiándolo por el sótano hasta que llegamos a la sala que nos serviría de laboratorio. Cuando introduje la llave en la cerradura y abrí la puerta, apenas podía contener la emoción.

Y, sin embargo, una vez en el interior, se me pasó por la cabeza que no había mucho que mostrar. No era más que una habitación desprovista de ventanas, que no medía más de 55 metros cuadrados, y, al contemplarla a través de los ojos de un extraño, me di cuenta de su escasa semejanza con el rutilante espacio preñado de alta tecnología con el que tanto había soñado mientras trabajábamos en California y que con tanta precisión le había descrito dejándome llevar por la ensoñación.

Revisé con mirada crítica aquella pequeña y deslustrada habitación tan baqueteada en otro tiempo y que luego había quedado abandonada. El yeso de la pared estaba descascarado y en algunos lugares completamente levantado. Los interruptores se habían salido del cajetín de la pared y colgaban libre y peligrosamente del cableado. A escasa distancia de nuestros pies había un alargador de la corriente con el cable desenmarañado. Por todas partes podía verse una capa de moho y corrosión que cubría hasta los fluorescentes que parpadeaban sobre nuestra cabeza. El perímetro de la habitación, en lugar del preceptivo revestimiento de madera, estaba cubierto de algo seco que podría haber sido pegamento. La zona aledaña a la campana de extracción de gases químicos olía a formaldehído rancio, lo cual transmitía la desalentadora impresión de que aquella campana, cuando funcionaba, no tenía más objeto que impedirnos respirar, y en consecuencia oler, las sustancias químicas.

Al mirar a Bill me sentí obligada a pedirle disculpas por las manifiestas deficiencias de aquel miserable cubículo. Nuestro viaje no había hecho más que empezar y yo ya me sentía avergonzaba por lo que estaba ofreciéndole a alguien que, a petición mía, se había mudado a cientos de kilómetros de su hogar. Aquello no tenía el menor parecido con nuestro laboratorio de Berkeley, y era evidente que nunca llegaría a semejársele, ni de lejos.

Bill se quitó el abrigo y lo dejó tirado en un rincón. Aspiró profundamente el aire, se pasó las manos por el pelo, y girándose lentamente empezó a contar los enchufes. Vio dónde se encontraba la caja del transformador, instalada sin orden ni concierto en una esquina de la habitación junto con el interruptor de emergencia de color rojo con el que se cortaba la corriente.

—Mira, esto es genial. Nos dará un suministro constante de 220 voltios, que es justo lo que necesitamos para el espectrómetro de masas. Perfecto, ni hecho a medida —añadió con énfasis.

Aquello era lo que era: el primer espacio de laboratorio cuya llave estaba única y exclusivamente en nuestras manos. Puede que no fuese más que un cuchitril minúsculo, pero era nuestro. A mí me impresionaba que Bill fuese capaz de contemplar aquella habitación desvencijada sin establecer comparaciones con lo que habíamos planeado que debía ser y que en su lugar se fijase en su potencial y en lo mucho que podríamos hacer allí. Pese a la extraordinaria divergencia entre nuestros sueños del pasado y la realidad del momento, Bill estaba dispuesto a adorar nuestra nueva vida. Y yo decidí que me esforzaría en acogerla con el mismo ánimo.

# 11

AUNQUE NO SEA LO MÁS HABITUAL, resulta que un árbol puede estar en dos lugares a la vez. Dos ejemplares de las mismas características pueden crecer a un kilómetro de distancia y, sin embargo, seguir perteneciendo a un mismo organismo. Son más semejantes que dos gemelos idénticos. De hecho son idénticos, aunque no tengan la réplica perfecta de sus genes. Si taláramos ambos árboles y contáramos sus anillos veríamos que uno de ellos es mucho más joven que su compañero. En la secuencia de su ADN, en cambio, no se percibe diferencia alguna. ¿Por qué? Pues porque en el pasado ambos eran parte del mismo árbol.

Cualquiera cae rendido al hechizo de un sauce. Esta Rapunzel del mundo vegetal se nos presenta como una hermosa princesa que inclina la cabeza a causa de sus muchos tirabuzones, mientras aguarda junto a la ribera del río a que pase alguien como nosotros a hacerle compañía. No se deje engañar: no crea, pese a las apariencias, que ese sauce de cuento de hadas es especial. No hay ninguna posibilidad de que lo sea. Si camina río arriba es muy posible que encuentre otro sauce como ese. De hecho, podría tratarse precisamente del mismo árbol que su amado sauce, de un ejemplar que aparece en una pose distinta, con altura y contorno diferentes, y que tal vez haya seducido a otras muchas princesas a lo largo de los años.

Un sauce se parece más a Cenicienta que a Rapunzel en el hecho de que está condenado a trabajar más que sus hermanas. En ciencia disponemos de un conocido estudio en el que se comparan las tasas de crecimiento de un grupo de árboles en el curso de un año. Al principio, el nogal americano y el castaño de Indias crecieron muy deprisa, pero al cabo de unas semanas dejaron de aumentar de tamaño. El álamo hizo una buena presentación, creciendo durante cuatro meses enteros. Pero fue el sauce el que, discretamente, desplazó a los demás, pues se elevó a las alturas durante seis meses completos, desde los cada vez más cortos días otoñales hasta atravesar las puertas del invierno. Al final, los sauces del estudio crecieron, por término medio, 1,2 metros, es decir, prácticamente el doble que su competidor más cercano.

Para una planta, la luz equivale a vida. Cuando un árbol crece, sus ramas bajas se vuelven inútiles, han quedado demasiado a la sombra de las nuevas que salen encima para poder ser de alguna utilidad. Un sauce carga estas ramas usadas de reservas, las hace más gruesas y fuertes, y luego deshidrata su base, de modo que terminan partiéndose en seco y cayendo al río. Arrastrados por el agua, uno de esos millones de brotes de la madera será desplazado hasta la orilla y se volverá a plantar a sí mismo, y en no mucho tiempo aquel mismo árbol está creciendo en otra parte. Lo que antes era una simple ramita ahora tiene que actuar como un tronco, sometido a condiciones que nunca hubiera considerado posibles. Todo sauce presenta en su follaje más de diez mil puntos de quiebre como los antes descritos; cada año pierde de esa manera el diez por ciento de sus ramas. A medida que pasan las décadas uno de esos sauces —tal vez, dos— consigue echar raíces río abajo y desarrollarse como una réplica genéticamente idéntica.

Las plantas vivas más antiguas de la Tierra pertenecen al género *Equisetum*, son las colas de caballo. Las quince especies que persisten hoy día han vivido 395 millones de años de la historia de nuestro planeta. Ellas vieron a los primeros árboles escalar hasta el cielo; asistieron al nacimiento de los dinosaurios y a su extinción; contemplaron las primeras flores y su rápida propagación por la Tierra. Dentro de este grupo existe una cola de caballo híbrida y estéril que se conoce con el nombre de *Equisetum ferrissii*; incapaz de reproducirse, únicamente puede propagarse como lo hace un sauce: a través de las partes de la planta que se rompen y echan raíces en otro lugar. Aunque viejos e impotentes, a las *E. ferrissii* se las puede encontrar desde las tierras de California hasta las de Georgia. ¿Cruzaron el país como una estudiante recién doctorada que se trasladaba a una universidad en expansión y encuentra magnolios, té azucarado y húmedas noches sembradas de luciérnagas y de incertidumbre? No. Los *Equisetum ferrissii* atravesaron el país de extremo a extremo como seres vivos que eran, hasta que se hallaron en otra parte, y a partir de ahí hicieron cuanto pudieron para salir adelante.

*Segunda parte*

# MADERA Y NUDOS

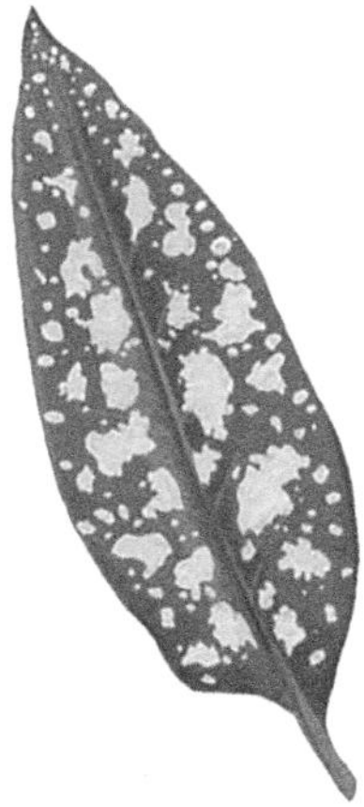

# 1

EL SUR DE ESTADOS UNIDOS es algo así como el paraíso de las plantas. Los veranos son calurosos, pero a ninguna planta le afecta demasiado la canícula, pues la lluvia es generosa y el sol predecible. Los inviernos son más bien templados y las heladas constituyen algo excepcional. La pesada humedad que a los humanos nos asfixia es para las plantas un néctar delicioso: hace que se relajen y abran sus poros, y que beban de la atmósfera, siempre que no se lo impida la evaporación. A lo largo de la zona meridional brotan las especies vegetales como en ningún otro lugar del país: ejemplares de álamos, magnolios, robles, nogales, castaños, hayas, nobles americanos, tsugas o falsos abetos, arces, sicomoros, liquidámbares, cornejos o cerezos silvestres, sasafrases, olmos, tilos y tupelos se levantan hacia lo alto sobre un manto de tríllium, podofilo, laurel y vides silvestres, amén de la consabida hiedra venenosa, que lamentablemente puede encontrarse por doquier. En este entorno caducifolio, los suaves inviernos son una época apacible, morosa, sin hoja alguna, que sirve para realzar el drama de la explosión del crecimiento en primavera. A partir de febrero empieza a brotar una abundante cantidad de hojas que, a lo largo del ajetreado verano, se harán más grandes, verdes y gruesas. En otoño maduran los copiosos frutos y se esparcen las semillas, hasta que, finalmente, no queda ni una sola hoja en los árboles, que se preparan para el invierno.

Si amontonamos unas cuantas hojas caídas y las examinamos con atención, veremos que en cada una de ellas aparece un corte limpio en el mismo lugar, cerca de la base del peciolo. La caída de las hojas es como una danza perfectamente coreografiada. Primero los pigmentos verdes se repliegan detrás de la angosta hilera de células que marcan el límite entre el peciolo y la rama del árbol. Después, un día misteriosamente escogido para tal efecto, esas células se deshidratan y se vuelven débiles y frágiles. Ahora basta el simple peso de la hoja para que esta se doble y se separe de la rama. A un árbol no le lleva más que una semana desmontar el trabajo de un año entero, del que se libera como si fuese un vestido apenas usado pero demasiado anticuado para llevarlo en el futuro. ¿Se imaginan lo que sería desprenderse de todas sus pertenencias una vez al año simplemente porque ustedes tienen la indefectible previsión de que, en cuestión de semanas, van a poder sustituirlas por otras nuevas? Esos magníficos árboles se hacen tesoros en la tierra, donde la polilla y el orín corrompen. Ellos saben mejor que todos los santos y mártires juntos cómo guardar en el Cielo el tesoro del año próximo, pues allí donde está su tesoro está también su corazón.

Las plantas no son lo único que crece desaforadamente en el Sur de Estados Unidos. Entre 1990 y 2000, los impuestos recaudados anualmente por el estado de Georgia se elevaron a más del doble cuando Coca-Cola, AT&T, Delta Air Lines, CNN, UPS y miles de empresas conocidas se trasladaron a la zona de Atlanta. Parte de estos nuevos ingresos se destinó a las universidades, para dar satisfacción a las necesidades educativas de un amplio colectivo de la población más inclinado al mundo empresarial. Aparecieron entonces edificios académicos como setas en el campo, el número de facultades universitarias se disparó y la matriculación de estudiantes siguió en continuo ascenso. En la década de 1990, todo tipo de crecimiento parecía posible en tierras de Atlanta.

# 2

EN AQUELLOS PRIMEROS AÑOS, Bill y yo, incansables, nos pasamos noche tras noche diseñando y rediseñando el primer «laboratorio Jahren», de la misma manera que una niña pequeña no se cansa nunca de vestir y desvestir a su muñeca preferida. Primero pusimos paneles de yeso en las paredes y dividimos la sala en dos espacios, de algo menos de 38 metros cuadrados cada uno. Luego apiñamos en tan exiguo lugar nuestro instrumental de trabajo: un espectrómetro de masas, un analizador elemental y cuatro líneas de vacío. La campana de ventilación tuvimos que reformarla para que pudiera soportar hasta un ácido tan peligroso como el fluorhídrico. Bill se encargó de hacer los trabajos de carpintería necesarios para que pudiésemos disponer de pequeños compartimentos debajo de cada superficie de trabajo y dentro de todos nuestros armarios, de manera que gracias a ellos podíamos guardar el material necesario para nuestros experimentos, amén de otras muchas cosas superfluas.

Guiados por nuestro instinto, decidimos aprovisionarnos para los malos tiempos, algo de lo que Bill sabía ya bastante. Nos fuimos al Ejército de Salvación y allí nos hicimos con viejo material de acampada para el laboratorio y unas sencillas pinturas al óleo para mi despacho. Más tarde nos pasamos por el almacén de excedentes del Estado, en el que cualquier persona que acreditase su condición de funcionario público en tierras de Georgia podía acceder a la ingente cantidad de material obsoleto que los diversos organismos del gobierno local habían desechado. De allí nos llevamos cuatro cámaras de cine de 35 milímetros, un mimeógrafo de tinta y dos porras de policía. Al fin y al cabo, nos dijimos, si nos íbamos a dedicar a la ciencia cincuenta años más, ¿quién sabía lo que podría venirnos bien en tan largo tiempo?

Una noche de comienzos de diciembre de 1997, nuestro primer año en el laboratorio, destaca entre mis recuerdos de aquella época, pese a que en principio no se diferenciaba demasiado de las noches anteriores ni de las que vendrían después.

—¡Felices fiestas! —exclamé al entrar en el laboratorio—. ¿Qué tal va eso?

Bill asomó la cabeza por la parte inferior del espectrómetro de masas.

—Hoy el Elfo no se ha presentado, si te refieres a eso —me espetó a voz en cuello, para imponerse a las estridencias del compresor de aire, que hacía un ruido endemoniado, como un coche viejo que se niega a arrancar—. Este maldito aparato va a dejarme sordo antes de tiempo.

—¿Cómo? ¿Qué has dicho? —repliqué—. ¡Habla más alto!

«El Elfo» era el sobrenombre que habíamos puesto al estudiante de posgrado que colaboraba en un laboratorio enorme y saturado de trabajo que se encontraba al otro lado del campus. Bill había bautizado a ese espacio como «el taller de Papá Noel» a causa de su enfebrecido ambiente: en cuanto uno entraba por la puerta, no veía más que estudiantes espoleados por su frenética actividad, todos demasiado ocupados para saludar siquiera al visitante. Nosotros analizábamos para ellos un sinfín de muestras gaseosas, que nos trasladaban a diario a través del Elfo.

—Si esperan que trabajemos de balde, al menos podrían atenerse a un horario —me quejé.

Bill se encogió de hombros.

—Para el Elfo, esta es la época del año de más actividad —dijo señalando el calendario.

—Puede que no ponga tanto empeño en su trabajo como pensamos. Me han dicho que quiere ser dentista.

La verdad es que aquello no me preocupaba demasiado. Había escrito un artículo junto con otros colegas y, después de muchos esfuerzos, había conseguido enviarle a uno de ellos mi parte revisada, y estaba disfrutando de haberme liberado de semejante peso.

—¿Listo para el «almuerzo»? —pregunté animada.

—Claro, ¡cómo no! —Bill aceptó mi invitación y juntos nos dirigimos a la zona de los microscopios—. Este corre de mi cuenta —añadió.

Mi perra, una retriever de Chesapeake que respondía al nombre de *Reba*, estaba en la esquina, tumbada en su canasta, y al vernos extendió las patas y levantó *ipso facto* sus 31 kilos de peso. Contenta de verme, se movió un rato a mi alrededor, meneando la cola.

—¿Qué, tesoro, tienes hambre? —Le acaricié el lomo y pasé la mano por el protuberante hueso occipital que sobresale en lo alto de su cabeza, al que nosotros llamábamos «la aleta de la Bestia».

Cuando nos trasladamos de California a Georgia acabé perdiéndome en los alrededores de Barstow. Estaba tratando de abandonar la carretera interestatal número 15 para incorporarme a la 40 y al final me desvié por una salida que no debía. Poco antes de llegar a Daggett Road, la arteria que atraviesa de norte a sur la parte oriental de Barstow, me detuve a pedir indicaciones en una caravana aparcada junto a la carretera sobre la cual podía verse un letrero que rezaba SE VENDEN CACHORROS. Cuando me agaché y pregunté a aquella pequeña camada de cabecitas marrones y encrespadas cuál de ellas quería venirse conmigo a Atlanta, un cachorro moteado y larguirucho empezó a trastabillar a mi alrededor con expresión seria y luego trató de subirse a mis rodillas. Cincuenta dólares después (escribí el precio justo pues no pusieron ninguna pega a mi cheque), aquel animalito se había convertido en mi perra.

Como en mi caso, *Reba* se pasó la mejor parte de sus primeros años en un laboratorio, durmiendo debajo de las mesas y, esto ya como característica exclusivamente suya, pinchando a Bill para que compartiese con ella su almuerzo de migas de atún con galletas saladas. Cada vez que venía un estudiante nuevo, Bill y yo nos enzarzábamos en el mismo debate acerca de si el recién llegado podría acercarse mínimamente a la extraordinaria inteligencia de *Reba*. Ella se negaba siempre a participar en la discusión, aunque no estábamos seguros de si lo hacía por desdén hacia nuestra falta de profesionalidad o porque estaba convencida de que semejante comparación era baladí, o, quién sabe, tal vez por ambos motivos.

Pues bien, aquella noche saqué un televisor portátil de uno de nuestros armarios y aparté tres microscopios para hacerle hueco. Pronto serían las once y empezaría el programa de Jerry Springer. Puse palomitas en el microondas y extraje dos Coca-Colas Light de un *pack*. Bill apareció en ese instante con nueve hamburguesas del McDonald's recién sacadas del congelador: tres para mí, tres para él y las tres restantes para *Reba*. Se había hecho con algo más de cuarenta cuando la cafetería de la universidad empezó a venderlas como oferta del día a veinticinco centavos la unidad; y así fue como descubrimos que, afortunadamente para nosotros, las propiedades físicas de aquel alimento no se alteraban significativamente cuando pasaban del estado de congelación a la temperatura ambiente.

Bill y yo habíamos salido de California dejando bastante dinero a deber, más que nada por una retahíla de compras dispares pero igualmente descerebradas realizadas años atrás, y nos habíamos comprometido a saldar nuestras deudas en el menor plazo posible, tan pronto como nos pusiésemos a «trabajar de verdad». A nuestra llegada a Georgia no tardamos en llevar a cabo un experimento a largo plazo, con el cual pretendíamos calcular la exigua cantidad de dinero que seríamos capaces de gastar a la semana sin morir en el intento; y así fue como los alimentos congelados se acabaron convirtiendo en uno de los componentes principales de nuestra ingesta calórica.

Estábamos comiendo delante de la tele, mirando a un hombre que no llevaba puesto más que un pañal mientras invocaba tenazmente la protección de la Primera Enmienda para el estilo de vida que había escogido, el de «bebé adulto», al tiempo que agitaba su biberón para añadir énfasis a sus palabras.

—Tío, haría lo que fuera por salir en el programa de Jerry —confesé.

—Ya me gustaría a mí —admitió Bill con la boca llena; en ese momento pasaban por la pantalla unas imágenes grabadas en las que podía verse al hombre mientras su novia y/o cuidadora le cambiaba y ponía polvos de talco.

Cuando terminamos de comer, nos pusimos a limpiar y a recoger los restos.

—Oye, acaba de ocurrírseme algo de lo más loco —observé—. Dediquemos esta noche, para variar, a nuestras propias muestras.

Bill se apuntó enseguida a mi propuesta.

—Es algo tan pasado de rosca que solo puede salir bien —dijo—; pero antes debemos sacar a la Bestia a airearse.

Salimos a la calle y los tres nos quedamos mirando las estrellas mientras Bill se fumaba un cigarrillo.

—Este paquete me ha costado más de dos dólares —se quejó—. Voy a necesitar un aumento de sueldo.

El amplio espacio geográfico que ocupa un campus universitario está iluminado la noche entera todos los días del año, y esas luces acentúan en gran medida su desolación durante los fines de semana. De lunes a viernes la universidad no es de nadie. Tan solo hay un continuo trasiego de personas que van y vienen por el campus. Pero el viernes a medianoche todo cambia, pues es entonces cuando la universidad te pertenece a ti, solamente a ti. Orgullosa de ser, en teoría, la única persona que trabaja en cien kilómetros a la redonda, consigues hacer lo suficiente para sentirte justificada en tu osadía. En aquellas noches de viernes late el verdadero corazón de la ciencia, sus motivos más sencillos, más sinceros, y ahí se encuentra también la explicación de que descubrimiento y desafío sean dos caras de la misma moneda.

—Un centavo medio oculto por el polvo de los conductos —reflexioné en voz alta mientas limpiábamos los filtros del compresor de aire.

—Ese centavo que te permitiría comprar leche de soja baja en calorías —añadió Bill—, siempre que alguien te hiciese el favor de prestarte los tres dólares y ochenta y cuatro centavos que te faltan.

Nos habíamos pasado la semana haciendo extracciones de carbono orgánico, algo que, por cierto, es bastante más divertido de lo que parece. A lo largo de más de 200 millones de años, los dinosaurios camparon a sus anchas por nuestro planeta junto con bastantes de sus congéneres, y de todos ellos ha quedado un número escasísimo de ejemplares conservados en el barro y el limo de su época, entre los cuales se encuentran algunos de los hallados en Montana hace solo un par de siglos, cuando los propietarios de las tierras dieron casualmente con ellos. Los huesos de los dinosaurios se han perforado con cautela, descrito hasta en sus menores detalles y reparado con colas especiales; se han exhibido en museos y estudiado a fondo para la posteridad. Otros fósiles menos emblemáticos son posiblemente de valor inferior, pero potencialmente más importantes, diría yo.

Todo rastro de color marrón en las rocas que albergan un fósil podrían ser el resto sedimentado de una planta que vivió en esa época y aportó el alimento y el oxígeno necesarios a tantos de aquellos reptiles. En esos sedimentos no queda huella alguna de la anatomía, ni de la morfología ni de nada que pueda ser fotografiado o mostrado al público. Podríamos sin embargo extraer información química de la mancha si fuéramos capaces de concebir algún método para aislarla y sacarla a la luz.

Las plantas vivas se diferencian de las rocas que las rodean en el carbono de su composición, que poseen en abundancia. Mis colegas y yo consideramos que, si llegábamos a capturar y separar todo el carbono presente en aquellas manchas oscuras incrustadas en las rocas, estaríamos en condiciones de presentar, con pleno derecho, un nuevo tipo de fósiles vegetales. La química del carbono nos aportaría algo de información sobre la planta en cuestión, aunque nada podría decirnos sobre la forma de las hojas que habían hecho la marca.

Para liberar solamente el carbono orgánico de una roca muerta sin ningún otro compuesto, retenemos el gas que se libera cuando se calienta la muestra. En la química de líquidos, utilizamos matraces para alojar un líquido y verter el otro, para mezclar ambos y para mantenerlos separados de los demás. En cambio, cuando hacemos química con gases nos servimos de un utensilio formado por tubos de cristal paralelos que recibe el nombre de «línea de vacío»; uno bastante similar al que empleé años antes, cuando provoqué aquella explosión.

Trabajar con una línea de vacío es como tocar el órgano de una iglesia: tienes que accionar infinidad de palancas y de pistones, y todo ello debe hacerse en el orden debido y, no menos importante, demorándose únicamente el tiempo preciso. Las dos manos se mueven a la vez, ejecutando a menudo tareas distintas, cuando la trampa y las llaves de la línea se activan de manera independiente. Después de utilizarlos durante una jornada completa, tanto el órgano como la línea de vacío han de ser cerrados cuidadosamente y mantenidos con delicadeza; podría decirse que ambos, por sus características específicas, son obras de arte. No obstante, la mayor diferencia entre ellos es que un órgano de iglesia no te explotará en plena cara si cometes un error cuando lo tocas.

—Uf, ¡odio este chisme! —Bill se tapó los oídos después de que el dichoso compresor empezase a soltar una tos mecánica que no parecía tener fin.

—Ya sé que es horrible —reconocí—, pero cambiarlo nos costaría doscientos dólares.

—¿Y no hay nadie en el mundo que nos deba esa cantidad? —replicó él—. Puede que haya llegado el momento de escribir a Papá Noel.

—Eres un genio, Bill, ¡un verdadero genio! —Y lo decía en serio.

Bill se refería a nuestra creciente explotación por parte del «profesor Noel» (el jefe del Elfo), de la cual yo era en buena medida culpable, pues todo aquello había empezado a raíz de mi descarado intento de congraciarme con una persona influyente. Después de leer algunos de los artículos sobre la química del oxígeno publicados por ese distinguido profesor de la universidad, me había ofrecido a realizar por mi cuenta unos cuantos análisis de prueba de los isótopos del oxígeno, y al poco tiempo el proyecto se hizo tan grande como una bola de nieve rodando colina abajo (aquel invierno, los juegos de palabras prácticamente me salían solos) porque el profesor consideró los resultados «de lo más interesantes» y, en consecuencia, reestructuró toda la actividad de su taller hacia la obtención de muestras adicionales. Nosotros, ingenuos, accedimos a llevarlas a cabo, subestimando la cantidad de reacciones de oxígeno de las que uno puede ocuparse en un ordeno y mando mientras se encuentra en una cinta transportadora y además cantando.

Poco antes me había visto envuelta en un auténtico lío porque no había parado de enviar correos electrónicos privados a nuestro Elfo solicitándole que adoptase un protocolo de trabajo que nos sirviese a todos, de manera que a partir de entonces las muestras fueran etiquetadas en rojo o verde (el color se lo dejaba a su elección), y antes de su envío se agruparan en bloques de diez unidades con una cinta adhesiva plateada. Mis esfuerzos se vieron compensados con creces, pues en no mucho tiempo nos llegó tal cantidad de tubos de muestras que Bill comprendió enseguida de qué iba todo aquello.

Al examinar nuestro registro de muestras nos dimos cuenta de que nuestro reno «Rudolph» particular nos había encargado un total de trescientos análisis gratuitos, cuando sabía perfectamente que cualquier empresa comercial habría cobrado al menos treinta dólares por cada uno. Bill y yo acordamos entonces escribirle una carta a nuestro querido Papá Noel en la que yo pediría a tan estimado benefactor que nos regalase un compresor de aire silencioso, resplandeciente, completamente nuevo. Ya nos veíamos la mañana del día de Navidad, bien tempranito, saliendo medio adormilados de nuestras habitaciones y encontrándonos con nuestro regalo envuelto con un lazo rojo enorme y colocado justo debajo del incinerador de materiales biológicos.

—Empieza por contarle lo extraordinariamente buenos que hemos sido este año —me indicó Bill.

—Muy bien, tú pon los calificativos que yo me encargo de las directrices generales. Tiene que salirnos a la perfección. —Estaba decidida a sacar toda la diversión posible de aquella simple misiva.

—¿Sabes si tienen tizas en el despacho del departamento?

Mientras rebuscaba en mi bolso tratando de dar con las llaves del armario de material que teníamos en el despacho, casualmente me encontré en uno de los bolsillos laterales un paquete de caramelos Razzles prácticamente lleno y, sorprendida, me detuve en seco.

—No te lo vas a creer, pero acaba de sucederme algo fantástico —le dije.

Dejamos lo que teníamos entre manos, nos sentamos en el suelo y nos repartimos *ipso facto* los caramelos, disputándonos en fiera lucha los de naranja, pero dejando automáticamente apartados los de arándano, porque eran los favoritos de *Reba*.

Las cincuenta y seis horas del fin de semana que teníamos ante nosotros nos parecían eternas. Al amanecer decidimos erigirnos como los legítimos herederos de todo lo depositado en el frigorífico del departamento, pero aparte de eso no teníamos nada más programado. Quizá nos diera por forzar la cerradura de la tienda de maquinaria y contemplar embobados aquellas enormes sierras, taladros y equipos de soldar como si fueran piezas de un museo que solo nosotros conocíamos. Quizá optáramos por hacer un pase privado de *El séptimo sello* en el salón de actos valiéndonos del proyector de la universidad. Y puede que en ese momento hubiera alguien en el mundo que fuera más feliz de lo que yo lo había sido ese año, pero en noches como aquella no pensaba que pudiera existir alguien así.

# 3

LAS PLANTAS TIENEN muchos más enemigos de los que se puedan contar. La inmensa mayoría de los seres vivos de nuestro planeta no ven en una hoja verde más que un posible alimento. Árboles enteros pueden acabar devorados cuando no son más que semillas, cuando son solamente unos vástagos. Las plantas no pueden escapar del sinfín de atacantes que las acechan. En el cieno del suelo del bosque medran oportunistas que ven a todas las plantas, vivas o muertas, como fuente nutricia. Los hongos son posiblemente los más malvados. Por todas partes pueden encontrarse hongos de la pudrición blanca y de la pudrición negra, los cuales deben su nombre a las sustancias químicas que contienen, capaces de provocar algo devastador que solo ellas pueden lograr: la podredumbre del corazón más duro de un árbol. La madera de 400 millones de años, salvo unas cuantas astillas fosilizadas, se ha descompuesto hacia el cielo desde el lugar de donde vino. Pues bien, toda esa destrucción puede atribuirse a un solo grupo de hongos que sustenta su vida macabra sobre la podredumbre de las ramas y tocones de un bosque. Y, sin embargo, justamente entre ellos se encuentran los mejores —en realidad, los únicos— amigos que los árboles han tenido jamás.

Puede que considere que las setas son hongos, lo cual sería exactamente lo mismo que pensar que un pene es un hombre. Cualquier tipo de seta, desde las más exquisitas hasta las más venenosas, no es sino un órgano sexual unido a algo más integral, complejo y oculto. Por debajo de ellas se extiende toda una red de filamentos fibrosos (a los que se denomina «hifas») que pueden llegar a abarcar varios kilómetros, envolviendo a su paso incontables grumos de tierra y unificando el paisaje. La efímera seta sale brevemente a la superficie mientras esa retícula que la sujeta a la tierra sigue viva durante años en el seno de un mundo más oscuro y más rico. Una cantidad insignificante de hongos —5.000 especies solamente— han firmado, por cuestiones estratégicas, una larga y sostenida tregua con las plantas. Lanzan su membrana de fibras alrededor y a través de las raíces de los árboles, compartiendo ambas la carga de llevar agua hasta el tronco. Además mineralizan la tierra con metales raros como el manganeso, el cobre y el fósforo, y después se los presentan al árbol cual preciados regalos de los magos de Oriente.

El linde del bosque es una tierra hostil e inhóspita, pero si los árboles no crecen más allá de este límite es por una razón: a pocos centímetros de los confines del bosque no hay agua ni sol suficiente para un solo árbol más, amén de que ahí sopla demasiado el viento y arrecia más el frío. Y, aun así, los bosques se expanden e incrementan su extensión, aunque no sea lo más común ni mucho menos. Una vez cada cientos de años una plántula conquistará ese espacio inclemente y soportará los preceptivos años de necesidad. Todas estas plántulas están siempre fuertemente armadas en sus raíces con un hongo simbionte. De manera que es mucho lo que actúa contra este pequeño arbolillo, si bien es cierto que, gracias al hongo, sus raíces trabajan el doble de lo que suele ser habitual.

Pero ha de pagarse un precio: en estos primeros años, la mayor parte de la glucosa generada por la plantita en sus hojas irá a parar al hongo, que la absorbe por las raíces. No obstante, la redecilla que rodea estas apretadas raíces no se introduce en ellas, y planta y hongo permanecen separados en términos físicos, pero unidos por el trabajo de su vida. Se sujetan el uno al otro. Y trabajan en alianza hasta que el árbol alcanza la altura suficiente para luchar por la luz en lo alto del dosel.

El motivo por el que ambos, árbol y hongo, están juntos nos es desconocido. No cabe duda de que el hongo podría vivir muy bien en soledad en casi cualquier sitio, pero, en cambio, prefiere entrelazarse con el árbol en lugar de llevar una vida más fácil y mucho más independiente. Si se ha adaptado es porque busca esa avalancha de azúcar puro que viene directamente de la planta, de ese compuesto extraño y sumamente concentrado que no se parece a nada de lo que se encuentra en el bosque. Y quién sabe, quizá el hongo sea capaz de percibir que, cuando interviene en una simbiosis, deja de vivir en soledad.

# 4

EL SUELO ES ALGO DE LO MÁS CURIOSO. En él no hay nada de sí ni generado por él mismo, sino que es el producto de dos mundos distintos que se han unido. El suelo es la marca producida por la naturaleza como consecuencia de las tensiones existentes entre el reino biológico y el geológico.

Cuando impartíamos clase en California, Bill y yo decidimos que no enseñaríamos a nuestros alumnos los diversos tipos de suelo como nos lo habían enseñado a nosotros. En lugar de rellenar plantillas de clasificaciones y catalogar datos nosotros mostraríamos de dónde viene el suelo y cómo se forma. Por eso hicimos que nuestros alumnos observasen verdaderamente el suelo, que lo tocasen, que lo sacasen al exterior y que llegasen a concebir sus propios términos sobre lo que veían y experimentaban. Para conseguirlo elaboramos un plan de estudio que, a grandes rasgos, sería más o menos como sigue: primero seleccionamos un sitio cualquiera y cavamos; y seguimos excavando en la tierra hasta que podemos verla en su integridad, y sin ningún obstáculo, de la primera capa hasta la última. Así mostramos lo que nunca queda expuesto y forzamos a la tierra a sacar sus secretos a la luz.

Si echamos un vistazo a nuestro alrededor no tendremos dificultad alguna en señalar lo que está vivo: una hoja verde, una absorbente raíz, una lombriz moviéndose en la tierra... En las profundidades yacen las frías y firmes rocas, tan antiguas como las colinas que tenemos a ambos lados e igualmente privadas de respiración y de movimiento; es decir, no vivas. Aquello que físicamente se encuentra entre ambos extremos, entre lo vivo y lo no-vivo, es lo que llamamos «suelo». Su capa superior es la que acusa de manera más notoria la presencia de lo viviente, teñido de las tonalidades amarronadas de los restos de plantas muertas, que al marchitarse y descomponerse se han mezclado en el limo que impregna y ensucia cuanto hay a su alrededor. La capa inferior del suelo está dominada por el legado de las rocas; las aguas de las diversas épocas las han ido disolviendo poco a poco, convirtiéndolas en una pasta que, a base de secarse, humedecerse y volverse a secar continuamente, en un sinfín de ciclos, producen una especie de emplasto bien distinto de las rocas intactas que quedan por debajo. En la zona comprendida entre ambas capas, las dos sustancias interactúan, dando en ocasiones lugar a las llamativas franjas de color que tanto nos impactaban cuando conducíamos a través del sur de Georgia.

Bill había nacido para transmitir incansablemente sus conocimientos sobre el suelo gracias a ese talento que Dios le había dado para advertir las sutilezas de la química, los matices de los colores y los cambios de textura en el interior de un hoyo que a los demás se les escapaban. Puede comparar las decenas de suelos que alberga en su memoria con el que tiene justo delante con una apabullante precisión en los detalles. Toda su personalidad reservada desaparece cuando habla de suelos; yo misma le he visto entregarse a infinidad de monólogos dramáticos en algún pub irlandés (y completamente sobrio) en los que describía cómo el descubrimiento de colores nuevos en una combinación inédita en el subsuelo es lo que más le apasiona de su trabajo.

En el verano de 1997 nos llevamos a un grupo de cinco estudiantes a un viaje de campo para enseñarles a caracterizar y cartografiar el suelo. Para cuatro de ellos era su primera experiencia en el terreno, y una mera repetición para el estudiante que hacía voluntariamente muchas horas de laboratorio con nosotros. Bill había animado a ese chico en sus tareas, y lo mismo hacía yo, así que lo invitábamos a venir con nosotros en cada una de nuestras expediciones de investigación y enseñanza.

Cuando estás de acampada, la mejor manera de evitar quejas sobre la comida es hacer que uno de los miembros del grupo se haga cargo de su preparación una noche; y nuestra mascota estudiantil se presentó voluntario con mucho entusiasmo. Ansioso por impresionarnos, se había traído de casa latas, paquetes y especias, amén de una bolsa de patatas que enseguida se puso a pelar y que luego coció hasta que estuvieron bien blandas; pero para cuando pudo ponerse a cocinar eran cerca de las once de las noche, ya que habíamos llegado bastante tarde al lugar elegido para acampar.

Cocer agua en un campamento es algo de una lentitud torturante, así que me quedé consternada cuando vi que, después de sacar las patatas cocidas, añadía muchísima más agua fría a la olla en el fuego. En lugar de limitarse a repartir las patatas pinchándolas con un tenedor, cosa que para nosotros ya habría sido alta cocina, se puso a aplastarlas, sin olvidarse de añadirles algo de la harina refinada que había sacado de su mochila. Advertí entonces, con no poca inquietud, que el proceso de cocción se estaba repitiendo otra vez desde el principio, así es que no pude contenerme y le pregunté directamente qué estaba haciendo.

—Estoy preparando albóndigas de patata a la húngara —me explicó—. Es una receta de mi abuela. Te encantarán, ya lo verás.

Cuando nos pusimos a cenar eran las tres de la madrugada.

—Oye, visto lo bien que se te da, deberías hacerte llamar «Albóndiga» —exclamé mientras nos sentábamos a cenar; y a nuestro estudiante se le iluminó el rostro: se sentía dichoso por la intimidad profesional que aquella broma entrañaba.

—Yo no le voy a llamar así —dijo Bill con un gruñido masculino mientras se inclinaba sobre su plato. Estaba cansado y hambriento y no precisamente de buen humor.

El cálido aire de la noche estaba en perfecta calma, podíamos oír con prístina claridad el coro de ranas croando que nos llegaba desde algún lugar en la oscuridad. Mientras tanto, comíamos en silencio, atiborrándonos de las deliciosas albóndigas que aquel chico había preparado en ridícula abundancia. Cuando empezamos a recoger, Bill fue el primero en hacer un comentario.

—Buena comida, Albóndiga —le dijo con expresión seria mientras reunía los cuencos vacíos.

Cualquiera que fuese el nombre verdadero de aquel estudiante, se me olvidó por completo a partir de ese momento, ya que nunca más volvimos a usarlo. De la misma manera que, en todos los años que han pasado desde entonces, jamás he vuelto a probar unas albóndigas tan sabrosas como aquellas.

Nos encontrábamos en el condado de Atkinson, que, pese a no destacar por nada notable, para nosotros se había convertido en el nirvana por la excelencia de sus suelos, que no tenían parangón con ninguno de los que habíamos visto en nuestros viajes por el resto de los estados de la Unión y a lo largo de los cinco continentes. Esta tierra la habíamos encontrado de la misma forma que tantos de los lugares donde habíamos impartido nuestras enseñanzas: desde la ventanilla del coche. Cuando se atraviesa el estado de Georgia desde la meseta de Piedmont, en las cercanías de Atlanta, en dirección sureste hacia el océano Atlántico, te encuentras conduciendo a lo largo de un río de polvo rojizo que se ha sedimentado a partir de los residuos de lo que posiblemente fueron montañas en alguna época geológica milenaria.

A comienzos de ese mismo año circulábamos por la autopista 82 camino del pantano de Okefenokee cuando ante nuestros ojos se extendió lo que parecían cubos de pintura color albaricoque intenso arrojados a lo largo de una zanja de arena color crema. Por aquel entonces, Bill necesitaba fumar con frecuencia, así que acostumbrábamos a parar muy a menudo para inspeccionar el paisaje. Cuando nos detuvimos en las inmediaciones de la ciudad de Willacoochee, la «pintura» se transformó en una franja de hierro y óxido en el interior de un suelo del tipo de los oxisoles que no es nada común; y en un pispás decidimos incluir aquel lugar en nuestro curso de suelos.

Cuando llegamos con nuestros estudiantes al enclave elegido, primero nos ponemos a descargar todo nuestro material: las palas, los picos, la lona, los cedazos, las sustancias químicas y una gran pizarra con tizas de colores. Empezamos a cavar un hoyo y seguimos profundizando hasta que tocamos roca madre, poniendo buen cuidado de hallarnos todos en el mismo lado, de manera que los estudiantes puedan observar siempre lo mismo. Una vez que se ha cavado lo suficiente en cuanto a profundidad, se deja intacto el perfil del suelo, abriendo un «círculo» que tenga la extensión suficiente para que tres personas puedan estar allí paradas, y a partir de ahí estamos en condiciones de hacer una evaluación en sentido lateral de las propiedades del suelo. Esta excavación puede llevar varias horas, y si el suelo es de los arcillosos o tiene demasiada agua se convierte en una tarea extenuante.

Bill y yo cavamos juntos ejecutando una especie de vals, en el que uno de nosotros «lanza» y el otro «atrapa»: una persona horada la tierra con un pico mientras la otra coloca una pala por debajo para atrapar los restos. Cuando esta se llena, se cambia por otra y la primera se vacía en un costado. A diferencia de los pozos que se excavan en la construcción, en estos hoyos es preciso dejar la tierra extraída en un lado para mantener libre el fondo y proporcionar una vista despejada hasta la parte superior de la excavación. Aunque siempre evitamos presionar el perfil del suelo, no deja de haber estudiantes dispersos por la zona de arriba, parados junto al borde y mirando hacia abajo con curiosidad; y a los cuales ahuyentamos como a las ardillas rayadas que se acercan a nuestro campamento. Cuando pedimos voluntarios para cavar, a veces se presenta enseguida algún chico que invariablemente resulta ser el granjero del grupo. Con todo, la mayor parte de los estudiantes no tiene ningunas ganas de participar en la excavación propiamente dicha. Antes se quedaban mirándonos distraídamente mientras nosotros cavábamos durante horas, lo cual nos fastidiaba muchísimo. Hoy en día simplemente se giran hacia un lado y comprueban con disimulo si tienen cobertura en el móvil.

Una vez que podemos ver tierra nueva de arriba abajo, cogemos unos «pinchos» (viejos clavos rieleros que pintamos de color naranja brillante) y los introducimos en los límites de lo que nos parecen estratos. Bill y yo discutimos sobre la dirección del sol y sobre si cualquiera de los detalles que vemos son reales o simples sombras, y en todo momento tratamos de llevar al otro a nuestro terreno como abogados en un proceso contencioso sin juez ni parte que tiene lugar ante un jurado apático.

Hay ocasiones en que los límites en el suelo se perciben con nitidez, como en un pastel sus capas de chocolate y vainilla, y hay otras en que son tan graduales como el cambio experimentado por el rojo en un cuadrado de una pintura de Mondrian. Aunque constituyen la base de todos los datos que vamos a obtener después, la determinación del número y situación de estos «horizontes» del suelo es la parte más subjetiva de la tarea, y de hecho cada científico adopta un estilo levemente distinto. Algunos tenemos la sensación de que creamos arte moderno a partir de lo que nos brinda el paisaje, prefiriendo el resultado por ser grandioso y completo, y en el cual se imponen las menores pautas posibles a la hora de guiar la vista. A nosotros se nos conoce como «agrupadores» porque tendemos a reunir todos los detalles a medida que trabajamos.

Otros en cambio, como sería el caso de Bill, son más bien como los pintores impresionistas, convencidos de que cada pincelada cuenta a la hora de obtener una totalidad coherente. A estos se los denomina «divisionistas», ya que distribuyen los detalles más sutiles en categorías diferenciadas a medida que trabajan. La única manera de hacer buena ciencia en materia de suelos es poner juntos a un agrupador y a un divisionista en un hoyo del suelo y dejar que se enzarcen en una pelea dialéctica hasta que lleguen a algún resultado que ambos reconozcan como correcto por la sencilla razón de que no satisface a ninguno de los dos. Si se la deja a su aire, este agrupador cavará tres horas, marcará los horizontes en diez minutos y seguirá tan contento con lo suyo. Si a nuestro divisionista se le deja a su aire, cavará un hoyo y reptará hasta su interior, para no volver a ser visto jamás. Por eso agrupadores y divisionistas solamente son productivos cuando se los obliga a colaborar en el fragor de sus disputas, y, pese a que juntos son capaces de generar mapas fantásticos, rara vez vuelven de sus viajes de campo sin intercambiar alguna recriminación.

Una vez que se ha llegado a un acuerdo sobre la delimitación de los horizontes del suelo, se extrae una muestra de cada uno de los estratos, se extienden todas ellas sobre una lona y se someten a una batería de pruebas químicas para determinar la acidez, el contenido salino, los niveles de nutrientes y una larga lista de atributos químicos sobre el terreno. Al término del día se traslada toda la información obtenida a una pizarra, incorporándola además en forma de gráficos y dibujos, y acto seguido comienza una larga discusión sobre lo que implican en conjunto las propiedades visualizadas y las propiedades químicas en lo que respecta a la fertilidad del suelo, teniendo en cuenta que «fertilidad» es uno de los términos más grandiosos y más imprecisos que ha dado la ciencia.

Desde el punto de vista educativo, el viaje de campo ideal es el que dura alrededor de una semana, con un informe de suelo nuevo por día y recorriendo unos 150 kilómetros adicionales hacia el siguiente emplazamiento. Cinco días y 750 kilómetros más nos proporcionan tiempo y espacio suficiente para transmitir a los estudiantes una idea de lo mucho que varían los suelos a medida que cambia el paisaje, amén de que se ven expuestos a la actitud analítica y la errancia que son necesarias para trabajar con suelos. Para cuando termina el viaje, o han quedado encandilados por el trabajo o se han desconectado por completo de lo que consideran un suplicio, y posiblemente hasta hayan tomado una decisión sobre su carrera.

Arrastrando a los estudiantes por el barro durante cinco días puedo hacer algo mucho más importante y significativo de lo que soy capaz de lograr en un semestre de clases, y de ahí que Bill y yo nos hayamos tragado cientos de miles de kilómetros en estos viajes.

Bill es el profesor más paciente, solícito y respetuoso que he visto jamás en acción. Dedica a un alumno todo el tiempo que sea preciso, horas incluso, hasta que comprende el ejercicio que se le ha planteado. Él se encarga de la parte más difícil de la enseñanza, ya que no se limita a reproducir el contenido de un libro, sino que se pone junto a una máquina y enseña a los estudiantes cómo deben manejarla, cómo se puede romper y qué es lo que deben reparar en tal caso. Los estudiantes son capaces de llamarle a las dos de la madrugada cuando no consiguen hacer funcionar algo, y él, cansado, se presenta en el laboratorio para echarles una mano, si es que no estaba ya allí, trabajando, por supuesto. Bill es inasequible al desaliento: nunca deja de incentivar a los estudiantes menos adelantados para que sigan esforzándose, y continúa haciéndolo mucho después de que yo me haya dado por vencida, tachándolos de «casos perdidos» por no intentarlo con el suficiente tesón.

Lógicamente, como tienen poco más de veinte años, estos chicos subestiman a Bill; salvo unos cuantos que lo entienden muy hacia el final, sus tesis son a menudo tan suyas como de su profesor. No obstante, la mejor forma de conseguir que alguno de nuestros alumnos sea despedido de mi laboratorio y puesto de patitas en la calle es mostrando falta de respeto hacia Bill. A mí pueden decirme lo que quieran, pero él es su superior y deben recordarlo en todo momento y actuar en consecuencia. Bill, por su parte, se queja de cualquiera de sus estudiantes con perversa indiferencia, y luego sin embargo se pasa el día entero salvándolos de sí mismos.

Eran alrededor de las cinco de la tarde cuando aquel día en el sur de Georgia —técnicamente, el mismo en que comimos aquellas suculentas albóndigas— nos dispusimos a rellenar el hoyo que habíamos cavado y a recoger nuestras herramientas. Más tarde nos detuvimos en Waycross para reponer gasolina y nuestras existencias de golosinas. Mientras discutíamos sobre las ventajas de las chocolatinas Hershey frente a los caramelos masticables de la marca Starburst, Albóndiga se acercó a nosotros y nos dijo:

—No me apetece ir donde Stuckie. Me tiene harto. Y además creo que asusta a *Reba*.

En nuestros viajes de campo reservábamos siempre algo de tiempo para actividades «enriquecedoras», y Albóndiga prefería no volver a visitar a quien se había convertido en uno de nuestros disfrutes habituales en los viajes anteriores a aquella zona. «Stuckie» era un perro fosilizado que estaba expuesto en un museo llamado Mundo Forestal del Área Meridional, y que era mucho más singular de lo que su anodina denominación daba a entender. Según el experto paleontólogo que nos informó acerca de la relevancia de aquel espécimen, eran los restos de un perro que se topó con un árbol hueco, «muy posiblemente cuando perseguía a algún animal», y se metió dentro y murió. El árbol quedó petrificado mientras que el animal se conservó como una momia en su interior, por lo que ambos pasaron a la eternidad como un cuadro de *Tom y Jerry*, pero extraído de la vida real.

A mí Stuckie me tenía fascinada. Me lo imaginaba como Creonte irrumpiendo en la tumba de Antígona, el rostro contraído en una mueca de deber y arrepentimiento. Sin embargo, haciendo memoria caí en la cuenta de que *Reba* nunca quería acercarse a aquella cosa macabra, y entonces entendí que a sus ojos Stuckie era más bien una versión canina del pobre Yorick, cuyo olor debía de inspirarle ideas muy poco halagüeñas sobre el lugar que el perro ocupa en el mundo. Tomé nota mentalmente para disculparme con ella más tarde, y me quedé mirándola mientras merodeaba por los alrededores de un contenedor enfundada en una de mis camisetas de los Orioles, una prenda de color naranja brillante que solíamos ponerle para que fuera más visible cuando correteaba despreocupadamente por el arcén, sin prestar atención a los coches que pasaban.

«No sé qué hacer —pensé dubitativa—. Bill está deseando ver a Stuckie.»

Pero Bill tenía sentimientos encontrados.

—La verdad es que no disfruto demasiado de Stuckie porque tú siempre empiezas a soltar todas esas historias de Grecia —advirtió—, que, por cierto, cada año comienzan más pronto, mucho más pronto, en el curso de nuestro viaje.

—Muy bien, y entonces, ¿adónde vamos? ¿Alguna idea? —Dirigí la pregunta a Albóndiga, y Bill entonces me lanzó una mirada furibunda, porque yo había cometido la insensatez de dejar nuestros planes en manos de un estudiante. Según la tradición, antes de regresar a casa teníamos que pasar por una de esas estúpidas atracciones que tanto gustan a los turistas.

—¿Y si vamos a esa reserva que siempre vemos en los anuncios de la carretera, el Monkey Jungle? No pinta nada mal —sugirió Albóndiga.

Dejé mi mochila en la furgoneta y llamé a *Reba* con un silbido.

—Eso es, el Monkey Jungle. Venga, ¡en marcha! —Y convoqué a los demás.

—Claro, ¿por qué no? Solo está a ocho horas de aquí —refunfuñó Bill mientras me fulminaba con la mirada. Para contestarle me limité a esbozar la mejor de mis sonrisas, y cuando Bill captó que aquello no era ninguna broma, nos subimos todos a la furgoneta y salimos.

En carretera era Bill quien se ponía siempre al volante. Es un conductor excelente que se incorpora a la autopista cuando debe, se queda detrás del camión más grande que puede encontrar y luego sigue su estela a una distancia prudencial a lo largo de tantos kilómetros como sea posible. Yo me he prohibido a mí misma conducir porque no tengo la paciencia que requieren las grandes y uniformes superficies de tierra que se extienden a lo largo del paisaje: cuando conduzco mi mente divaga, y el asfalto de la carretera empieza a parecerme mucho más flexible de lo que en realidad es. Por eso mi tarea consiste en charlar durante horas y dar rienda suelta a mi imaginación inventándome historias lo bastante delirantes como para hacer reír a Bill, cosa que, por cierto, resulta mucho más complicada cuando el viaje parece hacerse eterno.

Antes estaba convencida de que Bill generalmente conducía a unos ochenta kilómetros por hora simplemente porque se sentía responsable de los estudiantes que tenía a su cargo. Pero después de enterarme de las circunstancias y recorridos de todos los vehículos que había poseído a lo largo de su vida, comprendí que era imposible que tuviese la menor idea de que estos podían circular a velocidades mucho mayores. De todas formas, para entonces yo tenía muy claro que, siempre que viajase en el asiento del acompañante, podría llegar a cualquier lugar del mundo que se me pasase por la cabeza. Pues bien, aquel día, una vez acordado que prescindiríamos de la visita a Stuckie, no quedaba otra que enfilar la autopista y conducir hacia el sur.

Después de dejar atrás diez o doce salidas en torno a la frontera de Florida, vimos un anuncio de grandes proporciones en el que solamente había dos palabras escritas en rosa fluorescente sobre un fondo negro: AL DESNUDO. A mí me fastidiaba particularmente no poder entender ese mensaje.

—¿A qué se refiere? —reflexioné en voz alta—. ¿Se trata de un bar, un club de alterne, un videoclub, o acaso es algo distinto?

—Pues yo creo que está bien claro lo que quiere decir —apuntó Bill—. Que si abandonas la autopista te vas a encontrar algo desnudo en la misma salida o en las inmediaciones.

—Ya, pero ¿se trata de una mujer, de un hombre, de una rata topo o de qué? ¿Es algo relacionado tal vez con otra cosa? —Me quedé pensando—. ¿O quiere decir que es un lugar en el que podríamos quedarnos desnudos?

—Puede que sea una especie de código cimerio para ocultar algo verdaderamente nauseabundo —apuntó un estudiante que era bien conocido por mofarse de todo lo que quedase al sur de la línea Mason-Dixon.

—Verás —intervino Bill—, si eres de esa clase de tíos que se salen de la autopista en cuanto ven un cartel como ese, es muy probable que seas de los que no les importa un comino qué diablos se van a encontrar desnudo. En cuanto veas esa palabra escrita, pisarás el freno e irás tras ello.

En ese momento intervino uno de nuestros alumnos más comprometidos políticamente, enmarañando aún más el asunto:

—¿Y por qué das por hecho que será un hombre el que vaya a un sitio de esos?

Bill sacudió la cabeza y siguió mirando la carretera sin dignarse a contestar.

Por fortuna, al poco rato, pasamos frente a un anuncio mucho mejor que atrapó nuestra atención. «Ven a explorar el Monkey Jungle —nos conminaba—. El lugar donde se enjaula a los humanos y los monos andan sueltos.» Al verlo, todos gritamos de alegría.

—Ya debemos de estar cerca —apuntó uno de los estudiantes, esperanzado.

Bill se encogió de hombros.

—Claro, estamos en Florida.

Acabábamos de dejar atrás la señal que marcaba la frontera de Florida y nos daba la bienvenida al «estado del sol brillante». El parque al que nos dirigíamos estaba en las cercanías de Miami, a unas siete horas en dirección sur.

El Monkey Jungle no nos pareció tan atractivo cuando llegamos a su aparcamiento a avanzadas horas de la noche, en torno a la una de la madrugada: no había ni una sola luz encendida y la puerta principal tenía una pesada cadena alrededor del tirador. Bill bajó de la furgoneta en cuanto hubo aparcado y rápidamente se acercó a examinar el cartel de la entrada y, de paso, como él mismo decía, a aspirar algunas hojas secas de *Nicotiana tabacum*. Los estudiantes cayeron del vehículo como una bolsa rota de canicas, algunos rodando hasta el suelo e incapaces de levantarse cuando todos los demás ya estaban fuera de la furgoneta. Al rato, Bill volvió con nosotros y sugirió que montáramos las tiendas allí mismo, en una pequeña parcela de césped situada frente a la entrada del recinto, donde podríamos dormir hasta las nueve y media de la mañana, cuando abrieran el parque.

Luego le dio una calada al cigarrillo.

—Me figuro que cuando vengan a abrir alguien se tomará la molestia de despertarnos —dijo.

Albóndiga intervino en la conversación.

—¡Y así seremos los primeros de la cola!

—No estoy segura de que sea una buena idea —dije—. ¿A los monos no les da por ponerse a cantar como los gallos en cuanto sale el sol?

—Tú sabrás —dijo Bill mientras aplastaba la colilla de su cigarrillo—. Eres la única que ha dormido con un mono.

El macaco en cuestión era el chico con el que había estado saliendo, un novio que tan pronto aparecía como desaparecía de mi vida y que no era precisamente un lumbrera. Me quedé parada, sonriendo maliciosamente, mientras Bill sacaba las neveras portátiles de la furgoneta, y luego me puse a montar mi tienda antes de él empezara a desembalar la suya como si nada hubiera pasado, dándome así a entender que no había querido ofenderme. Para indicarle que yo tampoco me lo había tomado a mal, me puse a rebuscar en la nevera algo para la cena.

—Bueno, parece que hoy toca «cena al palo» —anuncié después de haber encontrado bien poca cosa con la que poder preparar algo para todos.

—Genial —exclamó Bill comprensivo, después de haber montado las tiendas en un tiempo récord—. Es mi cena favorita —añadió con sarcasmo, y acto seguido sacó un montón de maderas y se puso a hacer una fogata.

Antes de nuestros viajes de campo teníamos la costumbre de pasarnos por el taller de carpintería de la universidad y cargar nuestra furgoneta de tablones y restos de madera que, de lo contrario, acabarían en el contenedor de la pulpa. A continuación procedíamos del mismo modo con el cartón, que recogíamos en el centro de reciclaje del campus. Al salir de la ciudad parábamos a comprar leños Duraflame, tantos como días de curso, amén de un montón de provisiones, sin pararnos a pensar cuáles necesitábamos en primera instancia, y con eso nos creíamos preparados para la acampada. Todos aquellos maderos y cartones nos servían para hacer lo que llamábamos una «fogata a lo Andy Warhol», en la cual usábamos ese leño de fuego constante para quemar cualquier producto que fuera reciclable, y de esta forma conseguíamos una hoguera de lo más satisfactoria. Sobre esta fogata se podía cocinar sin ningún problema, siempre y cuando hubieras tenido la precaución de ponerte una prenda no inflamable, para que no se te quemaran las mangas, y que no te importase comer algo crudo y frío por dentro.

La «cena al palo» no era otra cosa que una ramita que cada cual se buscaba por los alrededores y en la que insertaba lo que deseaba comer, poniéndolo a continuación al fuego para asarlo como buenamente pudiera; y *voilà*, esa era la cena del día. La única regla de nuestra *haute cuisine* era que, si se te ocurría una creación culinaria realmente buena, después tenías que compartirla con el resto del grupo, o al menos debías intentar volver a hacerla y repartir el resultado con los demás. En aquel viaje, Albóndiga estaba en racha, imparable a la hora de idear nuevos platos. Logró, por ejemplo, cocer unas cuantas peras en una lata de Coca-Cola partida por la mitad y luego se le ocurrió ensartarlas en un palo como si fueran una brocheta, algo por cierto de lo más ingenioso. Sus chispas de chocolate Hershey fueron aclamadas unánimemente como el culmen de nuestra cocina de camping, sin contar sus albóndigas, claro está; y de esa forma logró que aquellas noches nos fuéramos a dormir de lo más satisfechos.

No llevaba mucho tiempo acostada cuando alguien con voz profunda y pertrechado de una linterna demasiado brillante me despertó sin ninguna ceremonia. Asomé la cabeza por un lado de la tienda y pregunté cortésmente:

—¿Puedo hacer algo por usted, agente?

Desconcertado por encontrarse ante una mujer educada y razonablemente limpia en lugar de a un hombre tan poco familiarizado con las palabras como con el aseo personal, el policía quiso saber qué estábamos haciendo allí. Para contestarle expuse con todo detalle los motivos y carácter de nuestro viaje de campo, resaltando que, para cumplir con mi labor pedagógica, había decidido satisfacer el deseo manifiesto de uno de nuestros mejores estudiantes, llevándole a visitar la archiconocida reserva del Monkey Jungle antes de que su efímera juventud se hubiera desvanecido en el fluir del tiempo.

Como suele ocurrirme cuando me encuentro en situaciones como esa, el escéptico autoritarismo del oficial de policía se trocó en hospitalidad cuando me lancé a un discurso entusiasta, eufórico, acerca de aquellos extraordinarios, inigualables suelos de Florida en los que nos hallábamos. En menos de dos minutos el atento agente ya estaba ofreciéndome sus servicios de vigilancia profesional para velar por nosotros mientras dormíamos y, más tarde, escoltarnos en el camino hasta nuestro destino cuando quisiéramos partir hacia Atlanta. Agradecida, rechacé su amable proposición, no sin asegurarle que llamaríamos al 911 en el teléfono de la carretera si necesitábamos ayuda, y acto seguido nos separamos en los mejores términos.

Acababa de marcharse cuando Bill asomó la cabeza fuera de la tienda.

—Has estado colosal —dijo—. Me dejas pasmado.

Levanté la vista hacia las estrellas e inspiré profundamente el aire húmedo.

—Demonios —dije con satisfacción—, me encanta el Sur.

Aquella incomparable bienvenida que únicamente pueden brindarte en los estados sureños continuó a la mañana siguiente, cuando en la recepción del Monkey Jungle nos facilitaron un pase de grupo por valor de 57 dólares. La cifra no cubría ni de lejos el valor de todas nuestras entradas, pero a nosotros nos costó reunirla, pues tuvimos que rascarnos los bolsillos hasta el fondo para cubrirla con nuestro exiguos fondos. Una vez dentro, cruzamos el vestíbulo y pasamos por las puertas que conducían a aquella selva, donde enseguida nos vimos sorprendidos por un griterío ensordecedor. Monos de diversas clases estaban allí encerrados, muchos de los cuales chillaban continuamente para llamar nuestra atención.

—Cielo santo, es como si estuviéramos en el laboratorio —dijo Bill, el rostro contraído en una expresión que enseguida reconocí como el síntoma que anuncia una migraña.

El espacio en el que nos encontrábamos era una especie de patio de grandes dimensiones situado en el interior de un complejo de edificios, que arquitectónicamente no tenían nada que envidiar a las oficinas de cualquier jefatura local de Tráfico. Por encima de aquella amplia superficie se extendían largas hileras de alambradas en forma de arco, que a todas luces habían sido reforzadas en algunos puntos. El *Homo sapiens* que visitaba aquellas instalaciones solamente podía cruzar el patio a través de un pasadizo cubierto por una malla metálica, de ahí el eslogan del anuncio.

El Monkey Jungle era, efectivamente, una réplica perfecta de nuestro laboratorio, y cuanto más lo pensaba, más acertada me parecía la comparación. Puede que el ambiente hubiera quedado ampliado en un par de escalas de magnitud, pero todas nuestras actividades investigadoras estaban representadas en aquel recinto por su equivalente simbólico. Tres macacos de Java que habían estado devanándose los sesos con algún problema insoluble al que no podían dejar de dar vueltas, se balancearon en nuestra dirección, suponiendo que nosotros debíamos de constituir la respuesta a su pregunta. Más adelante vimos un gibón de manos blancas, exánime, sin fuerzas, que debía de estar dormido, muerto o en un estado a caballo entre ambos. Dos monos ardilla parecían atrapados en su propia representación de Samuel Beckett, presos de una relación hecha a partes iguales de dependencia y de aversión. En irónico contraste, a escasa distancia de ellos, dos congéneres de la misma especie se lo estaban pasando en grande, a juzgar por lo que podía verse.

Un ejemplar de mono aullador estaba sentado en lo alto de una rama, recitando a gritos el Libro de Job en su lengua particular mientras cada dos por tres levantaba los brazos, como si en actitud de súplica milenaria reclamase explicaciones al Altísimo acerca de los motivos por los que aquel hombre justo y bueno era condenado a tanto sufrimiento.

Más allá, un tamarino midas estaba agachado en plena paranoia, frotándose sus rojas manos mientras urdía algo siniestro. Dos preciosos monos diana se lamían mutuamente palmo a palmo mientras su mente navegaba sin rumbo en un mar de aburrimiento. Una cuadrilla de monos capuchinos, agotados de tanto merodear de un lado a otro, examinaban compulsivamente los recipientes de comida vacíos en busca de esa pasa que estaban convencidos de haber visto hacía un minuto.

—Todo mono es el mono de algún otro —reflexioné en voz alta.

Casualmente en ese momento reparé en Bill, que había cruzado el recinto y estaba justo enfrente de un mono araña, ambos separados únicamente por una rejilla cubierta de óxido. Los dos tenían el mismo peinado en su rebelde pelambrera, una mata de cabello castaño oscuro de unos siete centímetros de largo que salía disparada en todas direcciones, y que en las dos últimas semanas no había conocido más cepillado que el que proporcionan unas vigorosas pasadas con la mano. Ambos tenían la cara cubierta por la misma pelusilla, y sus flexibles extremidades les colgaban del cuerpo con una disposición atlética que difícilmente camuflaban sus andares medio desgarbados.

Bill y el mono estaban completamente fascinados el uno por el otro, como si el resto del mundo no existiera. Cuando me quedé observándolos sentí unos calambres en el estómago que por lo común me anunciaban una risa continúa, perseverante, que se prolongaba hasta el punto de dejar de ser placentera o agradable.

Al final Bill declaró, sin volver la mirada:

—Joder, es como mirarte en un espejo.

Incapaz de contenerme, solté unas sonoras carcajadas que al final más que risa eran una súplica de liberación.

Cuando dio por concluido su encuentro, Bill se separó del mono araña, y nuestro grupo continuó hasta el último espacio de la reserva, donde un gorila de gran tamaño llamado King estaba sentado en una cámara de cemento no muy distinta de las celdas de aislamiento en que se confina a los prisioneros de nuestra especie. Sus 136 kilos de peso cayeron a plomo contra el suelo cuando el gran King utilizó uno de sus pies para agarrar una cera y pasarla con desgana por una hoja de papel. Las paredes de la sala desde donde contemplábamos a aquel enorme gorila estaban cubiertas de sus «pinturas» terminadas, y en todas King se valía de una técnica bastante similar; en conjunto, expresaban una visión artística que impresionaba por su uniformidad.

—Al menos se da a conocer —observé.

En un cartel se explicaban las pesadas cruces que los monos de tierras bajas se ven obligados a llevar en su África nativa, desde la caza furtiva hasta las diversas enfermedades que mermaban la especie; pero resultaba difícil imaginarse, ni en la aldea más remota del Congo, algo tan deplorable como la abyecta opresión de que era objeto King en el estado de Florida. En un segundo cartel se nos informaba, en un tono mucho más comprensivo, de que las pinturas de King se podían adquirir en la tienda de regalos y que parte de los ingresos generados por estas se destinaban a la remodelación y ampliación de su cámara. Si King hubiese tenido un revólver estoy segura de que se habría volado la tapa de los sesos, pero en vista de que no tenía más arma que una simple cera, sacaba el mejor partido posible a su situación. Mientras esperaba a que los estudiantes terminasen las pasas con que daban de comer a los monos, me prometí a mí misma que en el futuro no volvería a quejarme de lo que me había deparado la fortuna, porque a fin de cuentas había sido relativamente generosa conmigo.

—Bien, espero que ese cabrón haga carrera —me susurró Bill en un lado del recinto.

—Bah, yo no me preocuparía por eso —le dije con toda seguridad—. A mí me parece que su institución vela en todo momento por él, y que a cambio esta obtiene bastante dinero.

Bill se me quedó mirando.

—No me refería al gorila.

Mientras pasábamos en tromba por la tienda de regalos del Monkey Jungle deposité en una caja de donativos nuestras últimas monedas, pero me abstuve de utilizar nuestras tarjetas de crédito para comprar alguna de las pinturas de King.

—Puede que no sepa de arte, pero sé muy bien lo que me gusta —me dijo Bill mientras nos apartábamos de la vitrina con gesto indiferente.

Ya en el aparcamiento aconsejé a los estudiantes que fueran al lavabo si lo necesitaban, porque teníamos por delante un largo viaje, y en ese instante me imaginé a mí misma un día después de mi ascenso, encargando que me hicieran una camiseta con el lema NO SOY TU MADRE y llegando al trabajo con ella puesta.

Una vez sentados en la furgoneta y con las puertas bien cerradas, me quité mis botas de montaña y saqué una Coca-Cola Light para Bill.

—Vinimos al Monkey Jungle para aprender algo sobre los monos y al final hemos aprendido un poquito de nosotros mismos —dije bromeando en un tono profesoral de lo más impostado.

—Joder, yo me he conocido a mí mismo —masculló Bill mientras estiraba el cuello para mirar hacia atrás y sacar la furgoneta del aparcamiento.

Cuando nos incorporamos a la I-95 puse los pies en el salpicadero y me dispuse a adoptar mi papel de directora y animadora de grupo, como solía hacer en los momentos que teníamos que matar el tiempo. Estaba a punto de iniciar un debate retórico sobre si el Monkey Jungle era una selva *de* monos o *para* los monos, pero decidí buscar otro tema después de mirar por el espejo retrovisor y ver a Albóndiga durmiendo como un bebé.

# 5

LA VIDA DE UN ÁRBOL CADUCIFOLIO depende de su presupuesto anual. Cada año, en el breve periodo que va de marzo a julio, tiene que hacer brotar todo su follaje de nuevo. Y si por casualidad ese año no cumple con la cuota debida, surgirá un competidor en algún rinconcito del espacio que él ocupaba antes y de esa manera se pondrá en marcha el largo y lento proceso que provoca su pérdida de posición en el bosque y, a la larga, su muerte. Si un árbol quiere prolongar su vida diez años más, no le queda más remedio que hacerlo bien ese año y en cada uno de los siguientes.

Vamos a seleccionar un árbol sencillo, un ejemplar común y corriente como el que puede haber en nuestra calle, por ejemplo. Se trata de un arce decorativo solo un poco más alto que una farola, no uno de esos arces espléndidos que alcanzan su altura máxima en el bosque; en suma, un modesto árbol de barrio que no mide ni la cuarta parte que su majestuoso compañero de especie. Cuando tiene el sol encima, nuestro pequeño arce arroja una sombra equivalente al tamaño de una plaza de aparcamiento. Pero si le arrancásemos todas las hojas y las extendiésemos unas al lado de las otras, ocuparían tres plazas enteras. Al colgar cada una de las hojas por separado, el árbol ha llenado la superficie que ocupa su fronda, convirtiéndola en una especie de escalera por la que asciende hacia la luz. Si levantamos la vista podremos observar que las hojas más altas de cualquier árbol que nos encontremos son generalmente bastante más pequeñas que las que crecen abajo. De este modo la luz del sol puede llegar hasta la parte inferior de los árboles cada vez que sopla el viento y aparta las ramas más altas. Si volvemos a mirar podremos observar que las hojas de las capas bajas del dosel son de un verde más oscuro: es porque contienen más cantidad del pigmento que ayuda a las hojas a absorber la luz solar, permitiéndoles captar los rayos más débiles que se cuelan entre las sombras. Cuando crea su fronda, todo árbol debe reservar fondos para cada hoja en términos individuales y asignarles una posición con respecto a las demás. Un buen plan de negocios permitirá a nuestro árbol triunfar sobre los demás árboles de la calle, imponiéndose como el más grande y el de más larga vida. Pero no le va a ser fácil, ni tampoco barato.

Las hojas de nuestro pequeño arce pesan algo más de quince kilos. Todo lo que hay en ellas, cada uno de sus gramos, se ha extraído del aire o del suelo (y además muy rápido) en apenas unos cuantos meses. De la atmósfera obtienen dióxido de carbono, como todas las plantas, que después transforman en azúcar y almidón. A nosotros esos quince kilos de hojas no nos parecerán dulces, pero lo cierto es que contienen sacarosa suficiente para hacer tres pasteles de nueces de pacana, que son las tartas más dulces que he probado en mi vida. El almidón almacenado en las hojas contiene celulosa suficiente para hacer trescientos folios, que son más o menos los que he utilizado para imprimir el manuscrito de este libro.

La única fuente de energía de nuestro árbol es el sol. Cuando los fotones de luz estimulan los pigmentos presentes en la hoja, los electrones activados entran en una larguísima cadena y se pasan unos a otros la excitación, transportando energía bioquímica a través de la célula hasta el punto exacto en que se la necesita. El pigmento de la planta que llamamos clorofila es una gran molécula en cuya estructura con forma de cuchara lleva un preciado átomo de magnesio. La cantidad de magnesio que requiere producir clorofila suficiente para quince kilos de hojas es equivalente a la que se encuentra en catorce envases de vitaminas, y básicamente tiene que obtenerse disolviendo el sustrato rocoso, que, en términos geológicos, es un proceso bastante lento. Los árboles solo pueden obtener el magnesio, el fósforo, el hierro y otros muchos micronutrientes que necesitan de la muy diluida solución que fluye entre los diminutos granos minerales de la tierra. Para acumular todos los nutrientes del suelo que requieren quince kilos de hojas, nuestro árbol tiene que absorber como mínimo 30.000 litros de agua y después evaporarlos. Es el agua que acumula un camión cisterna. Es la cantidad de agua que necesitan veinticinco personas en un año. Y es el agua que nos hará preocuparnos por cuándo volverá a llover.

La vida de una científica académica depende de un presupuesto trianual. Cada tres años debe solicitar un nuevo contrato con el gobierno de la nación. Con los fondos garantizados en este contrato puede pagar los salarios de sus empleados, y además comprar todos los materiales y el equipo que va a utilizar en sus experimentos, y todavía quedará algo para los viajes que tenga que hacer para cumplir con los objetivos de su investigación. Generalmente, las universidades ayudan a una profesora nueva de ciencias a «emprender su actividad» asignándole una cantidad limitada de fondos discrecionales —la versión académica de una dote—, con los cuales podrá salir adelante mientras trata de asegurarse su primer contrato del gobierno. Si no logra llegar a un acuerdo en los dos o tres primeros años no podrá realizar el trabajo para el que se ha formado, y por lo tanto no escribirá los artículos académicos necesarios para ganarse su plaza en la universidad. Si esta profesora quiere conservar su empleo diez años más, no le queda más remedio que hacerlo bien ese año y en cada uno de los siguientes. Algo que complica muchísimo el hecho de que apenas haya contratos federales suficientes.

La clase de ciencia que yo practico es lo que se conoce como «ciencia movida por la curiosidad», lo que quiere decir que mi trabajo nunca se traducirá en un producto comercial, una máquina útil, un tarro de píldoras, un arma fantástica, o cualquier otra cosa que traiga consigo beneficios materiales directos. Y si llegara a producir indirectamente alguno de estos resultados sería alumbrado mucho tiempo después por alguien que no sería yo. Mi investigación es, por definición, algo que tiene prioridad baja en nuestro presupuesto nacional. Solo existe una fuente de recursos económicos para la investigación que yo realizo: el Fondo Nacional de Ciencia (FNC).

El FNC es un organismo del gobierno estadounidense que obtiene sus fondos de los impuestos. En 2013, su presupuesto ascendía a 7.300 millones de dólares. Comparado con este, el presupuesto asignado al Departamento de Agricultura —que se encarga de supervisar las importaciones y exportaciones de alimentos—, era el triple de esa cantidad. Estados Unidos gasta cada año dos veces más en su programa espacial que en todos sus científicos juntos: el presupuesto de la NASA en 2013 superaba los 17.000 millones de dólares. Y estas disparidades no son nada en comparación con la diferencia que existe entre la investigación científica y el gasto militar. El Departamento de Seguridad Nacional, creado a raíz de los atentados del 11-S, tiene a su cargo un presupuesto anual que quintuplica el del FNC, mientras que solamente los fondos «discrecionales» del Departamento de Defensa multiplican por sesenta esa cifra.

Uno de los efectos colaterales de la ciencia movida por la curiosidad es que inspira a los jóvenes. Los investigadores aman su profesión con locura, y nada les proporciona más placer que transmitir a otros aquello que adoran; como toda criatura impulsada por el amor, no podemos evitar reproducirnos. Puede que hayas leído que Estados Unidos no tiene suficientes científicos y que por esa razón corre el riesgo de «quedarse atrás» (aunque quién sabe lo que quieren decir con eso). Cuéntaselo a una científica de la universidad y verás cómo sonríe. En los últimos treinta años, Estados Unidos ha congelado la partida presupuestaria que anualmente destina a investigaciones científicas no relacionadas con la defensa. Si consideramos el asunto en términos económicos, ateniéndonos a los presupuestos generales, no es que Estados Unidos disponga de pocos científicos; en realidad tiene demasiados y cada año se gradúan más. Puede que se valore la ciencia, tal como dicen desde instancias oficiales, pero está clarísimo que no se quiere pagar por ello. En las ciencias medioambientales, concretamente, vemos que la persistente restricción de fondos de las últimas décadas tiene consecuencias devastadoras: degradación de las tierras de cultivo, extinción de especies, deforestación progresiva... Y la lista sigue y sigue.

Aun así, 7.300 millones de dólares parece una elevada cantidad de dinero. No debemos olvidar que con estos fondos se apoya la investigación en todas las ciencias movidas por la curiosidad, es decir, no solo la biología sino también la geología, la química, las matemáticas, la física, la psicología, la sociología, así como las variantes más arcanas de la ingeniería y las ciencias de la computación. Como yo me dedico a indagar por qué las plantas han conseguido permanecer durante tantísimo tiempo en la Tierra, mi investigación está encuadrada dentro del programa de paleobiología del Fondo Nacional de Ciencia. En 2013, este campo científico contó con 6 millones de dólares para investigación. Este es el presupuesto anual que tienen todas las investigaciones paleontológicas que se realizan en Estados Unidos, y, como era previsible, los buscadores de dinosaurios se llevaron la mejor parte.

Aun así, 6 millones de dólares parece una elevada cantidad de dinero. Pongamos que se deben asignar contratos federales a una paleobióloga de cada uno de los estados de la Unión. Entonces, si dividimos los 6 millones entre 50, tenemos 120.000 dólares para cada contrato. Y esto se acerca mucho a la realidad: el programa de paleobiología del FNC concede de treinta a cuarenta contratos por año, con un valor medio de 165.000 dólares. Por tanto, en cualquiera de las épocas que se considere, tenemos en nuestro país un centenar de paleobiólogos subvencionados por el Estado. Posiblemente no son suficientes para responder a los muchos interrogantes abiertos por la evolución, aun cuando nos limitáramos a las especies extintas más carismáticas, como el dinosaurio o el mamut lanudo. No olvidemos tampoco que en Estados Unidos hay más de cien paleobiólogos, muchísimos más, lo que significa que la mayor parte de ellos no pueden consagrarse a la ciencia en la que se formaron.

Aun así, 165.000 dólares parece una elevada cantidad de dinero, al menos para mí. Pero ¿hasta dónde se puede llegar con eso? Por fortuna, mi sueldo corre a cargo de la universidad durante la mayor parte del año (no suele ser habitual que un profesor sea remunerado en el tiempo que no imparte clases, es decir, durante los meses estivales), pero soy yo quien debe encontrar los fondos necesarios para el sueldo de Bill. Pongamos que decido pagarle 25.000 dólares anuales (tiene veinte años de experiencia, no lo olvidemos). Entonces tendré que solicitar 10.000 dólares adicionales para cubrir sus prestaciones asistenciales, lo cual arroja un total de 35.000 dólares por año.

Por encima de todo esto tenemos algo muy interesante, y es que, en realidad, es la universidad la que impone cargas fiscales al gobierno por la investigación que sus profesores efectúan. De manera que, en la parte superior de mi solicitud de 35.000 dólares, debo añadir otros 15.000 que van a parar a las arcas de la universidad y de los que no veo ni un centavo. Es lo que se llama costes «de estructura» (o «indirectos»), y la cuota impositiva indicada en mi solicitud está en torno al 42 por ciento. Generalmente es distinta en cada universidad, y aunque en algunos de los centros más prestigiosos puede llegar al 100 por ciento, nunca he visto que baje del 30. En teoría, la universidad destina estos fondos al pago de las facturas del aire acondicionado, el arreglo de las fuentes de agua potable y el mantenimiento y reparación de los aseos, aunque en honor a la verdad he de decir que en el edificio donde se encuentra mi laboratorio todos esos servicios funcionan solo de manera intermitente.

Una vez sumadas las cargas adicionales, resulta que el coste total de la contratación de Bill durante tres años en este lamentable panorama asciende nada menos que a 150.000 dólares, lo cual nos deja un total de 15.000 para la compra de sustancias y equipo necesario para el trabajo más avanzado que realizamos en el laboratorio, o para contratar a algún alumno como ayudante, o para emprender algún viaje, o para asistir a seminarios y conferencias. Ah, y no olvidemos que, debido a las cargas fiscales de la universidad, solo dispongo de 10.000 dólares para gastos.

La próxima vez que tengas oportunidad de hablar con una profesora de ciencias pregúntale si no le preocupa que pueda haber algún error en sus descubrimientos. Si no le inquieta haber escogido una materia de estudio de resolución imposible o haber pasado por alto alguna prueba importante. Pregúntale si no le perturba la idea de que uno de los caminos no transitados fuese quizá el que llevaba a la respuesta correcta que todavía está buscando. Pregunta, pregúntale a una profesora de ciencias qué es lo que le preocupa verdaderamente. No tendrá que pensárselo mucho. Se te quedará mirando a los ojos y te dirá dos únicas palabras: «El dinero».

# 6

LAS PLANTAS TREPADORAS se van armando sobre la marcha. Las semillas que caen copiosamente desde lo alto del bosque germinan con facilidad, pero rara vez echan raíces. Maleables y frescas, buscan ansiosamente algo a lo que aferrarse, algún andamiaje que les aporte la fuerza de la que ellas carecen. Luchan por alcanzar la luz del sol, valiéndose de los medios que haga falta. Ellas no se atienen a las reglas del bosque: emplazan sus raíces en un lugar óptimo y dejan que sus hojas crezcan en algún otro sitio, optimizando su desarrollo de manera distinta, generalmente por encima de varios árboles. Son las únicas plantas de la Tierra que crecen más hacia los lados que hacia lo alto. Y es que las trepadoras roban. Sustraen tramos de luz que han quedado sin supervisión y se afanan riachuelos de lluvia. No son plantas que entren en una simbiosis comprensiva, sino que, en vez de eso, se hacen más grandes a la menor oportunidad. Para ellas, un sostén muerto es tan bueno como uno vivo.

La única debilidad de este tipo de planta es su propia debilidad. Ansía hacerse tan alta como un árbol, pero no tiene la firmeza necesaria para hacerlo de buenas maneras. Las trepadoras no encuentran su camino hacia el sol valiéndose de la madera, sino de su coraje y de su irreductible descaro. Una hiedra tiene miles de zarcillos frescos programados para envolverse en torno a cualquier cosa, siempre que sea lo suficientemente fuerte para aguantarla, al menos hasta que aparezca algo más robusto. Es una planta indómita capaz de improvisar como ninguna otra: si un zarcillo tiene que tocar suelo, se transforma él solo en una raíz; si llega a una roca, crece haciendo ventosa y pegándose con firmeza. No hay obstáculo ni adaptación a los que la planta trepadora no se pliegue con tal de hacer realidad sus fabulosas pretensiones.

Estas plantas no son siniestras, sencillamente tienen una ambición desmedida. Son las plantas más trabajadoras de la Tierra. Pueden crecer treinta centímetros en un solo día de sol. Por sus tallos mueven la mayor cantidad de agua que se ha registrado nunca. No te dejes engañar por la hiedra venenosa. Si encuentras en otoño alguna con unas cuantas hojas rojizas o amarronadas, no es que se esté muriendo; es una artimaña para desorientarnos con pigmentos distintos. Las trepadoras son de hoja perenne, lo que quiere decir que no se toman nunca un día libre: no disfrutan de las largas vacaciones de invierno de los árboles caducifolios a los que ellas con tanta maña escalan. Y lo más importante es que no florecen ni llevan semillas hasta que han llegado a un espacio soleado en lo alto del dosel, y por eso solo las más fuertes sobreviven.

En esta época nuestra en que el ser humano reina sobre la Tierra, las plantas más fuertes se están haciendo más fuertes aún. Las trepadoras no pueden apoderarse de un bosque sano: necesitan que haya alguna perturbación, algún desajuste, para poder establecerse. Un tajo abierto en el suelo, un tronco hueco, un espacio soleado en el que pueda entrar. Los seres humanos son los que más alteraciones provocan: nosotros aramos, asfaltamos el suelo, hacemos fuegos, talamos los árboles y excavamos pozos. Los suburbios y las grietas de nuestras ciudades solamente soportan un tipo de planta: la maleza, algo que crece rápido y se reproduce con furia.

Una planta que vive donde no debería es una plaga, pero una planta que crece donde no debería es una mala hierba. No es la audacia de la maleza lo que nos molesta. Lo que nos ofende es su apabullante éxito. Los humanos están creando con sus actividades un mundo en el que solo puede existir la mala hierba, y luego dicen estar sorprendidos y hasta indignados por encontrar tanta a su alrededor. Esta contradicción es a la postre irrelevante: en el mundo vegetal se ha puesto en marcha una revolución en la que las plantas invasivas suplantan sin ningún esfuerzo a las nativas en todos los espacios modificados por los humanos. Nuestra impotente condena de las malas hierbas no detendrá esta revolución. No estamos asistiendo a la revolución que quisiéramos ver hecha realidad, sino a la que nosotros mismos hemos desencadenado.

La mayor parte de las plantas trepadoras de América del Norte son especies invasivas cuyas semillas se importaron accidentalmente desde

Europa y Eurasia junto con el té, los tejidos, la lana y otros productos básicos que se enviaban al otro lado del Atlántico. Muchos de los que emigraron a Estados Unidos en el siglo XIX se labraron fortunas espectaculares en una tierra nueva. Liberadas del tormento de los insectos que, generación tras generación, se habían aprovechado durante milenios de su debilidad, aquellas plantas trepadoras se desarrollaron también sin restricciones en el Nuevo Mundo.

La que conocemos con el nombre de «kudzu» fue un regalo de Japón a la Exposición Universal de Filadelfia, celebrada en 1876. Desde entonces se ha extendido hasta cubrir un área equivalente al estado de Connecticut. Anchas franjas de kudzu orlan las autopistas del Sur de Estados Unidos a lo largo de miles de kilómetros. El kudzu se hace fuerte en el borde de la carretera, en los arcenes a los que arrojamos latas vacías y colillas de cigarrillo: es la basura viviente del mundo vegetal. El kudzu está siempre donde no debería estar, bloqueándonos la visión de nuestros hermosos cornejos floridos. Si nos metiéramos entre los desperdicios y sacáramos alguna planta veríamos que una sola rama de kudzu puede llegar a crecer hasta treinta metros, es decir, el doble de la altura de un bosque. El kudzu se rinde a su destino como planta parasitaria: sabe que no tiene otra posibilidad. Mientras el cornejo florece, firme y seguro a la espera de un nuevo y glorioso verano, el kudzu sigue creciendo con resolución una media de dos centímetros por hora, buscando su siguiente hogar temporal.

# 7

DESPUÉS DE VISITAR, a instancias de Albóndiga, el parque de Monkey Jungle y de recibir la epifanía de que no éramos más que monos en una casa de monos, todo empezó a cobrar sentido. Cuando estaba lejos del laboratorio, asistiendo a algún seminario o conferencia, eran los retorcidos *e-mails* de Bill los que me hacían tener presente todo lo que me gusta de mi trabajo, aunque estuviera atrapada entre hombres macilentos de mediana edad que me miraban como si fuera una pordiosera sarnosa que se había colado por la ventana del sótano. «Estoy segura de que debe de haber algún lugar en el que yo esté integrada», me repetía mientras comía, de pie y sola, de mi plato de bufé en el salón de baile de algún hotel de postín, se diría que propagando piojos, y totalmente excluida de las autocomplacientes anécdotas de los viejos tiempos en que los científicos se construían sus propios espectrómetros de masas.

Cada vez que volvía de algún viaje al Georgia Tech, procuraba consagrarme al trabajo con redoblado empeño. Empecé a reservar una noche en vela a la semana (los miércoles) para completar el papeleo que se me acumulaba mientras prestaba servicio en comités encargados de documentar la posible obsolescencia de las pizarras en las aulas. Allí me enteré de que las profesoras y secretarias de departamento eran el enemigo natural del mundo académico, ya que todas las mañanas de diez a diez y media gozaba del privilegio de entreoír, a través del fino tabique que separaba mi despacho de la sala de descanso, debates sobre mi orientación sexual y mis probables traumas infantiles. Así supe que, si bien necesitaba desesperadamente una faja, yo no estaba tan mal como otra profesora, que a base de trabajar sin descanso nunca iba a perder el sobrepeso del embarazo.

Por mucho que trabajara, no había forma de adelantar trabajo. La ducha se convirtió en un ritual bisemanal. Mis desayunos y almuerzos se vieron reducidos a un par de batidos nutritivos que guardaba en cajas debajo de mi mesa, y una vez, desesperada, me metí en el bolso una de las galletas en forma de hueso de *Reba* para tener algo que mordisquear durante un seminario y evitar así atraer la atención hacia los inevitables rugidos de mis tripas. El acné con el que no tuve que vérmelas en mi adolescencia decidió compensar el tiempo perdido con un debut fulgurante, y además me pasaba el día mordiéndome las uñas con ferocidad. Mis breves escarceos románticos me habían convencido de que sería relegada a la cesta de los saldos del amor; ninguno de los solteros que conocía podía entender por qué trabajaba todo el tiempo, y nadie quería oírme hablar de plantas durante horas. Comparado con la historia que me habían vendido sobre la edad adulta, todo en mi vida parecía una auténtica ruina.

Vivía en las afueras de la ciudad, justo donde acaba Atlanta y empieza el sur de Georgia. Había alquilado una caravana que estaba frente a 1.200 metros cuadrados de terreno no precisamente impoluto en el condado de Coweta, y pagaba un suplemento por el privilegio añadido de cuidar de una yegua provecta llamada Jackie. Suponía que esto compensaba los treinta y cinco minutos de desplazamiento al trabajo: siempre había querido tener un caballo, y el hecho de que hubiera acabado oficialmente la carrera y tuviera trabajo hacía que pareciera posible. Jackie era preciosa, y una fuente perfecta de consuelo espiritual en forma equina, que además se hizo rápidamente amiga de *Reba*. Mi única queja era que tanto mi vecino del lado oeste como mi casero habían pasado de mostrarse amistosos a darme mal rollo en el momento en que deshice las maletas.

Me desconcertaba que el cobertizo que hacía las veces de garaje de la caravana estuviera desbordado de pilas de grabaciones caseras en VHS. El casero me había puesto una excusa muy poco creíble para justificar que no guardase aquellas cintas en su propia casa, y yo, que tampoco necesitaba aquel espacio, me había encogido de hombros. Pero cuanto más lo pensaba, más me costaba concebir un motivo inocente por el que prefiriese guardar aquella enorme cantidad de vídeos tan lejos de su mujer e hijos. Además, se presentaba constantemente sin avisar para obsequiarme con comentarios sobre lo mucho que le fascinaba que una jovencita tan tierna como yo estuviera dispuesta a vivir sola en el bosque sin un arma de fuego a mano.

En la misma tónica, mi vecino del lado oeste se aficionó a pasarse por el terreno algunas tardes, simplemente para asegurarme que, aunque no diera la impresión de albergar esas intenciones, en un cursillo de primeros auxilios había adquirido la habilidad y experiencia necesarias para desgarrarme toda la ropa en menos de cuarenta y cinco segundos si lo consideraba preciso. Más adelante supe que, en Georgia, si alguien se te acerca vistiendo un peto sin camisa debajo, es muy improbable que vaya a pasar algo bueno.

Al cabo de un año, se encendió la luz de «revisar el motor» de mi primer coche. Como no tenía ni idea de lo que significaba, me lo tomé como una señal y cambié el maldito trasto por un Jeep de segunda mano, metí en él a mi perra y me mudé a la ciudad. Enseguida encontré alojamiento: un bajo largo y estrecho que Bill no tardó en bautizar como «la Ratonera», en el atlanteño barrio de Home Park. La Ratonera daba al patio de una acería en funcionamiento, y allí aprendí un montón de cosas interesantes, como, por ejemplo, que la fabricación de acero implica dejar caer planchas de metal desde una altura de cuatro metros a intervalos regulares durante toda la noche. Pasé un sinfín de esos anocheceres húmedos típicos de Georgia sentada en los escalones de la entrada trasera de la Ratonera, viendo iluminarse la punta de los cigarrillos de Bill entre tantos otros destellos de las luciérnagas e intentando desesperadamente concebir un plan B sobre un fondo musical de tambores industriales que marcaba el ritmo de mi inexorable avance hacia la menopausia.

Bill había corrido una suerte considerablemente más delirante que yo, aunque la sobrellevaba con bastante más despreocupación y mucho más aguante que yo la mía. Al aterrizar en Atlanta, descubrió con júbilo que el alquiler mensual de un tugurio sin salida de incendios en Georgia equivalía a la décima parte del alquiler mensual de un tugurio sin salida de incendios en California, pero después de diez asaltos contra las chinches confederadas estaba más que dispuesto a declarar su rendición, aunque no a admitir abiertamente su derrota. Se compró una furgoneta Volkswagen (del mismo amarillo que los excrementos de ganso) y yo le ayudé a mudarse allí, culminando la singular experiencia que supone cargar tus bártulos y ponerte en camino hacia...; en fin, hacia ninguna parte, puesto que ya está uno justamente en casa.

No habíamos recorrido una manzana en dirección a ninguna parte cuando oímos un golpetazo seguido del alarido de un gato, y así fue como supimos que estábamos atravesando la «felisfera», un ecosistema felino totalmente funcional que habíamos bautizado con ese nombre en honor al proyecto de Biosfera de la Universidad de Columbia, en Arizona. Era una casa antigua habitada por cientos de gatos —al parecer, autosuficientes— que patrullaban el barrio, y cuya actividad apenas se veía perturbada por el tráfico humano. Forcé a *Reba* a agacharse en el asiento de atrás, consciente de que la fanfarronería canina nunca resulta más trágica que ante la superioridad numérica.

—A esos gatos nunca les he gustado —sentenció Bill—. Ya desde el principio, no querían que me quedara a vivir aquí. —Sacó la cabeza por la ventanilla—. ¡Adiós, capullos peludos! —gritó—. Ya no podréis mearos en mis zapatos.

Era difícil localizar a Bill mientras estuvo viviendo en la furgo: los móviles no eran tan comunes en aquel entonces, y, por definición, Bill carecía de domicilio fijo. Si no estaba en el laboratorio, mi única opción era salir a dar vueltas hasta encontrarlo. Solía comprobar sus garitos favoritos, sabiendo que si veía la furgoneta él no andaría muy lejos.

—Bienvenida. ¿Puedo ofrecerte una bebida caliente? —me decía a modo de saludo, en posición de reposo, al entrar yo en la cafetería que él consideraba su «cuarto de estar». Estaba situada al lado de una lavandería («mi sótano»), y había ciertas garantías de encontrarlo ahí los domingos. Aquella mañana en concreto, estaba cómodamente sentado en un sofá afelpado frente a una chimenea de gas, leyendo el *New York Times* con un *latte* doble en la mano.

—Te has vuelto a cortar el pelo. No me gusta nada —observé.

—Ya me crecerá —aseguró él, frotándose la cabeza—. Fue un pronto de sábado por la noche, ya sabes.

Había ciertas cosas en la vida que Bill hacía lo indecible por evitar, y una era ir a la peluquería. La sola idea de la intimidad física inherente al proceso de cortarse el pelo le abrumaba, y desde que le conocí en California había lucido una melena larga, negra y reluciente que recordaba un poco a la de Cher. Visto por detrás, era bastante usual que le tomaran por una mujer, y a menudo soportaba insinuantes miradas de soslayo de los hombres que pasaban a su lado, que se transmutaban en sorpresa embarazosa y resentida en cuanto reparaban en su barba de tres días y en su viril mandíbula. Esto no ayudaba a mitigar su paranoia social, y, no mucho después de mudarse a la furgoneta, Bill compró una maquinilla eléctrica inalámbrica, de las que usan los barberos de verdad. Me llamó una noche a las tres de la madrugada al cabo de un mes más o menos para informarme muy emocionado de que se había afeitado la cabeza.

—Es muy liberador; me siento genial. El pelo largo es una puta gilipollez, me dan pena los tíos que lo llevan —dijo, expresando la absoluta convicción que se ve en los recién conversos.

—Ahora mismo no puedo hablar —balbuceé, y le colgué, nerviosa.

No me hacía gracia la idea de que Bill cambiara drásticamente, y aquello era demasiado para encajarlo. ¿Seguiría Bill siendo Bill sin todo ese pelo? Sabía que era un temor irracional, pero durante varios días sentí la necesidad de evitarlo. Lo vería pronto y me haría a la idea, pero no de esa forma, de repente. No dejaba de repetirme que el *shock* sería demasiado fuerte, por lo que no paraba de inventarme excusas y mostrarme esquiva. Bill lo notó, naturalmente, y estaba confuso.

Al final, me llamó desde una cabina en mitad de la noche. En cuanto descolgué, dijo:

—Guardé el pelo, ¿sabes? ¿Te sentirás mejor si lo ves?

Lo pensé, y decidí que probablemente sí.

—Vale la pena probar —convine—. Pasa a recogerme.

Bill llegó con la furgoneta y me monté, evitando el contacto visual.

—Está en el embalse —explicó, mientras girábamos en dirección norte para coger Howell Mill Road. Encontrar un sitio donde aparcar la furgoneta para toda la noche era un problema muy molesto, que Bill debía resolver a diario. Lo complicaba mucho el hecho de que el vehículo apenas andaba, por lo que aparcar y que se averiase venían a ser todo uno.

Diversos factores contribuían a la complejidad del problema. Por una parte, la furgoneta no tenía marcha atrás, de modo que cualquier sitio libre tenía que ser además lo bastante amplio para entrar y salir con una sola maniobra. Si alguien aparcaba delante, te quedabas allí bloqueado hasta que se fueran, y tenías que adivinar dónde aparcarían otros. Además tampoco tenía la primera marcha, así que hacía falta contar con una pequeña pendiente, pues, antes de arrancar por las mañanas, había que echar el vehículo a rodar. Y lo peor de todo: el arranque dejaba de funcionar en cuanto el motor se calentaba, y cada vez que parabas había que esperar al menos tres horas a que se enfriara lo suficiente para volver a arrancar. Repostar era una operación arriesgada, dado que no se podía apagar el motor mientras se llenaba el depósito. Echar gasolina no es por lo general una actividad muy emocionante, pero ver a Bill con la boquilla del surtidor salpicando encima del silenciador humeante del tubo de escape y con un cigarrillo colgándole de la boca hacía que el pulso se te disparara.

Serían las cuatro de la mañana cuando llegamos al mirador del embalse, donde, a decir verdad, tampoco había gran cosa que mirar. Bill siguió conduciendo hasta un altozano y paró la furgoneta (que no el motor) en una ligera inclinación del terreno, mirando hacia abajo.

—¿Aquí está bien? —dijo, llevando la mano a la llave de contacto. Me estaba preguntando en clave, antes de apagar el motor, si aquel me parecía un buen sitio para echar tres horitas.

—Vinimos al embalse a vivir deliberadamente. —Indiqué mi asentimiento parafraseando a Thoureau. Bill solía referirse al embalse como su «refugio de fin de semana», ya que, técnicamente, era agua rodeada de árboles y los sábados y domingos no había apenas vigilancia policial. A la cruda luz del día, era un embalse cuadrado y feo, cercado por una valla de cuatro metros de alto, agujereada por el óxido aquí y allá, con algunos árboles dispersos a su alrededor, medio pelados y asediados por el kudzu.

Bill apagó el motor, sacó las llaves y señaló con ellas al frente.

—El pelo está ahí dentro —me dijo.

—¿Dónde? —pregunté, no muy segura de qué estaba señalando.

—Ahí dentro —repitió, apuntando concretamente a un ocozol grande situado a unos tres metros de la furgoneta.

Salí y me acerqué al árbol. Comprendí que probablemente se refería a uno de los huecos horadados en el tronco.

—Mete la mano, está ahí mismo —me azuzó.

Seguí parada, pensándomelo un rato.

—No —respondí—. Preferiría no hacerlo.

—Pero bueno, ¿qué problema tienes? —dijo Bill, exasperado—. Te comportas como si no fuera lo más normal del mundo que un tío se rape la cabeza y luego guarde el pelo en un árbol muerto de la parte menos recomendable de la ciudad. Dios mío, estás colgada.

—Ya lo sé, ya lo sé —admití—. No eres tú, soy yo. —Guardé silencio un momento, sondeando mi inconsciente—. Supongo que es solo que no me gusta la idea de que hayas cortado, así, sin más, una parte tan grande de ti y la hayas tirado —dije tratando de explicarme lo mejor que pude.

—¡Bah! ¡No me digas! —exclamó, irritado—. ¡Ni a mí! ¡Joder, claro que no! Por eso lo guardo aquí. No soy un salvaje, maldita sea.

Metió la mano en el hueco y sacó una mata enorme de pelo negro. La levantó y la sacudió a la luz de una bombilla fluorescente que zumbaba colgada en lo alto de un poste cubierto de pintadas. Me quedé pasmada mirándola.

—Es magnífico —tuve que reconocer, y con entusiasmo.

Me impresionaban tanto el brillo como el simple volumen de la mata; desde más lejos, podría pensarse que estaba despidiéndose de alguien agitando un gato muerto.

Nos miramos y rompimos a reír. Desde entonces, cada vez que se rapaba la cabeza, guardaba el producto resultante en el mismo árbol, y de vez en cuando íbamos a verlo a altas horas de la noche. Era un ritual reconfortante, aunque estaba convencida de que al final a uno de los dos acabaría mordiéndole la mano un mapache cuando fuera a cogerlo.

Las noches que íbamos a ver el pelo, solíamos sentarnos por allí y darle vueltas a un libro infantil basado en la vida de Bill, que —y en esto estábamos de acuerdo— contenía material de lo más jocosamente inapropiado para tal propósito. Esta entrega en concreto se titularía *El árbol receptor*, y trataba de una figura paterna en forma arbórea que, al ir cediendo sin darse cuenta a su voracidad, devoraba poco a poco a sus descendientes. En uno de los capítulos intermedios, el Chico protagonista, recién entrado en su pubertad, visita al Árbol con la esperanza de encontrar en sus brazos un refugio del mundo cruel de la adolescencia.

—Veo que te está saliendo pelo en el pecho —le dice el Árbol—. Aféitatelo y dámelo —le pide como quien no quiere la cosa.

Hacia el final de la historia, el Chico se ha hecho anciano y se ha quedado completamente calvo por la edad y las preocupaciones,

—Los mapaches van a volver a criar; necesito más pelo —dice el Árbol.

El Chico menea la cabeza disculpándose.

—Lo siento, pero no tengo más pelo que darte, porque soy un viejo calvo.

—Entonces, mete el brazo en el hueco, y los mapaches te lo mordisquearán. El brazo de un viejo también lo pueden masticar —sugiere el Árbol.

—Sí —conviene el Chico—. Quedémonos juntos, pues; me apoyaré en ti y les dejaré mordisquearme un rato.

Al final del libro, la acción se resuelve en una emotiva estampa de sacrificio personal.

—¡Esto es puro Caldecott! —comenté una noche, tras una sesión de relectura especialmente productiva.*

Bill aún no llevaba seis meses viviendo en la furgoneta cuando una noche, a las tres y media de la madrugada, llamó a mi puerta. Entró y fui a servirle una taza del café que acababa de hacer.

Aquel verano no estaba yendo bien. «La vida es dura», decía Bill a menudo, con un suspiro melancólico. En Georgia, muchos días hacía treinta y dos sofocantes grados a las ocho y media de la mañana, lo que hacía del todo imposible dormir dentro de un vehículo hasta una hora normal. Bill combatía el calor con ingenio. Encontró aparcamiento en la plaza P3 del campus, en la que podía colocar de lado la furgoneta bajo las ramas de un sauce sin podar, consiguiendo así a la vez disimulo y sombra. Tapó todas las ventanas, incluido el parabrisas, con papel de aluminio, colocando el lado reflectante hacia fuera. Así mantenía el interior tolerablemente fresco hasta que el sol lucía de lleno.

Yo me cruzaba con Bill muy temprano, en ocasiones a las siete y media de la mañana, y lo veía dando vueltas por el laboratorio medio grogui con un matraz lleno de agua en cada mano. Según sus propias palabras, había tenido que salir hacía una hora, «antes de cocerse», y estaba,

* Randolph Caldecott fue un ilustrador inglés de libros infantiles del siglo XIX, que da nombre a la Medalla Caldecott, el premio de literatura infantil más prestigioso de Estados Unidos. *(N. de la T.)*

como de costumbre, «superlativamente reseco». Las noches deshidratantes que pasaba se veían exacerbadas por su costumbre de dejar de ingerir líquidos en torno a las seis de la tarde; en la furgoneta no tenía posibilidades de orinar, y resoplaba despectivamente ante la idea de utilizar los arbustos. «Tengo unos mínimos estándares de conducta», declaraba altivo.

La noche que se presentó en mi casa, su sueño se había visto dramáticamente interrumpido. Siempre nos había maravillado que nadie pareciera reparar o dar importancia a que su inquietante furgoneta estuviera aparcada siempre en la plaza P3, pero al final resultó que ni lo uno ni lo otro eran cierto: concretamente, la policía del campus sí que reparó en ella. Una noche, estaba Bill dormido en medio de un charco de su propio sudor, cuando le despertaron unos golpes enérgicos en el parabrisas. Fuera se oía el estridente sonido de la sirena de un coche patrulla sobre el fondo entrecortado del de la radio BC.* Abrió la puerta corrediza de la furgoneta.

Su aspecto no era el de un ciudadano especialmente modélico: el día anterior quiso afeitarse la cabeza, pero se quedó a mitad de faena porque se agotaron las pilas de la maquinilla, así que parecía haberse escapado de un manicomio. La furgoneta apestaba, como es habitual en alojamientos de ese tipo, y por los asientos de atrás estaban desparramadas las tripas de un televisor portátil; lo había desmontado para manipular los cables. Deslumbrado por la luz de una linterna, oyó una voz incorpórea que decía: «Señor, ¿puede mostrarnos algún documento de identidad?».

Cuando hubieron comprobado hasta su completa satisfacción que en la furgoneta no había nada siniestro, Bill les enseñó su carnet de conducir, su identificación universitaria, su pasaporte y hasta la bolsa con cremallera donde había guardado la reciente cosecha de pelo del lado izquierdo de su cabeza. Poco después, recibí una llamada de la policía pidiéndome que confirmara que Bill era mi empleado.

—Le hemos encontrado durmiendo en una furgoneta aparcada en el campus —me explicaron por teléfono.

—Sí, en la plaza P3 —corroboré—. Debajo del sauce.

* Banda Ciudadana. *(N. de la T.)*

Una vez que se convencieron de que Bill no suponía una amenaza para nadie, y que, ciertamente, no había hecho nada delictivo, la policía le ofreció todo tipo de disculpas por haber interrumpido su descanso nocturno. Lo cierto era que no tenían más remedio que despertarlo, era su trabajo, y, en fin, ya sabemos cómo son estas cosas. Bill les aseguró que no les guardaba rencor.

—Ya sabe que en el campus hay un teléfono de emergencias, al pie de la colina —le recordó uno de ellos en tono paternal—. No deje de usarlo si alguna vez necesita algo.

Cuando se hubieron marchado, Bill se vistió y se pasó por mi casa, suponiendo que agradecería que me explicara a qué había venido aquella llamada.

—No sé cómo te lo puedes tomar con tanta calma —dije furiosa—. Eres exactamente la clase de tío al que podrían imputarle algún cargo si quisieran... ¿Un tipo raro y solitario que regularmente mete partes de su cuerpo en un árbol?

—Vamos, mujer. No tengo nada que ocultar. No me drogo y no me meto en líos. Está claro que irradio normalidad —dijo, y tuve que admitir que, a su manera, estaba en lo cierto.

Ninguno de los dos nos habíamos drogado jamás, ni siquiera en nuestros años en Berkeley. De hecho, ni siquiera bebíamos cerveza en las excursiones de campo, algo prácticamente inaudito en el ámbito de las ciencias de la Tierra. Yo había hecho algunas fotocopias con el código del anterior usuario del departamento, pero eso era lo peor que podía imputárseme en lo que llevábamos de semestre.

—Bueno, dices muchos tacos —repliqué, resistiéndome a darle toda la razón. Bill convino en que en eso probablemente tenía toda la puta razón—. Y mírate: pareces el segundo advenimiento de Cabeza Borradora; suerte tienes de que no te encerraran solo por eso.

Estaba enfadada y asustada. Luego suavicé el tono:

—Escucha, ya sé que todo esto es culpa mía —dije—. Es porque lo que te pago no da para vivir. Pero es que no puedo; al menos, de momento. Pero pronto..., creo que pronto, nos van a dar una beca bien gorda.

Pensé en algo más que decirle para que mi promesa no sonara a hueca.

—En todo caso —añadí—, esto ha sido la gota que colma el vaso. Estoy harta de pasarme las noches preocupada por ti. Tienes que encontrar un sitio donde vivir. —Me devané los sesos en busca de una solución—. Ya te doy yo el dinero.

Bill encontró un sitio donde vivir. A lo largo de la semana siguiente se mudó al laboratorio. Dormía en uno de nuestros despachos para estudiantes, el que nadie quería utilizar o pisar siquiera. No tenía ventanas ni ventilación, por lo que había absorbido el olor corporal de todo el que había trabajado alguna vez en el edificio, lo había fermentado en los paneles del techo y lo iba exudando como una rara fragancia. Él lo llamaba «la caja caliente», porque estaba perpetuamente tres grados por encima del resto del viejo edificio, que tenía buena calefacción y mala refrigeración.

Improvisó una cama y una cómoda al abrigo de un viejo escritorio y adoptó el hábito de dormir con una camiseta y unos calzones caqui (su «pijaqui») para poderse levantar inmediatamente si entraba una secretaria o un bedel diciendo que solo estaba descansando los ojos mientras realizaba un experimento bastante largo. Este arreglo era casi ideal, salvo por el hecho de que la caja caliente estaba ubicada cerca de la entrada principal del edificio, y a Bill le costaba dormir, sobre todo a partir de las nueve de la mañana, cuando entraban infinidad de personas que abrían y cerraban constantemente las puertas. Para combatir el ruido, cambió y engrasó las bisagras más grandes, pero no sirvió de mucho. Tras una noche que se había acostado especialmente tarde, colgó carteles que decían PUERTAS ROTAS. SE RUEGA UTILICEN LA ENTRADA TRASERA, pero solo duraron hasta que alguien llamó a mantenimiento y estos constataron que no había ningún problema.

Llenaba de comida congelada los congeladores de muestras biológicas, y el grueso de sus provisiones lo guardaba en la nevera de las secretarias, hasta que estas se quejaron por las tres sandías que había comprado en Kroger a un precio evidentemente irresistible. Cuando sopesaba los pros y los contras de su alojamiento, Bill parecía bastante satisfecho, excepto por una cosa: la falta de un lugar privado donde ducharse. Se montó una especie de bidé en el lavadero del cuartito donde el encargado de la limpieza guardaba las fregonas, pero tenía que sujetar siempre la puerta entreabierta para no quedarse encerrado mientras lo usaba. Por más vueltas que le dimos, no se nos ocurrió ninguna coartada convincente que en un momento dado pudiera explicar qué hacía allí desnudo y enjabonado a las tres de la madrugada, y creo que eso potenció su tendencia natural a la paranoia.

Un día, se disparó la alarma de incendios del edificio en torno a las once de la mañana, y al salir de mi despacho vi a Bill arrastrando los pies entre el tumulto de gente que participaba en la evacuación, descalzo y con su pijaqui, con el pelo levantado en todas direcciones y un cepillo de dientes colgándole de la boca. En cuanto salió del edificio, fue dando tumbos a escupir la espuma del dentífrico en el macetero de geranios del alféizar de una ventana.

Me acerqué y le saludé.

—Uf, tío. Pareces Lyle Lovett recién fugado de algún sitio.

Bill se puso a darle repetidamente a la ruedecilla de su mechero casi vacío, intentando sacarle una última llama.

—Si tuviera un barco —masculló con el cigarrillo en la boca—, me haría a la mar.

Como no tenía ningún otro sitio adonde ir, Bill pasaba todo su tiempo en el laboratorio, trabajando unas dieciséis horas al día. Por pura disponibilidad, no tardó en convertirse en consejero y confidente de todo el mundo. Ayudaba a los estudiantes a arreglar sus bicicletas o a cambiar el aceite a sus viejos coches, repasaba con ellos sus impresos 1040EZ antes de presentarlos a Hacienda y trataba de averiguar dónde debían presentarse si tenían que formar parte de un jurado, y todo lo hacía sin dejar de despotricar. Cuando los estudiantes le contaban su vida, con ese encanto que solo tienen los universitarios de primer ciclo con sus veinte años aún por cumplir («¡El armario de mi habitación tiene una tabla de planchar incorporada! ¿Qué te parece?»; «No te lo vas a creer, ¡voy a ser ayudante de producción del programa de post-reggae-punk de las cuatro menos cuarto de la madrugada de la emisora del campus!»; «El día de Acción de Gracias, cuando mi padre dijo que no le sonaba el nombre de Gertrude Stein, me quedé como diciendo: "Pero ¿quién es esta gente?"»), él les escuchaba sin juzgarlos. Tampoco les correspondía jamás hablando de sí mismo, pero los estudiantes estaban demasiado absortos en la tarea de ser jóvenes adultos como para darse cuenta.

Por regla general, Bill no me hacía partícipe de las historias de los estudiantes, pero sí que se aseguraba de contarme las más jugosas. Karen, por ejemplo, era una estudiante de primer ciclo que nos ayudaba en el laboratorio porque quería que en su currículum figurara su experiencia investigadora, para reforzar su solicitud de ingreso en la facultad de Veterinaria. Su objetivo último era trabajar con animales en peligro de extinción que fueran liberados de su cautividad, y ayudar a repatriarlos a su entorno originario. En verano nos dejó para aceptar un codiciado puesto de becaria en el zoo de Miami, donde descubrió que en realidad lo que hacen los cuidadores del zoo es un mantenimiento rutinario de la higiene, y que si hay algo peor que un animal que no aprecia esa labor es precisamente uno que sí lo hace.

Como estaba en el escalón laboral más bajo, la pusieron a trabajar en el recinto de los primates. Su cometido era aplicar crema antiinflamatoria en los genitales de los monos, que precisaban alivio diario debido a su uso constante e indiscriminado. Una vez que los monos la reconocieron como su nueva dispensadora de consuelo, se dedicaron a hostigarla en cuanto entraba en el recinto. Bill y yo apenas podíamos dar crédito a esta historia cuando Karen nos la contó porque era demasiado increíble, pero aún se ponía mejor. Parece ser que un mono ha de tener el corazón de piedra para permanecer insensible a unas buenas friegas de bacitracina, y la mayoría demostraron ser considerablemente receptivos a las reticentes manipulaciones de Karen.

El zoo la había equipado con un equipo protector de plástico cuyo propósito era desincentivar a los sujetos confiados a su cargo para que no se agarraran a ella y embistieran impetuosamente contra su persona, pero no era efectivo al cien por cien. El lado bueno del trabajo era que sus muchas clases de comportamiento animal le dieron la inspiración necesaria para condicionarlos con respecto al concepto de «agujero de la gloria»; el lado malo, que verlos cada mañana a primera hora formados en fila «presentando armas» bastó para hacerla reconsiderar seriamente lo de hacer carrera en la medicina veterinaria. Al concluir su periodo de becaria, volvió a nuestro laboratorio tras haber decidido que quizá la botánica, después de todo, no fuera tan aburrida.

Aunque nos pasábamos la vida en el campus, no conocíamos a todo el mundo. Había un tipo llamativamente pálido que asistía al seminario con regularidad. Se sentaba siempre solo, al fondo del todo, en un extremo de la última fila. Era de complexión blanca cerúlea, y tenía el pelo largo y también blanco, pese a que aparentaba ser como mucho de mediana edad. Se colaba en el aula en el último momento y al acabar se escurría el primero, saltándose cualquier tentempié y toda posible conversación. Nunca le vimos en otras circunstancias, no le oímos decir ni una palabra ni interactuar con nadie. Decidimos que vivía en el ático del edificio y empezamos a llamarle Boo Radley. Un día intenté seguirlo: me escabullí pronto de la sesión de preguntas para estar preparada para seguirle, pero, no sé cómo, le perdí de vista en la confusión del éxodo masivo.

Me entregaba a especulaciones interminables sobre Boo —su probable reacción a cada seminario, su pericia y experiencia, su fortuna personal— y luego maquinaba tácticas mediante las que podríamos ponerlo al descubierto, entrometernos en su intimidad y averiguar todo lo que yo quería saber. Bill nunca mostró el menor interés en mis intrigas. Una noche, estaba tranquilamente sentado en los escalones de la entrada del edificio cuando volví sobre el asunto, señalando alborotada la única ventana que seguía iluminada, la de un despacho del tercer piso.

Él miró la luz y luego a las estrellas. Dio una larga calada a su cigarrillo, echó el humo y dijo:

—No sé, Scout. El tipo es quien es. Creo que prefiero no saber nada más. Me basta con saber que está allí arriba, y que intervendrá para salvarnos si alguna vez pasa algo muy malo.

Bill aplastó el cigarro en la acera, me miró y se quitó su chaqueta de borreguillo. Me la tendió para que me la pusiera antes de que yo misma me hubiera dado cuenta siquiera de que tenía frío.

# 8

UN CACTUS NO VIVE EN EL DESIERTO por placer; vive allí porque el desierto aún no lo ha matado. Cualquier planta que se encuentre en el desierto crecerá mucho mejor si la sacamos de allí. El desierto es como muchos barrios peligrosos: el que vive allí lo hace porque no tiene posibilidad de mudarse. Agua escasa, luz excesiva y calor desorbitado: estos son los inconvenientes del desierto, todos llevados al extremo. Los biólogos no dedican muchos estudios al desierto, porque las plantas suponen tres cosas para la sociedad humana: alimento, medicina y madera. Ninguna de las tres puede obtenerse del desierto. En consecuencia, un botánico del desierto es sin duda una rareza entre los científicos, y acaba resignándose a la miseria de su objeto de estudio. Personalmente, no tengo agallas para lidiar con esa penuria un día sí y otro también.

En el desierto, un estrés potencialmente mortal no es una crisis; es una característica normal del ciclo vital. El estrés extremo es un elemento intrínseco del paisaje, no algo que una planta pueda eludir o atenuar. La supervivencia depende de la capacidad del cactus para soportar reiteradamente largos periodos de cruda y letal sequedad. Si te topas con un cactus de barril tan alto que te llegue a la rodilla, es probable que tenga más de veinticinco años. Los cactus crecen muy despacio en el desierto; y eso, en los años en que crecen.

El cactus de barril tiene pliegues como los de un acordeón, y al fondo de esos pliegues están los poros por los que entra el aire y se evapora el agua. Cuando la sequedad es extrema, el cactus se desprende de sus raíces para evitar que el suelo reseco le vuelva a chupar el agua que había extraído de él. Puede vivir cuatro días sin raíces y, no obstante, seguir creciendo. Si sigue sin llover, el cactus empieza a encogerse, y a veces se sigue encogiendo durante meses, o hasta que todos sus pliegues se hayan cerrado. Sus espinas forman un pelaje denso y peligroso que protege lo que para entonces es una bola vegetal dura y desraizada. En ese estado, el cactus puede permanecer varios años sin crecer, en espera de la lluvia, soportando además el azote permanente del sol. Cuando finalmente llueva, en veinticuatro horas se verá si recupera su plena funcionalidad o resulta estar muerto.

Hay aproximadamente un centenar de especies conocidas como «plantas de resurrección». No están emparentadas, pero en cada una de ellas se ha desarrollado de algún modo un mismo proceso. Las hojas de estas plantas de resurrección pueden desecarse hasta quedar reducidas a tiras de papel, aparentar estar muertas durante años y luego rehidratarse y volver a funcionar con toda normalidad. Es su singular bioquímica lo que les permite hacerlo, una característica accidental y que desde luego no eligieron. A medida que se marchitan, sus hojas se llenan de sacarosa concentrada, un azúcar espeso que van soltando durante el secado. Esa especie de sirope estabiliza y preserva las hojas, incluso cuando acaban drenadas por su verde clorofila.

Las plantas de resurrección suelen ser de reducido tamaño, no más grandes que un puño. Son feas, pequeñas, inútiles y especiales. Cuando llueve, sus hojas se hinchan, pero no adquieren un tono verde hasta pasadas cuarenta y ocho horas, porque les cuesta activar la fotosíntesis. Durante esos extraños días de su despertar, la planta vive de puro azúcar concentrado, de esa intensa infusión de dulzor, la sacarosa acumulada durante un año que vuelve a correr por sus venas en apenas un día. Esta planta diminuta ha hecho lo imposible: ha trascendido el pardo amojamamiento de la muerte. El milagro no puede perpetuarse, por supuesto, y al cabo de uno o dos días todo vuelve inevitablemente a la normalidad. Esta vida enloquecida se cobra un precio, y, a la larga, hasta una planta de la resurrección se marchita y muere del todo. Pero durante un corto y glorioso periodo, conoce algo que ninguna otra ha conocido jamás: cómo crecer sin ser verde.

# 9

UNA MANÍA EXACERBADA te permite ver el otro lado de la muerte. Aparece de forma inesperada y profundamente visceral, por más veces que ya hayas pasado por lo mismo. Empiezas sintiendo en tu cuerpo la premura de un mundo nuevo a punto de eclosionar. Tus vértebras parecen separarse unas de otras, y hasta tienes la impresión de que tú mismo te estiras como si quisieras llegar hasta la luz del sol. No oyes nada más allá del zumbido rugiente de la sangre que te inunda la cabeza, impulsada por la furia de un orgasmo prolongado hasta lo inverosímil. Durante los tres días siguientes tendrás que gritar para oír tu propia voz por encima de ese zumbido. Nada, absolutamente nada, suena tan fuerte ni deslumbra tanto ni se mueve tan rápido. Te parece ver el mundo por una lente de ojo de pez; tu visión es borrosa, con destellos de luz brillante alrededor. Has recibido una descarga brutal de novocaína y sientes un hormigueo fugaz por todo el cuerpo, que inmediatamente se vuelve flácido, ajeno e irreal. Levantas los brazos y son como los pétalos carnosos de un lirio espléndido que estalla en floración. Y de pronto comprendes en lo más profundo de tu interior que ese mundo nuevo a punto de eclosionar eres *tú*.

La noche más profunda deja de ser oscura (¿por qué creíste alguna vez que la noche era oscura?). La oscuridad de la noche es una de las muchas cosas increíblemente tontas en las que antes creías pero contra las que despunta una revelación gloriosa y multidimensional. Pronto dejas de registrar el tránsito de los días a las noches porque ya no necesitas dormir. Como tampoco necesitas comer ni beber ni abrigarte las orejas con un gorro ante el frío invernal. Lo que necesitas es correr. Necesitas sentir el aire en tu piel. Necesitas quitarte la camiseta y correr para sentir el aire. Y todo eso se lo explicas a la persona que te sostiene, le dices que no pasa nada no pasa nada no pasa nada porque hagas esas cosas, pero él no lo entiende y su cara expresa consternación, como si se hubiera muerto alguien, y sientes lástima por él porque no comprende lo maravilloso que es todo y que todo está bien está bien está bien está bien.

Así que explicas cómo es la cosa y él no lo pilla, y tú le cuentas más y más de otra manera y él en realidad ya no te escucha y te pregunta si no tienes nada para remediar esto y te pregunta que por qué no te tomas un poco, y tú le explicas que no quieres eso, que necesitas sentir esto, y él no lo pilla y por eso le dices con muy mala baba: «Largo, vete vete vete». Y al final lo hace. Pero no pasa nada porque no querías herirle, y luego se lo explicarás todo y él lo entenderá porque todo tendrá entonces sentido, y él se alegrará también cuando comprenda que está a punto de pasar algo maravilloso y que sería un pecado impedir que pasara.

Y entonces viene lo mejor. Es la elevación final. No se ha disuelto solo el peso de tu cuerpo, sino también toda la aflicción colectiva de este mundo antiquísimo y agotado. El hambre, el frío, la desdicha, la desesperanza de todo ser humano herido por los demás parece que tengan arreglo y solución. No hay nada, nada, absolutamente nada que no vaya a ser trascendido. Y tú eres la enaltecida, la única de entre miles de millones de personas que está totalmente liberada del peso del dolor existencial con que todos deben cargar. El futuro será espléndido y pródigo en milagros, y tú ya puedes saborear su advenimiento.

No te da miedo la vida ni te da miedo la muerte. Nada te da miedo. No hay tristeza ni dolor. Sientes que tu inconsciente está formulando las respuestas a todas las búsquedas desdichadas a las que el hombre se ha lanzado alguna vez. Tienes las pruebas incontestables de la existencia de Dios y de la creación del universo. Eres aquella a la que el mundo esperaba. Y se lo devolverás todo; vas a verter todo lo que sabes y a chapotear después hundida hasta las rodillas en espeso y viscoso amor, amor, amor.

Cuando muera, solo en segundo término identificaré el Cielo por estos sentimientos, y en primer término porque no puedan tener fin. Mientras esté confinada a esta vida siempre tendrán fin, y lo que venga después, como cualquier resurrección, no lo hará sin cobrarse un precio.

Mientras esta gran manguera cósmica contra incendios te baña en epifanías, te sobreviene la imperiosa necesidad de documentarlas y de generar así un manual inspirado para todos esos mañanas perfectos. Por desgracia, ahora es también cuando la realidad cierra filas y conspira en serio para frustrar tus intenciones. Te tiemblan tanto las manos que no puedes sostener el bolígrafo. Sacas una grabadora y le das a la tecla de *record* y llenas un casete tras otro. Hablas hasta que escupes sangre, con una tos ronca, y das vueltas como un animal enjaulado hasta que caes desmayada. Luego te levantas, cambias el casete y continúas, porque estás muy cerca de algo, a punto de conseguir alguna prueba o una evidencia desesperada de que tu vida pequeñita estaba destinada en realidad a algo menos confuso y que valía más la pena.

Y luego hay demasiado ruido y demasiada luz, y hay demasiadas cosas y demasiado cerca de tu cabeza, y gritas, gritas, gritas para espantarlo. Y entonces aparece alguien que te coge de la mano y dice «Ay, Dios, cómo ha pasado esto y qué es este pelo. Dios bendito, hay un diente tuyo en el suelo», y te limpian la sangre y los mocos. Y te embuchan solo una pastilla para dormir y te duermes y te despiertas y te meten otra pastilla para dormir como si dieran de comer con un cuentagotas a un polluelo de petirrojo herido que se ha caído del nido. Horas o acaso días más tarde despiertas a una tristeza gris que te deja enmudecida en una insensibilidad silente y llorosa y te preguntas por qué, por qué tú, por qué estás sufriendo este castigo.

Finalmente, el miedo vence a la tristeza y descorres la losa, sales arrastrándote de la tumba para evaluar los daños y haces lo que debe hacerse. El miedo vence a la vergüenza y conciertas una cita con el médico para suplicarle y sacarle más pastillas para dormir porque será tu única reserva para la próxima vez, la próxima vez, la próxima vez.

Y por suerte, por una suerte tonta, o por tiempo o por casualidad o por obra de la providencia o de Jesús, o qué más da por qué, resulta que tienes la cita en el mejor hospital del mundo y un médico que te mira con severidad y dice «No tienes por qué vivir así». Y te hace preguntas hasta que se lo has contado todo, y no está horrorizado ni enfadado, ni tan siquiera sorprendido; dice que son cosas que le pasan a la gente y que luego salen adelante. Te pregunta qué te parece lo de las medicinas y le dices que no te da miedo nada que esté hecho en un laboratorio. Sonríe y describe los medicamentos uno por uno y te dan ganas de ponerte de rodillas y besarle la mano como un perro de lo agradecida que estás. Este médico es tan listo, seguro y experimentado que empiezas a albergar la esperanza de que tal vez no sea demasiado tarde para convertirte por fin en lo que estabas llamada a ser.

Al cabo de unos años, mientras te preparas para mudarte a la otra punta del mundo, encuentras el montón de casetes en el fondo de tu armario. Sabes que no te los vas a llevar contigo. Vas destripándolos uno tras otro, tirando de bobinas enteras de reluciente cinta marrón. Una maraña ensortijada es todo lo que queda del éxtasis desmadrado de aquellos días de angustia y expiación. Te quedas sentada una hora y juras que intentarás querer todo lo que queda de aquella pobre niña enferma que noche tras noche grababa sus propios gritos, con solo una máquina que la oyera. Decides que esta maraña de plástico, aunque esté muerta, sigue siendo valiosísima, que es la placenta que estuvo adherida a ti mientras te retorcías en las tinieblas esperando el momento de nacer. Te levantas, la llevas afuera y la entierras debajo del magnolio. Vuelves a entrar en casa y haces el equipaje con todo lo que vas a llevarte, y tratas de perdonarte por lo que dejarás atrás.

Pero hasta que llegue ese día de salud y sanación aún han de pasar muchos años en mi historia, así que volvamos a Atlanta en 1998 y seguiré describiendo cómo gira el mundo cuando la manía es tan fuerte y omnipresente como el sentido de la gravedad.

# 10

—¿DÓNDE COÑO HAS ESTADO? —me gritó Bill cuando dobló la esquina y me vio de pie en el laboratorio. Yo pestañeé, aturdida.

—Estaba de bajón —respondí, tratando de sonar despreocupada, pese a que me ahogaba de vergüenza. Me había pasado treinta y seis horas llorando en la cama tras venirme abajo después de mi último episodio de manía frenética, desencadenado esta vez por las inyecciones de corticosteroides necesarias para aliviar una reacción alérgica aguda. Habíamos estado estudiando plantas a lo largo del río Misisipi, viajando por Arkansas, Misisipi y Luisiana al tiempo que intentábamos reunir (sin salir muy perjudicados) muestras de un despliegue de hiedras venenosas increíblemente exuberante.

Durante el proceso de fotosíntesis, las plantas sudan, y nuestros libros de texto nos enseñan que, al igual que nosotros, cuanto más calor hace, más sudor exhalan. A lo largo del Misisipi hay miles de árboles de las mismas especies creciendo en un gradiente regular de temperatura: cuanto más al sur, más calor hace. Habíamos desarrollado un método para medir los índices de sudoración comparando la química del agua del tallo con la del agua del interior de las hojas, que es donde se produce la sudoración (o «evapotranspiración»). Para sorpresa nuestra, descubrimos que, a medida que la primavera daba paso al verano, los índices de sudoración disminuían en lugar de aumentar, pese a que en todos los emplazamientos hacía cada vez más calor. No le veía el menor sentido, pero lo cierto era que, cuanto más sudaba yo dándole vueltas, menos sudor había en los árboles.

Ya habíamos hecho la excursión de campo tres veces, y mi reacción alérgica a la hiedra venenosa cada vez iba a peor. A pesar de todo, seguíamos adentrándonos ansiosos en los terrenos plagados de hiedra venenosa que nos llegaba a la cintura para encontrar los obstinados árboles de los que las veces previas habíamos tomado muestras. Yo ni quería ni podía suspender el estudio, y el picor espantoso que sentía no era nada comparado con la desazón que me embargaba cada vez que una serie de datos resultaba ser completamente distinta de como debiera.

Durante nuestra última excursión me había salido una erupción galopante que se me extendió por el cuello y hasta por la cara, provocándome un edema enorme en la sien derecha que, además de hacer que pareciera el Hombre Elefante, me comprimió el nervio óptico del ojo derecho hasta provocarme una pérdida parcial de visión. Supe que pintaba fatal cuando Bill dejó de tomarme el pelo llamándome «Cara de Melón», y al llegar a Poverty Point («Punto de Pobreza», existe un pueblo en Luisiana que se llama así) dimos media vuelta, enfilamos hacia Atlanta en un ambiente de tensión creciente y no paramos hasta que me dejó en la sala de urgencias del hospital Emory.

Tras obtener mi consentimiento escrito para que me hicieran fotografías («porque es posible que publiquemos esto»), los médicos me pusieron una inyección de metilprednisolona y luego entraron las cámaras. Me hicieron posar desde distintos ángulos envuelta en papel de seda y luego fueron disparando mientras yo trataba de contener la risa ante la absurda idea de que nuestro aventurado estudio botánico pudiera acabar, después de todo, dando pie a una publicación científica.

Al cabo de varias horas más de espera, caí en la cuenta de que no llevaba dinero para volver a casa en taxi y empecé a lamentar no haberle pedido a Bill unos dólares cuando me dejó en el hospital. La Ratonera estaba al oeste de allí y, según mis cálculos, quedaba a unos ocho kilómetros.

Seguí postrada en la cama, envainada en papel, hasta que empecé a comprender que debía de estar espectacular, fabulosa seguramente. Fui al lavabo, me miré al espejo y decidí que ya podía irme, porque era improbable que en Ponce de León Avenue fuera a ser yo el personaje más estrambótico, especialmente a aquellas horas de la noche. Para cuando llegué a la sala de enfermería, también estaba bastante segura de ser el próximo mesías.

El caso es que al final me dieron el alta, y entonces eché a andar, luego a saltar y finalmente a correr por Druid Hills, con ideas que me venían a la cabeza a tal velocidad que no podía concluir un razonamiento sin que me asaltara antes otro distinto. Tenía que volver al laboratorio, porque, de hecho, me había acordado de algo importante: en un curso que hice de ciencias agrarias me habían aleccionado en el delicado arte del riego y en la física de la circulación del agua por suelos porosos. Recordé que una planta de maíz necesita casi un litro de agua por cada gramo de tejido que forma. Exuda agua para enfriar el mecanismo bioquímico que convierte la atmósfera en azúcar, y el azúcar en hoja. A medida que la estación de crecimiento avanzaba a lo largo del Misisipi, los árboles caducifolios debían de haber dejado de crecer, al haber formado ya todas sus hojas nuevas en primavera. Comprendí que los árboles sudaban menos porque la estación del crecimiento había concluido y el sistema había alcanzado el punto de equilibrio.

Sí, con el avance del verano hacía cada vez más calor en todo el Sur, pero los árboles se preparaban ya para el invierno: su índice de crecimiento se iba reduciendo, por lo que también sudaban menos. La actividad de estos árboles no estaba dictada pasivamente por la temperatura de nuestro mundo; era parte integral de los objetivos de su mundo, centrado en la formación de hojas. Empecé a pensar en el congreso de San Francisco de la Unión Geofísica Americana: miles de científicos de primera línea reunidos en un solo lugar. Tenía que ir allí y difundir la buena nueva de mi epifanía.

Me faltaba el aliento cuando llegué al laboratorio y revelé a Bill el momento culminante de mi inspiración: íbamos a acudir a la conferencia sin fondos para desplazamiento, ni provisiones personales o profesionales. Ya tenía pensado cómo: ¡iríamos en coche! Cierto, la reunión era en California, y vivíamos en Georgia, pero aún faltaban ocho días, con lo que teníamos tiempo de sobra para llegar.

Mi razonamiento era el siguiente: cerca de cuatro mil kilómetros de distancia a ochenta kilómetros por hora suponían unas cincuenta horas conduciendo, y podíamos descomponerlas en diez turnos al volante de cinco horas cada uno. Eso equivalía a cinco días de conducción con solo un turno diario por persona si llevábamos con nosotros a dos estudiantes. Cinco días de conducción fácil. Haríamos el papeleo para alquilar una de las furgonetas de la universidad, que venían con su tarjeta de gasolina, e iríamos acampando por el camino (lo que técnicamente era ilegal, pero bueno...). Luego pasarían meses antes de que tocara pagar las cuentas, y, para entonces, ya habría conseguido los fondos en algún lado, porque antes o después alguno de los muchos proyectos que había presentado tendría que acabar en contrato. Además, no hay forma de conseguir fondos si nadie sabe quién eres, así que hay que acudir a todos los congresos posibles y darse a conocer, ¿verdad que sí?

Previamente había remitido al congreso un vago resumen descriptivo del proyecto Misisipi. Ahí formulaba la hipótesis de que las plantas de mi estudio utilizaban el agua no tanto para enfriarse como para sustentar un crecimiento rápido. Era un primer intento por mi parte de desviar el foco de atención de la idea de que el medio ambiente controla la planta al supuesto contrario; esto es: que la planta controla en realidad el ambiente, un tema sobre el que volvería repetidamente en años posteriores. Pero para aquel congreso de mis inicios no tenía perfilado un discurso claro. Tan solo esperaba contra toda esperanza que, para cuando llegara allí (si es que llegaba), ya habría logrado pergeñar algo.

Empecé a soltarle a Bill un rollo interminable sobre el relato de carretera como único vehículo literario esencialmente estadounidense, en la estela de Huck Finn en el Misisipi. Como en muchos de mis episodios de verborrea maniaca, compensaba sobradamente mi falta de coherencia con un entusiasmo desorbitado. Bill puso los ojos en blanco.

—Cierra el pico y vete a casa a dormir un poco —me aconsejó.

Salí, callada y diligente, y, al poco rato, se abrió la caja de los truenos y ascendí a las cumbres de mi manía para estrellarme en un abismo de depresión, todo ello mientras permanecía encerrada en la miserable intimidad de mi apartamento.

Cuando volví, días después, Bill me miró de arriba abajo. Cortó por lo sano la incomodidad de la situación con un «¡Espabila, que la carretera nos espera!». Con una mano agitaba nuestra baqueteada guía de carreteras del estado de Georgia, y con la otra las llaves de la furgoneta. Me quedé muda de asombro. Durante el tiempo que yo había pasado misteriosamente fuera de servicio, él se había tomado mi delirante sugerencia como una orden formal, había reservado la furgoneta y había empaquetado nuestro equipo. Sonreí tímidamente, agradecida por aquella nueva oportunidad de volver a empezar y hacerlo mejor.

Pero el programa del congreso me tenía desconcertada, dado que estábamos a miércoles y mi charla estaba programada para las ocho de la mañana del domingo. Teníamos por delante tres días de conducción, y no cinco; tres largos días que tendríamos que permanecer al volante si queríamos llegar el sábado por la noche. Nos pusimos a revolver en la caja de cartón donde guardábamos la colección de mapas de autopistas estatales gratuitas que habíamos ido sacando furtivamente de la oficina local de la Asociación Estadounidense del Automóvil en una serie de nerviosas visitas organizadas precisamente con ese fin.

—Alabama, Misisipi, Arkansas, Oklahoma y... maldita sea, nos falta Texas. —Bill lamentaba la ausencia del único de los cincuenta mapas que no se nos había ocurrido robar—. ¿Cómo puñetas se nos pudo olvidar Texas?

—¡Bueno, pues olvídate de Texas! Vamos por el norte —sugerí—. ¿Alguna vez has estado en Kansas? —Negó con la cabeza—. Pues estás a punto de ir —le aseguré, mientras sacaba de la caja los mapas correspondientes a Kentucky, Misuri, Kansas y Colorado.

Desplegué los mapas uno al lado de otro y medí la distancia a palmos. Si subíamos y atravesábamos por la I-70, el punto medio del trayecto caía más o menos por Denver, y tenía amigos en Greeley que probablemente nos dejarían quedarnos a dormir la primera noche, y así el viernes al mediodía estaríamos listos para ponernos de nuevo en marcha. Desde allí habría unas quince horas hasta Reno, donde podríamos acampar en algún monte bajo antes de cruzar Donner Pass y bajar para llegar la noche del sábado a San Francisco, donde según confirmó Bill, su hermana estaba dispuesta a acogernos en su casa de la ciudad durante lo que durara el congreso.

Sí, estábamos ya en la primera semana de diciembre, pero yo era de Minesota y todo saldría bien.

—¿Salt Lake City? Te va a encantar —le aseguré a Bill—. Es como un océano de mercurio congelado... No hay nada que se le parezca. —Y seguí hablándole extasiada de las praderas, llanuras y montañas que cruzaríamos, hasta que volví a mis ambiciones primordiales en toda su claridad visionaria.

—Es de todo punto imposible que esto salga mal —aseveré, y acto seguido los dos nos echamos a reír irremediablemente ante la ridiculez de semejante afirmación, aunque no por ello dejábamos de estar plenamente convencidos de su veracidad.

Mientras cargábamos la furgoneta, mi asombro fue a mayores cuando supe que Bill tampoco había olvidado invitar a unos cuantos estudiantes, y que un par de ellos incluso habían aceptado. Teri, una de mis alumnas de segundo ciclo, venía seguro: había retomado sus estudios poco antes después de trabajar como asesora en el mundo real durante diez años, y me parecía imprescindible que empezara cuanto antes a recomponer una red de contactos. Aunque sospechábamos que no había salido mucho de Georgia, hasta que hicimos este viaje no supimos cuánta razón teníamos.

Noah —nuestro genio de primer ciclo, que era capaz de hacer cualquier cosa, pero no decía ni una palabra mientras lo hacía— también se había apuntado (supuse que tácitamente). No tenía carné de conducir, por lo que sería de poca ayuda con los turnos al volante, pero me entusiasmaba la idea de que en un viaje de más de cincuenta horas se sincerara con nosotros y llegáramos por fin a conocerlo bien. Bill, que ya había pasado mucho tiempo con él, era menos optimista al respecto, y ya se refería a nuestro acompañante como «el equipaje de sangre caliente».

Comprobamos una vez más que llevábamos los mapas y el material de acampada y acto seguido nos pusimos en marcha. Paramos en Chevron para llenar el inmenso depósito de una furgona de dieciséis plazas y después seguimos hasta Kroger, donde abarroté nuestra amplia nevera de Coca-Cola Light, hielo, pan, queso Velveeta y algunas cosas más, mientras Bill organizaba el reparto de tentempiés. Acordamos que los tres conductores haríamos turnos de tres horas al volante, de forma que cada uno pudiera descansar seis horas entre turno y turno. Con este plan, pararíamos aproximadamente cada doscientos minutos para cambiar de conductor, echar gasolina y aprovechar para ir al servicio. Toda la comida tenía de salir de la nevera, y quien estuviera de copiloto llevaría el control de la radio y además se encargaría de prepararle el sándwich al conductor del momento según sus indicaciones. Bill se hizo con cuatro botellas de dos litros vacías, les puso etiquetas individuales y las colocó detrás del asiento trasero para emergencias urinarias.

Lo cierto es que nuestro plan funcionó sorprendentemente bien y las primeras veinticuatro horas en la carretera transcurrieron sin incidencias. Yo estaba al volante hacia la medianoche y pasé de la I-64 a la I-70 al cruzar el Misisipi y entrar al estado de Misuri. Bill se puso de rodillas en el asiento de al lado, mirando hacia arriba, y con medio cuerpo fuera de la ventanilla para admirar el majestuoso Gateway Arch de San Luis. Al virar hacia el norte y pasar justo por debajo, la luna llena lo iluminaba desde arriba, complementando a la perfección los focos situados en la base del arco. Cuando Bill volvió por fin a reclinarse en su asiento, mientras girábamos hacia el oeste saliendo de San Luis por el barrio de Old North, dijo muy sentencioso, sin la menor sombra de ironía:

—Qué hermoso país es este.

Yo dejé pasar como un minuto antes de responder:

—Sí que lo es.

Detrás de nosotros, los demás pasajeros de la furgoneta iban dormidos. Cinco horas más tarde, el sol despuntó a nuestra espalda y fue abriendo poco a poco una puerta de luz sobre los interminables campos de Kansas, barridos por el viento.

—Qué hermoso país es este —repitió Bill para sí, muy relajado, y yo volví a responderle:

—Sí que lo es.

Llegamos a casa de Calvin («Cal») y Linda, en Greeley, al día siguiente, hacia la hora de cenar, y bajamos de la furgoneta en tropel, como una jauría de perros de caza agotados tras un largo día de cacería. Yo había llamado por teléfono antes de salir de Atlanta para avisarles de nuestra llegada, aunque dando por supuesto —confiada en su condición de segundos padres míos— que sería bienvenida y podría presentarme con amigos. No me equivocaba: los dos habían sido profesores durante décadas y me querían más de lo que merecía. Estiramos las piernas, entramos en la casa y aceptamos con avidez la comida caliente que nos ofrecieron.

—¿Y qué os trae por el norte de Colorado en el mes de diciembre? —preguntó Cal, con su aire despreocupado de siempre.

—No encontramos el mapa de Texas —respondió Bill, y no tuve más remedio que confirmar su explicación encogiéndome de hombros.

Linda encontró una cama para cada uno en su casa, que era grande como un granero, y allí dormimos como troncos durante diez horas. Bill y yo fuimos los primeros en aparecer a la mañana siguiente. Cal nos invitó a dar un paseo hasta la cafetería del barrio, y nosotros aceptamos entusiasmados. Mientras nos tomábamos el café, le expliqué mi plan de ir primero a Laramie, de ahí a Reno pasando por Salt Lake City y luego cruzar Sierra Nevada para acabar bajando a la bahía de San Francisco, todo en día y medio. Cal se había criado en un rancho ganadero en la década de 1940 y era un hombre inmutable y de pocas palabras. Me escuchaba y asentía, y al final me aconsejó en tono comedido:

—Se anuncia una gran tormenta. Quizá prefiráis ir por la I-70 y cruzar Grand Junction para sortear la Gran Divisoria.

—No, porque ese es un camino más largo —dije. Y fanfarroneé un poco—: Lo tengo todo calculado.

—Bueno, mucho más largo no será, si es que efectivamente lo es —replicó Cal, siempre con toda amabilidad.

Decidida a llevarme el gato al agua en lo que veía como una discusión, insistí:

—No, cuando volvamos a casa te lo enseño.

Desplegamos los mapas de Colorado, Wyoming y Utah y comparamos las dos rutas con un cordel. Con victoriosa satisfacción, pude demostrar que el cordel era ligeramente más corto si pasábamos por Cheyenne. Cal se limitó a menear la cabeza y preguntar si llevábamos cadenas en la furgoneta. Le expliqué que no por décima vez, que no necesitábamos nada de eso porque yo me había criado en Minesota. Cal sacudió nuevamente la cabeza, salió al porche y se quedó un rato mirando al cielo del noroeste.

Entre todas las cosas que he tenido que lamentar en la vida, ganar ese juego con el cordel ocupa un lugar destacado. Mi ruta era más corta, ciertamente: casi cien kilómetros más corta que la de Cal. Una hora conduciendo, nada más; eso es lo que pensé que nos evitábamos al lanzarnos de cabeza a la peor tormenta invernal de la década de 1990.

Mientras volvíamos a cargar la furgoneta, Olivia, la hija de Cal y Linda, que tenía ocho años, decoró el interior con banderas que había copiado de un atlas del mundo con lápices de colores. Nos despedimos con abrazos; en esos breves instantes pensé que siempre andaba diciendo adiós a las pocas personas que me querían. Luego me lo quité de la cabeza y me senté al volante.

Me tocaba conducir hasta Rawlins, Wyoming, donde Teri me tomaría el relevo para llevarnos a Everston, cerca ya del punto donde cruzaríamos a Utah. Mientras conducía, oí que Bill y Teri discutían a propósito de la «deli», nombre que daba Bill a la neverita donde llevábamos la comida* y que para entonces no contenía más que un dedo de agua con cosas flotando y algunos restos de hielo mezclados con retazos de queso empapado. Apestaba de tal forma que Teri había propuesto una nueva regla: solo podía levantarse la tapa cuando dos o más personas quisieran algo del interior, y aun en ese caso solo con las ventanillas abiertas. Yo, siendo muy consciente de que aquella peste no iba a ir a mejor en los dos días siguientes, comprendía a Teri, pero me sentí obligada a ponerme del lado de Bill, porque era el único de los cuatro que seguía comiendo lo de la nevera. A causa de esta pelea, todo el mundo —puede que hasta Noah— estaba de mal humor cuando paramos en una gasolinera del lado oeste de Rawlins para que Teri me relevara al volante.

Mientras esperaba a que acabaran de pasar todos por el servicio, me quedé contemplando el horizonte y advertí que, para ser la una del mediodía, había oscurecido una barbaridad. Noté, además, que la temperatura estaba bajando rápidamente a medida que arreciaba el viento. Teri salió de la gasolinera y ocupó el sitio del conductor, y acto seguido le pedí que tocara el claxon para avisar a los demás de que estábamos listos para seguir.

Bill y Noah se montaron detrás y Teri arrancó. Yo estaba cansada y aburrida, pese a lo temprano que era, y en el mapa que sostenía ante mí veía que el camino que teníamos por delante parecía llano y poco interesante. Me quité las botas y apoyé los pies descalzos en la calefacción del salpicadero. Pensé en ponerme el cinturón pero decidí que no: aquel era el lugar más plano del mundo, ¿qué podía pasar?

Al tomar la I-80, Teri pisó con determinación el acelerador y la furgoneta salió disparada como si nos hubiéramos unido a las carreras de locos que se desencadenaban en las carreteras de circunvalación de Atlanta en hora punta. Yo me removí inquieta en mi asiento, pero no dije nada durante un kilómetro o dos. Nada más atravesar la Gran Divisoria, el tiempo cambió drásticamente, y vi que empezaba a caer nevisca.

* «Deli» (de *delicatessen*) es el nombre genérico que se da en Estados Unidos a las pequeñas tiendas de ultramarinos, que venden productos alimenticios listos para consumir. *(N. de la T.)*

Me fijé en la carretera mojada y comprendí que en cuestión de pocos minutos iba a empezar a formarse hielo y que se pondría resbaladiza. Al mirar a Teri comprendí enseguida que su plan era seguir dándole al acelerador y no bajar de los 130 kilómetros por hora. Haciendo uso del tono pausado y uniforme que empleo para dar instrucciones a los estudiantes cuando están en el laboratorio inmersos en algún proceso complicado y peligroso, le dije:

—Muy bien, aquí se va a formar bastante hielo y vas a tener que ir muuuuuucho más despa...

No llegué a acabar la frase, porque, en vez de ir frenando poco a poco, Teri había hundido el pie en el pedal, y al ver que, efectivamente, la carretera estaba helada, pisó aún más a fondo, hasta que los frenos se bloquearon. Cuando empezamos a patinar quiso compensarlo dando volantazos salvajes, y la furgoneta empezó a bailar de un lado a otro haciendo grandes eses sin dejar de avanzar como un cohete. Llegados a ese punto, y viendo que había perdido por completo el control del vehículo, Teri chillaba como una descosida y yo comprendí que no iba a haber forma de que nos libráramos de acabar chocando de un modo u otro.

Lo último que vi derecho fue la señal de límite de velocidad partiéndose como si fuera el palo de un polo cuando la furgoneta fue a darle al único objeto vertical que había en un radio de quince kilómetros. Dimos trompos y más trompos y, cuando por fin fuimos reduciendo la velocidad, estábamos de cara a los coches que venían en sentido contrario. Pero el espanto que me provocaba pensar que nos podía embestir otro vehículo se vio desbordado por la conciencia nauseabunda de que la furgoneta estaba más que inclinada hacia un lado: estábamos volcando. Traté de sujetarme contra el salpicadero mientras notaba que rodábamos dando lentas vueltas hasta caer dentro de la cuneta, acompañados por el crujido espeluznante del metal al aplastarse, un estrépito en el que se mezclaban el ruido de los plásticos, los agudos alaridos de Teri y algo que sonaba como disparos de mosquete que anunciaran la primera andanada de la guerra civil.

Estaba asombrada de lo lento que parecía estar ocurriendo todo, como si estuviera en un coche de montaña rusa que había llegado al punto más alto del circuito para enfilar la bajada. Me golpeé la cabeza contra el frío cristal de la ventanilla, luego choqué contra el fino forro de fieltro del techo de la furgoneta, y allí me quedé. De repente, se había hecho una paz profunda. Abrí los ojos y me puse en pie como buenamente pude, ya que era el techo lo que hacía de suelo. Los otros tres pasajeros estaban colgados boca abajo cual paracaidistas caídos del cielo y suspendidos por obra de sus cinturones de seguridad.

Me puse a correr de aquí para allá por el techo de la furgoneta, tratando de comprobar cómo estaban. Milagrosamente, estábamos todos ilesos, salvo por mi nariz, de la que salió sangre a borbotones cuando me entró una risa histérica. Bill fue el primero en desabrocharse el cinturón y caer desgarbadamente al techo, y, según advertí, no parecía muy afectado por el accidente. Noah estaba al fondo de todo, frotándose enfurruñado sus mugrientos pelos de *hipster* con ambas manos. Teri se hallaba colgada del sitio, con expresión abatida.

En ese instante empezó a preocuparme que la furgoneta pudiera explotar, que es lo que pasa siempre en las películas después de un choque, pero no sabía muy bien qué hacer al respecto. De repente, se abrieron de par en par las puertas traseras y una voz masculina anunció:

—Soy veterinario. ¿Estáis todos bien?

Al parecer, el coche que venía detrás de nosotros nos había visto caer a la cuneta, y el conductor había parado para ayudar.

Apenas podía contener mi alivio. Estaba a un tris de echarle los brazos al cuello y besarlo.

—¡Hola, sí, estamos bien! —exclamé, radiante.

—El tiempo está empeorando. Hay que llevaros a todos a la ciudad. —Miré más allá de nuestro nuevo amigo y vi una segunda partida de buenos samaritanos viniendo pausadamente hacia nosotros, entre destellos de luces de emergencia.

—De acuerdo —convine alegremente—. ¡Vamos, pues!

Los hombres nos ayudaron a salir, y yo fui la última en hacerlo, más que nada porque tuve que escarbar entre el contenido espectacularmente disperso de la furgoneta en busca de mis botas, y no porque fuera la capitana de nuestra siniestrada nave. Nos montamos por parejas en sus camionetas y partimos hacia algún lugar incierto.

No conocíamos a los conductores ni sabíamos dónde estábamos. No teníamos vehículo ni dinero ni tan siquiera un plan serio... y yo me sentía de miedo. Estaba tan feliz de seguir viva que creí que me iba a saltar el corazón del pecho. Me sentía tan agradecida de que nadie hubiera sufrido daños que quería cantar a pleno pulmón. Lo que pasara después, fuera lo que fuese, iba a ser un regalo que no podía confiar en llegar a merecer. Volví la vista atrás conforme nos alejábamos y vi las banderitas de Olivia revolotear en la cuneta y por encima de la carretera. Me llamó la atención una enseña con la cruz amarilla de Jamaica sobre un fondo verde y negro, y sonreí contemplando cómo se perdía en la distancia.

Veinte minutos más tarde, nos dejaron en una gasolinera de Spruce Street, en el distrito oeste de Rawlins. Di las gracias a nuestros rescatadores sin escatimar elogios, y cuanto más hablaba más consciente era de que ellos solo querían largarse de allí. Teri tenía todo el aspecto de querer suicidarse, taciturna, pesarosa y despegada del grupo. Uno de los hombres se llevó a Noah a un aparte y le dijo:

—Oye, no te preocupes. Te has llevado un buen susto.

Solo entonces me di cuenta de lo sucios que estábamos todos. Al volcar la furgoneta, se había desperdigado todo su contenido, incluida la deli. Especialmente desafortunado fue el hecho que alguno de nosotros no había cerrado bien el tapón de su botella de dos litros después de usarla, y, por la pinta y el olor de todo, deduje que Noah se había empapado de la orina de alguien durante el accidente. Supuse que el hombre que le consolaba había dado por hecho que el pobre chico había sufrido de alguna retorcida manera un ataque de incontinencia sobre su propia cabeza, y durante un instante consideré la posibilidad de aclarar las cosas.

Bill interrumpió el curso de mis pensamientos.

—Vaya, ¿qué te parece? —dijo con alegría—. ¡Tenemos triple A!

Antes de abandonar el vehículo, había sacado de la guantera la tarjeta de la gasolina, y ahora se había puesto a leer la letra pequeña. Al oír la noticia, me volví hacia él con una sonrisa de felicidad.

—Voy a llamarles por teléfono para que traigan la grúa y nos saquen de la cuneta —dijo, y se dirigió a una cabina.

—Diles que estamos en el Super 8 —le grité, viendo que había un motel un poco más adelante en aquella misma manzana.

Cuando volvió de hablar por teléfono, cogimos nuestras mochilas y echamos a andar hacia el motel. Una vez dentro, nos encontramos con que la recepción olía tan mal que, por comparación, no teníamos motivos para preocuparnos.

Saludé a la mujer tras el mostrador.

—Hola. Vamos a quedarnos aquí, si nos lo permite.

—Son 35 dólares por la habitación individual; 45 por la doble —me respondió sin levantar la vista ni sacarse el cigarrillo de la boca.

Miré a Teri, que, a todas luces, seguía en estado de *shock*.

—¿Pueden ser tres habitaciones? —dije—. Dos individuales para ellos, y él y yo podemos compartir una —añadí, señalándonos a Bill y a mí—. Serían 115 dólares en total, ¿no?

—Más impuestos —apostilló la mujer.

—Más impuestos, claro —dije muy sonriente, y le alargué tímidamente mi tarjeta de crédito. Para mi sorpresa, la aceptó y la pasó enérgicamente por el sistema manual de impresión de facturas.

—Muy bien, la cosa no para de mejorar —dije. Y a continuación añadí—: ¿Quién quiere cenar?

Teri estaba consternada.

—Solo quiero meterme en la cama —dijo, aunque no me quedó nada claro si estaba enfadada conmigo o consigo misma.

Quería preguntarle si se encontraba bien, pero entonces pensé que igual no era lo más indicado, de modo que me quedé allí sin decir nada, cosa que tampoco era lo más indicado. Noah se había esfumado en cuanto tuvo la llave de su habitación en la mano, así que Bill y yo salimos del motel y bajamos por Elm Street en busca de algún lugar donde comer. Encontramos un asador grasiento, pedimos dos entrecots y dos Coca-Colas y comimos con tal voracidad que entonces nos dimos perfecta cuenta de que estábamos muertos de hambre.

El paseo de vuelta al motel fue como tantos otros paseos que habíamos dado, y sin embargo algo había cambiado. En esa ocasión éramos como dos mafiosos que se hubieran cargado al tipo equivocado; algo había pasado en aquel accidente casi fatal que nos había unido para siempre. Volvimos al motel y nos metimos en nuestra habitación. Tenía una cama de matrimonio tamaño imperial, con un cubrecamas acolchado de color bermellón y absurdos motivos estampados que tapaba unas sábanas que a todas luces no se habían cambiado desde su último uso. Las paredes, de paneles oscuros, y las pesadas cortinas de poliéster apestaban a tabaco y a desinfectante dulzón. La alfombra estaba llena de manchas, y tan pegajosa que no nos quitamos las botas.

Para entonces se había hecho muy tarde, pero mi cabeza seguía revolucionada, pese a que mi cuerpo estaba más que agotado. Empezaban a hacerse visibles unos cuantos moratones, y había visto un poco de sangre en mi orina cuando usé los servicios del restaurante, pero no me había preocupado. Aquella noche tenía la sensación de que no había nada en el mundo por lo que mereciera la pena volver a preocuparse nunca más.

Bill y yo estábamos tumbados uno al lado del otro, contemplando las humedades del techo a la tenue luz de la única lámpara de la mesita de la habitación. El grifo del baño goteaba, marcando un ritmo suave y regular. Al cabo de unos veinte minutos, Bill dijo:

—Bueno, al fin ha ocurrido. Un alumno ha intentado matarnos.

Expresado así, había algo ridículo en todo aquello que me provocó una risita nerviosa. Luego la risita se convirtió en risa. Y así, seguí riéndome y riéndome cada vez más y cada vez más fuerte y desde lo más hondo de mi interior. Me reí hasta que me dieron calambres en el estómago y empezó a costarme respirar. Me reí hasta perder el control y mojarme un poco las bragas, un poquito solamente. Me reí hasta que me dolió tanto que suplicaba por poder parar de reírme sin llegar nunca a conseguirlo. Me reí hasta que pareció que lloraba. Y Bill se rio también. Lloramos de alegría y de agradecimiento porque habíamos burlado a la muerte, y la habíamos burlado a lo grande. Nuestra inmensa suerte era un regalo del cielo y había desvelado un mundo que era demasiado hermoso para abandonarlo. Disfrutaríamos de otro día inmerecido y lo disfrutaríamos juntos. Cuando nuestra risa fue apagándose por fin, fue solo porque nuestros cuerpos estaban exhaustos. Descansé hasta que volvió a darme la risilla. Luego prorrumpí otra vez en carcajadas y Bill se rio también. Luego repetimos una vez más todo el numerito. Tumbados en la cama completamente vestidos uno junto al otro, nos reímos sin parar tal como estábamos, con las botas puestas.

Bill se levantó y entró en el baño, pero salió al cabo de nada diciendo:

—Adivina: el váter está atascado. Sabía que teníamos que haber cogido las botellas al salir.

—Mea en la alfombra y ya está —sugerí—. Tengo la impresión de que eso es lo que hacen todos los que pasan por aquí.

Reaccionó con asco.

—No seas bruta. El desagüe de la bañera funciona perfectamente.

Me levanté y seguí su sugerencia, y luego nos tumbamos otra vez, uno al lado del otro, y continuamos contemplando el techo.

—¿Sabes?, lo siento por Teri —confesé—. Debe de odiarme.

—¡Venga ya! Lo que tendría que estar es exultante por seguir viva —repuso Bill con rotundidad.

—Debería estar contenta de que estemos vivos todos —añadí enfáticamente, pero aquello me reconcomía—. Seguro que me echa la culpa de este desastre. Y a fin de cuentas, creo que es culpa mía. Soy yo quien la apuntó al congreso de San Francisco.

—¿Has sido tú quien la ha obligado a viajar gratis de punta a punta del país? ¿Para que conozca a la gente de la que intentará conseguir trabajo cuando se haya licenciado? Tienes razón, qué hija de puta eres. Deberíamos habernos quedado en Atlanta, donde puedo seguir haciéndole yo todo el trabajo de laboratorio —estalló Bill, expresando un agrio resentimiento que nunca había visto en él—. Ya es adulta —prosiguió—. Qué coño, tiene al menos treinta y cinco años; y eso la hace la hostia de adulta, desde luego mucho más adulta que nosotros.

—Bueno, eso no es mucho decir —repuse—. Pero es cierto que cuando yo era estudiante nadie se preocupó lo más mínimo para que asistiera a conferencias. —Me quedé absorta en mi propio resentimiento.

—Escucha, no vas a hacerte nunca amiga de un alumno, así que ya es hora de que te lo metas en la cabeza —dijo Bill con un suspiro—. Tú y yo vamos a trabajar como esclavos, a enseñarles las mismas mierdas una y otra vez y a arriesgar nuestras putas vidas por ellos, y ellos van indefectiblemente a decepcionarnos. Ese es nuestro trabajo. Para eso nos pagan.

—Tienes razón. —Le seguí el juego del cinismo, aunque no muy convencida—. Pero no es eso lo que pensamos, ¿verdad?

—No, no lo es —admitió Bill—. Pero esta noche sí.

Tumbada con los ojos cerrados, contaba las gotas que, suave y regularmente, caían del grifo del baño, hasta que, al cabo de un rato, Bill dijo:

—Pero seguro que sabes que nunca puedes llegar a ser amiga de la gente con la que trabajas.

Abrí los ojos, porque sus palabras me habían escocido, tomándome por sorpresa. Me aventuré a preguntar:

—¿Y nosotros, qué? O sea, tú y yo somos amigos, ¿no?

—No. Somos dos hijos de puta colgados en mitad de la nada que intentan ahorrarse veinticinco dólares en una habitación de hotel. Así que cierra el pico y duérmete.

Y eso hicimos, cada uno en una punta de la enorme cama, vestidos y con las botas puestas. Concluí que eso debía de ser lo que se siente al tener una familia, y di gracias a Dios por el día que habíamos pasado y, ya puesta, por el siguiente también.

A la mañana siguiente nos despertamos tarde, y para cuando asomamos por la puerta de la habitación el día lucía despejado y radiante. Teri estaba esperándome en la recepción, echando humo.

Cruzamos la calle y entramos al Big Rig Truck Stop, un bar de camioneros. Nos pedimos un plato de huevos con beicon, que daba de sobra para que comieran cuatro personas. Después de que Bill se pidiera su octavo café, Teri me miró y dijo:

—Quiero que me lleves al aeropuerto de Salt Lake City para que pueda coger un avión de vuelta a casa.

Asentí y ya me disponía a decirle que lo entendía y que no era ningún problema cuando, antes de que pudiera abrir la boca, Bill estalló.

—¿Qué? —dijo, en tono cortante. Dejó los cubiertos y se agarró a la mesa como si temblara el planeta entero—. ¿Vuelcas la furgoneta y ahora tu plan es pasar del marrón, largarte y dejarnos aquí para que nos las apañemos solos? —preguntó—. ¡Qué frialdad! Qué puta mierda de frialdad la tuya.

Sacudió la cabeza, sin dar crédito aún. Teri se puso en pie rápidamente y se marchó, seguramente al lavabo, para llorar en soledad. Pensé en ir detrás de ella y decirle que todo se iba a arreglar, que todos cometemos errores y que aquel condenado viaje había sido un idea estúpida y que nos volvíamos todos a casa y listo. Pero mi intuición de científica me dijo que rendirnos tan fácilmente sería una equivocación.

Me quedé sentada a la mesa, pensando, mientras los ánimos se serenaban. El accidente, como todo lo relativo al laboratorio, era en última instancia responsabilidad mía, y no había que pedir cuentas a nadie más. La noche anterior sabía que a la mañana siguiente tendría que arrastrarme fuera de la cama y ocuparme del desaguisado, algo a lo que ni por asomo había dedicado la atención debida. Por no saber, no sabía ni dónde estábamos, ni adónde había ido a parar mi maleta. Ni siquiera tenía idea de la distancia que nos separaba de Salt Lake City. Sabía que faltaban ya menos de veinticuatro horas para mi presentación en la conferencia, y que aún teníamos que cruzar tres estados para llegar hasta allí. Pero, por encima de todo, estaba contenta de tener la suficiente vida para poder ocuparme de resolver esos problemas. No contemplaba la eventualidad de que algo fuera a matarme aquel día, y justamente no matarme era mi nuevo listón para calificar un día de bueno. Lo único que podíamos hacer era comer un poco de beicon y, a partir de ahí, improvisar.

Aunque estaba de acuerdo en que había que tirar para adelante, la reacción de Bill me sorprendió. Poco a poco comprendí que él también podría haber considerado la idea de abandonarme, aunque no hubiese actuado en ningún momento en ese sentido, y por primera vez pensé en que, en realidad, Bill tenía la opción de decir «Ahí te quedas» a su vida en Georgia. Bill se había tomado este último, esperpéntico y aterrador episodio de la manera que era habitual en él, y por eso no veía más salida que agachar la cabeza y tirar del carro para sacarnos del hoyo de aquella descomunal catástrofe que se había desencadenado sin su participación. De hecho, ni siquiera se había mostrado molesto por el desenlace del asunto. Lo único que le había molestado era que otra persona hubiera pensado en abandonarnos a nuestra suerte: eso le provocó una furia desaforada que ninguna de las situaciones frustrantes en que nos habíamos encontrado en otras ocasiones había llegado a desatar.

Llegados a este punto, rematé la reflexión que me había planteado antes de caer dormida: esta era mi vida, y Bill, mi familia. Los estudiantes venían y se iban. Ellos eran lo que eran, prometedores algunos y casos perdidos otros, pero nunca llegaríamos a tenerles apego. Aquí lo que importaba éramos Bill y yo, y lo que podíamos lograr juntos. Todo lo demás no era más que ruido de fondo. Así fue como me liberé de las altisonantes, arrogantes y codiciosas expectativas del mundo académico. No iba a cambiar el mundo ni a educar a una generación ni a dar gloria a una institución. Se trataba únicamente de estar en el laboratorio y consagrarme en cuerpo y alma a no desmoronarme. Cuando salí viva de aquella furgoneta, rebusqué en mis bolsillos y solo encontré una moneda con algo de valor: la lealtad. Me levanté, fui a la caja a pagar y sostuve la puerta del bar mientras los demás salían.

—Vamos, pandilla, esto va a ir mucho mejor —les dije—. A peor ya es imposible.

Cuando volvíamos al motel, vi en el aparcamiento una furgoneta que parecía la nuestra, pero decidí que no podía ser, porque estaba en perfecto estado. Al acercarnos, comprobamos que, efectivamente, parecía nueva..., siempre que miraras solo el lado del copiloto. El otro flanco estaba hundido como una lata de cerveza estrujada, y del retrovisor del conductor no había ni rastro, ya que había sido arrancado, al igual que uno de los limpiaparabrisas. En cambio, no se había roto ni una sola de las ventanillas, y todas las puertas del lado del copiloto se podían abrir y cerrar sin problemas. Bill abrió la furgoneta, echó un vistazo al interior y comentó que era un «lujo infravalorado». La deli había salido propulsada durante el accidente, y el interior del vehículo apestaba a orina, alimentos estropeados y queso rancio. Había porquería pegada a las ventanillas de uno de los lados, porque todo aquel revoltijo se había posado y congelado allí en el curso de la noche anterior, cuando la furgoneta estaba aún volcada en la cuneta.

Bill anunció que todas nuestras maletas estaban dentro y se dejó caer en el asiento del conductor para probar el motor. Giró la llave y el motor volvió de inmediato a la vida con un rugido y luego, al ralentí, ronroneó un rato. Una sonrisa de oreja a oreja le iluminó la cara en ese instante.

—¡Seguimos en la brecha! —exclamó.

Me tapé la nariz, entré y ocupé el puesto de copiloto, mientras que Teri y Noah se encaramaban a los asientos traseros.

Volvimos a la autopista y nos dirigimos al oeste, hacia Rock Springs, en el estado de Wyoming, con Noah actuando como espejo retrovisor e indicando por gestos cuándo había vía libre. Entonces fue cuando caí en la cuenta de que no había dicho una palabra en todo el viaje. Entretanto, me puse el cinturón y comprobé varias veces que lo llevaba bien abrochado.

Una vez en la autopista, calculé a cuántas horas estábamos de San Francisco: dieciséis, diecisiete como mucho. Llegaríamos por los pelos. En esos momentos no tuve en cuenta la ventisca que se desataba sobre las Sierras, pero eso no sería problema hasta algo más tarde. De momento, todo parecía ir bien. De pronto, Bill exclamó:

—¡Ay, mierda! Se nos ha olvidado parar a buscar el retrovisor. —Luego añadió—: Bueno, podemos recogerlo a la vuelta.

Me quedé helada. Había estado tan concentrada en llegar a San Francisco que ni había pensado siquiera en que luego tendríamos que volver a cruzar el país en sentido contrario en aquel destartalado cacharro. Empecé a decir algo al respecto, pero Bill, como si me leyera el pensamiento, me apuntó con el dedo y dijo:

—No, no quiero ni oírlo. Olvídate de eso y piensa solamente en tu presentación. Con todo lo que hemos pasado, más te vale que sea buena —apostilló.

En comparación con nuestro viaje, los cinco días de congreso resultaron de lo más apacibles, y, en cuanto acabó, nos volvimos a Atlanta en la furgoneta, esta vez tomando la I-10 y luego la I-20, lo que nos obligaba a atravesar sin ningún mapa los estados de Arizona y Nuevo México y 320 kilómetros del de Texas. Todos los días, Bill comentaba lo hermoso que era el país, y yo me mostraba de acuerdo. A la altura de Phoenix, Teri había vuelto por completo a su ser, y listo, pelillos a la mar.

Devolví la furgoneta en cuanto llegamos a Atlanta, ya bien avanzada la noche. Dejé las llaves en el buzón nocturno del fondo de alquiler y me largué. Al cabo de un mes no había ni un administrador de la universidad que no estuviera completamente furioso conmigo. Yo insistía en lo único que era responsabilidad mía, que era yo quien conducía, y los apaciguaba manifestando una y otra vez mi total ausencia de remordimientos, porque estaba demasiado contenta de seguir viva para ponerle ningún pero al milagro aquel que había garantizado nuestra seguridad. Como es natural, ninguno de ellos me entendía, y al final dejé de esperar comprensión por su parte. Solo había una persona que me entendía, y que me comprendía en todos los aspectos, y yo había acabado finalmente por comprender lo rematadamente afortunada que era por tenerlo a mi lado.

# 11

LA PEQUEÑA CIUDAD DE SITKA es probablemente el lugar más acogedor de Alaska. Ubicada en la isla de Baranof, justo enfrente del Golfo, las corrientes cálidas del océano Pacífico le aseguran unas condiciones de maternal suavidad. La temperatura mensual media nunca cae por debajo del punto de congelación, lo que hace su clima benigno y bastante acogedor para los pocos miles de personas que viven allí. En Sitka nunca ha pasado gran cosa, salvo en los contados días de 1867 en que fue fugazmente el centro de atención del mundo entero.

En Sitka se formalizó la compra de Alaska, en una ceremonia oficial que reunió a representantes diplomáticos de la parte vendedora (Rusia) y de la compradora (Estados Unidos). De esta forma se oficializaba un tratado ratificado por el Senado estadounidense en virtud del cual el país adquiría 1.700 millones de kilómetros cuadrados de territorio nuevo a un precio de dos centavos por acre. La suma total que cambió de manos —7 millones de dólares— resultaba exorbitante para el ciudadano medio, que aún podía contemplar las ruinas que había dejado la guerra civil, finalizada poco tiempo antes. Las opiniones estaban divididas: quienes aprobaban la compra aducían que el siguiente paso sería la anexión estratégica de la Columbia Británica; sus detractores solo veían en la adquisición un lastre adicional de territorio desierto que poblar. En aquella época de posguerra, el tratado sirvió también como una especie de drama escapista para el país, una nueva batalla entre el bien y el mal, pero que esa vez se desarrollaba en una tierra extraña y remota.

En la década de 1980 tuvo lugar en Sitka un segundo gran drama, pero ya no fue un tratado entre naciones, sino una guerra entre especies.

Los árboles sienten predilección por Sitka. Los veranos largos y luminosos, unidos al clima benigno, hacen de la isla de Baranof un buen lugar para vivir y crecer, aunque los inviernos, largos y oscuros, impidan a las plantas hacerse muy grandes. Contamos con píceas de Sitka, alisos de Sitka, fresnos de Sitka y sauces de Sitka, todos los cuales fueron identificados por vez primera cuando se exploró la región. Estos árboles originarios de Sitka han colonizado con gran éxito la Columbia Británica, así como los estados de Washington, Oregón y California. Y sin embargo son ejemplares modestos: el sauce de Sitka, en concreto, no es una planta imponente. Alcanza una altura máxima de siete metros, así que no es precisamente un gigante de los bosques. Pero en el caso del sauce de Silka, como en el de cualquier planta, hay mucho más de lo que salta a la vista.

Si das un paseo por un bosquecillo de eucaliptus, te envuelve un olor único, algo acre y punzante, y también un tanto empalagoso. Lo que percibes es en realidad una sustancia química que flota en el aire, una sustancia generada y liberada por los árboles que recibe el nombre de «compuesto orgánico volátil», o, para abreviar, COV. Los COV son sintetizados para que pasen a ser compuestos «secundarios». Se trata de compuestos que no aportan nutrientes, por lo que son de carácter secundario para las funciones vitales básicas. Tienen muchos usos que ya entendemos y, probablemente, otros muchos que no. El eucaliptus libera COV como parte de un antiséptico que mantendrá sanas sus hojas y su corteza si sufren cortes, al evitar que se infecten.

La mayoría de los COV no contienen nitrógeno, y, en consecuencia, son relativamente baratos de producir para la planta, que puede por ello gastarlos con prodigalidad. Bombear generosamente un exceso de COV por todo el bosque no conlleva, en verdad, ninguna desventaja para los árboles, y es eso precisamente lo que provoca el característico olor a eucaliptus que nuestro olfato reconoce. Pero no podemos detectar la inmensa mayoría de los COV producidos por los árboles, lo cual no tiene demasiada importancia, porque tampoco es esa la finalidad de tales compuestos. La producción de COV en un bosque fluctúa constantemente, pues basta una señal para que se active o desactive la de cada árbol. Una de las señales más comunes es la generación de ácido jasmónico, que las plantas producen en grandes cantidades cuando están dañadas.

En el fragor de la guerra entre plantas e insectos que tiene lugar desde hace millones de años, ambos bandos han sufrido bajas. En 1977, el bosque de King County, en el que llevaba a cabo investigaciones la Universidad Estatal de Washington, fue devastado con saña por una plaga de insectos. Encabezaron el ataque las orugas de librea: guerreros despiadados e insaciables que fueron capaces de defoliar por completo varios árboles enteros y de dañar fatalmente muchos otros, hasta el punto de provocar un descenso brusco de las poblaciones arbóreas de numerosas especies latifoliadas. Todos sabemos que es posible perder una batalla y aun así ganar la guerra, y si en algo se demuestra la veracidad de este dicho es en la historia de los árboles.

En 1979, ya de vuelta en su laboratorio de la Universidad de Washington, los investigadores dieron de comer a orugas de librea hojas de los árboles que habían sobrevivido, y las observaron atentamente mientras comían. Advirtieron que crecían de forma mucho más lenta y enfermiza de lo que es habitual entre las orugas, y que ciertamente no crecían tan bien como lo habían hecho en los mismos árboles tan solo dos años antes. Simplificando, resulta que había algún compuesto químico en las hojas que las hacía enfermar.

Lo realmente interesante, sin embargo, fue que los sauces de Sitka sanos que crecían a casi dos kilómetros de allí —árboles que no habían sufrido ningún ataque— resultaron ser igual de indigestos para las orugas de librea. En efecto, al ser alimentadas con las hojas de esos árboles distantes y sanos, las orugas se debilitaron de la misma forma, y quedaron incapacitadas para destruir un bosque como habían hecho con tanta facilidad al otro lado de la colina solo dos años antes.

Los investigadores sabían de la señalización de raíz a raíz que realizaban árboles contiguos a través de sus secreciones subterráneas, pero los dos grupos de sauces de Sitka estaban demasiado lejos uno de otro para que se hubiera producido ningún tipo de comunicación a lo largo del suelo. No, tenía que haberse transmitido, y recibido, alguna señal por encima del suelo. Los científicos llegaron a la conclusión de que, tras sufrir las primeras heridas, la planta empezó a cargar sus hojas con veneno de oruga, lo que también desencadenó la producción de COV. Elaborando la hipótesis, supusieron que el COV habría viajado, como poco, algo más de un kilómetro y medio, y que los otros árboles lo habían percibido como una señal de alarma, y a raíz de ello habían fortificado preventivamente sus hojas con veneno para orugas. A lo largo de la década de 1980, varias generaciones de orugas murieron miserablemente de hambre a causa de esos venenos. Mediante esa estrategia a largo plazo, los árboles acabaron por invertir el curso de la guerra.

Basándose en sus años de observación, los investigadores se convencieron de que esa señalización aérea entre los árboles era la explicación más probable. Sabían que los árboles no son personas y que no tienen sentimientos... hacia nosotros. Nosotros les damos igual. Pero quizá sí se preocupen unos de otros. Quizá durante una crisis los árboles cuidan unos de otros. El experimento de los sauces de Sitka fue una obra brillante y hermosa que lo cambió todo. Solo hubo un problema: tuvieron que pasar más de veinte años para que alguien lo creyera.

# 12

PODÍA CONCILIAR EL SUEÑO, pero no conseguía dormir mucho rato. De forma intermitente, a lo largo de varias semanas a principios de la primavera de 1999, me despertaba hacia las dos y media de la madrugada y me invadía una inquietud creciente por mi incapacidad de volverme a dormir. Bill llevaba el laboratorio de maravilla, y cada experimento funcionaba como un reloj, lo que hacía que resultara aún más frustrante que, una tras otra, fueran rechazadas todas mis propuestas de contrato de subvención. Para obtener el visto bueno, un contrato debe pasar una exigente «revisión por pares». En la evaluación tiene un peso muy determinante el «registro de seguimiento»: el número de descubrimientos relevantes que hayan resultado de contratos anteriores; por este motivo, un investigador que no se ha estrenado está en franca desventaja.

Además, no es infrecuente que los científicos, so pretexto de hacer una evaluación, ventilen prejuicios personales, y yo estaba recibiendo reacciones del estilo de «este evaluador se siente consternado al constatar que la capacidad de la investigadora aquí reseñada se consideró suficiente para hacerla merecedora del título de posgrado en la misma institución que le otorgó a él sus propias credenciales» y otros comentarios envenenados e innecesarios. Durante el congreso de San Francisco por el que habíamos estado a punto de matarnos en nuestro viaje, y en el que yo había presentado algunas de mis ideas sobre la absorción de agua en las plantas, un veterano científico preso de furia (que años más tarde se reveló en un desliz como una buena persona) se había subido a una silla plegable y se había puesto a gritar «¡No me puedo creer que diga usted estas cosas!» mientras yo intentaba hablar. Conmocionada y confusa, yo había dicho «Usted está mal de la cabeza» por el micrófono, lo que no contribuyó a hacer más cordial el ambiente.

En honor a la verdad, debo decir que en realidad el problema había empezado años antes. Durante un descanso en la redacción de mi tesis, hice una visita a una profesora nueva cuya reciente llegada yo llevaba mucho tiempo deseando, debido a su singular experiencia en paleobotánica. La ayudé a desembalar su amplia colección de fósiles y a clasificarlos, etiquetarlos y almacenarlos. Las rocas contenían restos de las plantas más antiguas de la Tierra, y, para reunirlas, había puesto en grave riesgo su propia seguridad, cuando las recogía en las selvas que rodean Bogotá, en Colombia. Aquellos sedimentos tenían 120 millones de años, y la intención de mi colega era extraer los minúsculos granos de polen y esporas de helecho que se habían depositado bajo los pétalos fosilizados. Una vez examinados bajo el microscopio, describía meticulosamente la forma de cada uno de los granos que encontraba y llevaba un registro de cómo variaba el número de granos de unas rocas a otras. A partir de las estadísticas así generadas, podía entonces discernir qué relación se daba entre la aparición de las flores y los cambios en las poblaciones de helechos, y medir la cantidad de sombra que aparecía en el oscuro sotobosque y que había promovido una revolución botánica.

Las muestras de roca eran tan irregulares y oscuras y se desmenuzaban con tal facilidad que no pude evitar preguntarme si tenían aún una cantidad suficiente de carbono orgánico para poder medirla en un espectrómetro de masas. Procesé algunas muestras de prueba y encontré de sobra; de hecho, había suficiente para efectuar un nuevo tipo de análisis químico, una técnica que permitía medir la proporción de átomos pesados de carbono con respecto a los núcleos de carbono comunes, más normales.

Nuestro trabajo resultó ser uno de los primeros análisis con carbono 13 efectuados sobre rocas terrestres ancestrales, y, aunque fui capaz de completar las tareas de laboratorio en menos de dos años, me llevó nada menos que seis interpretar los datos y publicar por fin mis conclusiones. De modo que mis primeros años como profesora me los pasé tratando de persuadir al mundo de que, gracias a un método nada frecuente aplicado sobre muestras heterodoxas, había obtenido un resultado sorprendente mediante una interpretación experimental. Todo el asunto parecía traído por los pelos, y fue una ingenuidad por mi parte pensar que podía convencer a un público que me sacaba varias décadas de credibilidad investigadora. Mis inicios profesionales tenían todas las hechuras de un lento naufragio académico.

Dado que me pasé aquellos primeros años estrellándome repetidamente contra un muro de escepticismo erudito, mi perplejidad acabó dando paso a la resignada aceptación de que iba a necesitar muchos congresos, mucha correspondencia y grandes dosis de cuestionamiento intelectual para convencer a una masa crítica de investigadores científicos de que sabía lo que me traía entre manos. El problema era que no disponía de más años. Cuando se me agotó el dinero que la universidad me había asignado para poner en marcha mi laboratorio, empezamos a apropiarnos de reactivos químicos, guantes, probetas y de cualquier cosa que no estuviera clavada a las estanterías del polvoriento sótano abandonado del edificio donde nos encontrábamos y que nos permitiera seguir trabajando. La ramplona justificación del «así al menos servirá para algo» empezó a sonar a hueco a medida que la desesperación nos llevaba a rastrear los contenedores, los cubos de reciclaje y, en último extremo, los laboratorios docentes de los edificios de ingeniería, donde tenían tal abundancia de material que nos parecía imposible que fueran a echar de menos esto o lo otro.

El dinero para pagar el salario de Bill fue el último fondo en agotarse, y aunque reaccionaba con grandes muestras de indignación cada vez que un estudiante tenía el descaro de preguntarle si era él «el tío ese que vive en el edificio», toda aquella situación empezaba a minarnos la moral a los dos. Al principio, Bill se tomaba su indigencia como una nueva aventura —una fase transitoria de bohemio—, pero su escaso encanto fue disipándose a medida que transcurrían dificultosamente los meses. Durante el tiempo que estuvo sin casa, mis pequeños gestos, como hacerle la cena todas las noches, me bastaban para acallar mi sentimiento de culpabilidad, pero cada vez se me hacía más obvio que estaba arruinándonos la vida a ambos.

También era presa del pánico existencial. Siempre había deseado ser una verdadera científica, y, cuando por fin parecía a punto de alcanzar mi objetivo, me veía en peligro de perderlo todo. Hacía un sinfín de horas extra, pero aquellas noches en blanco tan poco fructíferas no me estaban sirviendo de gran cosa.

Una de esas noches, el vigilante nocturno se acercó a comprobar una luz que, supuso, alguien se había dejado encendida por descuido, y al encontrarme murmuró: «Por mucho que ames tu trabajo, él nunca va a corresponderte»; y sacudió la cabeza con conmiseración mientras cerraba la puerta de mi despacho. No quería darle la razón, pero empezaba a intuir que estaba en lo cierto.

La pesadilla de quedarme sin el laboratorio era más terrorífica si se tiene en cuenta que era el único sueño concreto que había tenido jamás. Durante mis años de estudiante, me había aferrado a la idea de que cuando por fin fuera una auténtica investigadora (algo cuya manifestación fundamental sería un laboratorio con mi nombre en la puerta), todo el mundo reconocería mi credibilidad, a lo que lógicamente seguiría algún avance científico decisivo, y mi vida sería bastante más fácil. Había cursado la carrera con todo mi empeño animada por la expectativa de esa recompensa.

Por eso me dejaba perpleja mi fracaso en aquellos primeros años de docencia, y sentía, por primera vez, una honda preocupación por el hecho de que no llegara a cumplirse mi destino cósmico y acabara fallando a la fe depositada en mí por mis frustradas antepasadas (a las que siempre imaginaba frotando sábanas con los brazos sumergidos en lejía hasta los codos). En el angustioso melodrama de aquellas noches de insomnio, me daba por pensar en san Esteban, ¡pobre diablo! En cómo había empezado lleno de fe y del Espíritu Santo, echándole agallas, y no había llegado ni a salir de Jerusalén cuando lo lapidaron a las afueras de la ciudad. Tan solo unos días antes de aquello, Esteban fue elegido como uno de los siete afortunados encargados de predicar el Evangelio. ¿Le explicó alguien a Esteban que era muy posible que hiciera enfurecer a la gente con su brillante y novedosa visión de las cosas? No puede negarse que fuera extremadamente piadoso y todo lo demás, pero ¿no se sentiría igualmente un poco pardillo?

La Biblia suele ser parca en detalles. ¿El instinto innato de conservación de Esteban no lo llevó a poner alguna traba a su martirio? Cuando alguien te lanza una piedra a la cabeza, ¿no la intentas esquivar instintivamente? ¿No te proteges con los brazos? ¿O cierras los ojos y dejas que ocurra, esperando un buen coscorrón en la sien? Y, además, ¿de dónde sacaban las piedras cuando lapidaban a la gente? ¿Las iban recogiendo por el camino? ¿Como cuántas piedras calculaba cada lanzador que necesitaba? ¿Las examinaban una por una, descartándolas o quedándoselas sobre la base de algún criterio específico? ¿Las mujeres también podían lanzarlas, o se quedaban mirando tímidamente desde la periferia, como las pinta Rafael? Pensaba en Saulo, el joven que fue testigo complaciente del siniestro suceso, y en cómo luego acabó convirtiéndose al modo de pensar de Esteban y se granjeó no poca celebridad recorriendo el imperio para difundirlo, pero solo después de que Esteban estuviera muerto y bien muerto.

Cuando mi pensamiento vagaba de esta manera, en círculos que no conducían a ninguna parte, me ponía aún más nerviosa y me entraban unos picores insoportables, que empezaban en las rodillas y los codos y de allí se extendían a los tobillos y a los hombros. Entonces me sentaba al borde de la cama y me masajeaba las articulaciones balanceándome hacia atrás y hacia delante durante una media hora, y, cuando ya no aguantaba más, llamaba a Bill. El vetusto teléfono de pared del despacho en el que dormía tenía un timbre que sonaba como las viejas alarmas de incendio, y si él corría a contestar era más por la urgencia de silenciarlo que por preocupación por mí misma.

—¿Ya es la hora bruja? —dijo nada más descolgar.

—No me encuentro muy bien —musité con voz temblorosa, que dejaba entrever mi ansiedad galopante.

—Te noto hecha una mierda. ¿Has comido algo desde que me has dejado?

—Me he bebido un Ensure —alegué en mi defensa, y él soltó un suspiro de exasperación.

Siguió una larga pausa. Al cabo de un momento, gruñó y dijo:

—Supongo que ahora toca que te diga que todo va a ir bien.

Yo intentaba no derrumbarme.

—¿Y si no es así? ¿Y si nunca me dan una beca? ¿Y si lo que pasa es que no soy lo bastante lista? ¿Y si lo perdemos todo? —divagué, muy nerviosa.

—Y si, y si, y si... A la mierda con tanto «y si». ¡Nada de eso va a cambiar nada! —me gritó él—. ¿Qué va a pasar porque no te den una beca? No es que puedas pagarme menos de lo que me pagas ahora, por si no has revisado las cuentas últimamente. ¿Y si te despiden? Tenemos las putas llaves del laboratorio; mañana mismo hago una copia. Últimamente me ronda la sospecha de que aquí no hace falta estar contratado para venir a trabajar cada día. Tú sigue poniéndote tu uniforme de ejecutiva y presentándote a esas entrevistas a vender nuestra mercancía, y sácanos de aquí, por lo que más quieras. O recogemos el tenderete una noche y desaparecemos sin más. Tú puedes darle a la manivela del organillo en la primera ciudad en que paremos mientras yo doy brincos con mi gorro de botones agitando unas monedas en un tazón de hojalata.

Para entonces, más calmada con su reprimenda, ya me estaba entrando la risa. Se produjo un largo silencio.

—¿Te leo algo del *Libro de Marcie*?

—Ya era hora de que dijeras algo sensato —contestó Bill.

Saqué el grueso volumen de debajo de la cama y lo abrí por una página al azar.

Habíamos puesto a una de mis últimas estudiantes de máster el apodo de «Marcie», por su personaje favorito de las tiras de Charlie Brown, aunque al final resultó parecerse más a Peppermint Patty, porque tendía a recibir sus múltiples suspensos con la misma resignación campechana. Hacía poco que había dejado el laboratorio, en términos amistosos, pues no estaba dispuesta a mejorar su trabajo en la medida suficiente para hacerlo mínimamente aceptable. Como regalo de despedida, nos dejó el borrador de una «tesis» que había ido engrosando hasta extremos grotescos con las sucesivas revisiones, y yo sostenía insistentemente que ese manuscrito anunciaba el nacimiento de un nuevo estilo literario. Toda aquella tesis era ridícula, desde la tipografía Palatino de catorce puntos en que estaba escrita hasta la desafortunada circunstancia de que algunas de sus páginas hubieran quedado boca abajo al encuadernarla. Para hacer tiempo mientras se me pasaba el insomnio, le leí a Bill un párrafo de tres páginas de las sandeces de Marcie, y a continuación un pasaje de *Finnegan's Wake*. Entonces le reté a que identificara a cuál correspondía cada uno, justificando su respuesta mediante un análisis crítico. La noche anterior había comparado y contrastado la sección de «Metodología» del *Libro de Marcie* con el famoso monólogo de Lucky de *Esperando a Godot*.

Confiando en la singular catarsis que resulta de confabularse en torno a algo despreciable, Bill y yo nos provocábamos mutuamente con alardes de fingida erudición. En los últimos tiempos, aquellas largas y jocosas conversaciones telefónicas con Bill se habían convertido en lo único capaz de poner brida a mi pensamiento desbocado para que pudiera dormir.

Una pausa en nuestra conversación llevó a un largo silencio, y al mirar por la ventana vi que nada indicaba la inmediata salida del sol. Miré el reloj y dije:

—¡Guau! Las cuatro de la mañana y creo que ya está. Nuevo récord. —Mi ansiedad se había disipado.

—¿Sabes qué es lo que peor llevo de esto? Que estoy seguro de que tienes a la Bestia en vela, maldita sea —se lamentó Bill.

Miré a *Reba*, que, efectivamente, estaba echada en su cesta al pie de mi cama, despierta, en calma y vigilante.

Siguió otra larga pausa.

—Diantre, ¿por qué no vas al médico o haces algo? —preguntó Bill, en un tono que rozaba la ternura.

Su sugerencia me hizo reír.

—No tengo tiempo ni dinero, y además, ¿para qué iba a hacerlo? —repuse—. ¿Para que me aconseje que rebaje mi nivel de estrés?

—Para que te recete el puto Prozac.

—No lo... no lo necesito —dije.

La respuesta de Bill fue instantánea:

—Pues no lo tomes. Dáselo al indigente ese que vive en tu laboratorio.

Una nueva oleada de culpa me invadió al comprender que esto era lo más cerca que había estado Bill de confesarme que era infeliz.

—Lo pensaré —prometí. Me tapé la boca con la mano para que Bill no me oyera tragarme lo que quería decir. Al final, se lo transmití, o al menos una parte, diciendo suavemente—: Gracias por cogerme el teléfono.

—Para eso me pagas una fortuna —dijo él, y colgó.

Las cosas nos iban a ir mejor. Al cabo de seis meses, alquilamos una caravana, la cargamos con equipamiento científico, plantamos a *Reba* en el asiento delantero, nos abrochamos los cinturones de seguridad (para variar) y pusimos rumbo norte hacia Baltimore. Había conseguido trabajo para los dos en la Johns Hopkins, y convencido a las dos universidades de que tenía más sentido transferir, sencillamente, el instrumental de laboratorio que desecharlo. Una vez instalados, seguí el consejo de Bill y fui a ver al médico. Empecé a tomar la medicación adecuada, a comer sano y a dormir regularmente, y me puse más fuerte. Bill dejó de fumar. Los dos seguimos trabajando, seguimos llamando a puertas y seguimos creyendo que algún día tenían que empezar a abrírsenos.

El amor y el aprendizaje se parecen en que nunca son un desperdicio. Me fui de Atlanta sabiendo más que cuando llegué. Aun hoy, no tengo más que cerrar los ojos para sentir el olor de una hoja de liquidámbar aplastada, con la misma intensidad que si la sostuviera en la mano. Si me señalan cualquier objeto de los que hay en mi laboratorio podré decir cuánto pagué por él exactamente, y qué empresa lo vende al precio más barato. Soy capaz de explicar la teoría del ascenso hidráulico de forma que hasta el último estudiante de la clase lo entienda a la primera. Sé que hay más deuterio en el agua del suelo de Luisiana que en la del de Misisipi, aunque todavía estoy a medio camino de averiguar por qué. Y, como conozco muy bien el trascendente valor que tiene la lealtad, he estado en sitios a los que nadie puede llegar de otro modo.

*Tercera parte*

# FLORES Y FRUTOS

# 1

DURANTE MILES DE MILLONES DE AÑOS, la totalidad de la superficie terrestre del planeta fue un páramo absolutamente yermo. Incluso cuando ya la vida había poblado pródigamente los océanos, no hay indicios de que en tierra hubiera el menor rastro de ella. Mientras que por el fondo marino vagaban bancos de trilobites, que servían de alimento a los *Anomalocaris* —insectos marinos segmentados del tamaño de un perro labrador—, sobre la tierra no había nada. Esponjas, moluscos, caracoles, corales y exóticos crinoides comenzaron a moverse por entornos de aguas profundas y cercanos a la costa; pero por encima de las aguas seguía sin haber nada. Aparecieron los primeros peces, con y sin mandíbula, y se diversificaron en las formas vertebradas que hoy conocemos; y aún nada.

Pasaron sesenta millones de años más antes de que hubiera vida en tierra firme, constituida por poco más que un puñado de seres unicelulares agrupados en las grietas de una roca. Pero una vez que la primera planta se las arregló para abrirse paso hasta la tierra, bastaron unos pocos millones de años para que todos los continentes se volvieran verdes, al principio únicamente con humedales y luego ya con bosques.

Tres mil millones de años de evolución solo han producido una forma de vida capaz de invertir este proceso y hacer de la Tierra un lugar considerablemente menos verde. La urbanización está descolonizando las superficies concienzudamente colonizadas por las plantas hace cuatrocientos millones de años, devolviéndolas a su estado original de tierra áspera y baldía. En Estados Unidos, se prevé que la cantidad de suelo urbano se duplique en los próximos cuarenta años, reemplazando una superficie total de bosques protegidos tan extensa como Pensilvania. En el mundo en vías de desarrollo, el proceso se produce a una velocidad aún mayor, y afecta a más espacio y a muchas personas más. En el continente africano, se urbaniza un área forestal del tamaño de Pensilvania cada cinco años.

Baltimore es la ciudad con menos árboles de la Costa Este de Estados Unidos, donde el clima relativamente húmedo sostuvo en su día densos bosques. El centro urbano de Baltimore tiene tan solo un árbol por cada cinco habitantes. Vista desde el espacio, apenas el 30 por ciento de la ciudad se ve como algo verde, y el resto no es más que una extensión ininterrumpida de asfalto. El mismo día que Bill y yo llegamos a Baltimore, conseguí una hipoteca sin entrada y compré una vieja casa adosada cerca de la universidad. Bill se instaló en el ático y no tardó en acostumbrarse a dormir en un sitio que no fuera un edificio público. Dejar atrás Georgia, donde ambos habíamos crecido tanto, tenía un sabor agridulce, pero, como las primeras plantas, necesitábamos un nuevo lugar donde poder desarrollarnos, así que decidimos que aquel bloque de piedra pelada podía servirnos de hogar.

# 2

—¿EN SERIO CREES QUE ESTO ES ILEGAL? —le pregunté a Bill por la radio CB.

—Dios santo, no lo sé. Consideremos el asunto utilizando las frecuencias públicas. —La voz de Bill se oía con perfecta claridad, lo que no tenía nada de sorprendente, dado que conducía el vehículo que iba justo delante de mí. Volvíamos a nuestra casa de Baltimore, recién estrenada aún, tras un viaje relámpago a Cincinnati, y uno de nosotros conducía una furgoneta U-Haul.

—Bueno, estaba pensando —rumié—. Tenemos como 650 kilómetros de camino por delante, y si nos para un policía y advierte que transportamos cientos de dólares de instrumental de laboratorio con un sello que dice «propiedad de la Universidad de Cincinnati» puede que nuestros carnets de conducir del estado de Maryland no sean considerados una prueba de propiedad suficiente.

—¿No tienes una copia de la última voluntad y testamento de Ed que diga «Habiéndome jubilado en cuerpo y mente, lego por la presente todas mis posesiones de laboratorio, contaminadas o no, a mi nieta académica para que pueda continuar mi obra y multiplicar por cien mis propios hallazgos»? —Bill, en realidad, estaba encantado de que le diera conversación, y yo había recibido órdenes estrictas de seguir parloteando después de que la radio de su vehículo se demostrara inoperante.

—No, no la tengo, y, de todos modos, no creo que él quisiera dejar constancia por escrito —dije, dándole vueltas. Y añadí—: Pero puede que solo esté un poco paranoica. O sea, ¿qué delito podría pensar un policía que planeamos cometer con un montón de matraces?

—No sé, tonta del culo, ¿inaugurar el laboratorio de metanfetamina número diez mil del estado de Virginia Occidental, para empezar? —Bill me impresionaba con su mundanidad.

No me parecía que estuviera siendo demasiado cooperativo, teniendo en cuenta que había mostrado, como mínimo, tanto empeño como yo en que nos lleváramos el material. ¿No había sido él quien había cargado, descargado y vuelto a cargar la U-Haul tres veces, consiguiendo embutir en ella más cajas en cada reorganización?

—Oye, tienes razón; en lo que tenemos que pensar es en el precio de todo esto, y recordar que toda esta mierda inútil nos ha salido gratis —dijo, clarificando la situación desde el punto de vista moral.

Al día siguiente, retomaríamos nuestro trabajo de convertir un sótano enorme del departamento de Geología de la Johns Hopkins en un magnífico laboratorio, proyecto que habíamos iniciado después de mudarnos en el verano de 1999. Entre tarea y tarea de la magna obra de construcción, habíamos recorrido todo el circuito nacional de congresos académicos de biología, ecología, geología y lo que hiciera falta: yo iba dándome a conocer, y haciendo promoción general del nuevo laboratorio. Un día de otoño de 1999, dando una vuelta por la tienda del congreso de la Sociedad Geológica Americana de Denver, nos habíamos encontrado con mi «tío académico» favorito, Ed, que estaba enfrascado en buscar un regalo de cumpleaños para su mujer. Hacía ya tiempo que no le veía; se le notaba un poco más viejo, pero seguía dando la imagen paternal que yo asociaba con él. Cuando me acerqué a saludarlo, dejó lo que estaba haciendo y me recibió con un fuerte abrazo.

Ed había sido compañero de facultad del director de mi tesis (de ahí el título de «tío») y fue uno de los científicos que desentrañaron las subidas y bajadas del nivel del mar a lo largo de los eones. Él y su equipo habían analizado miles y miles de minúsculas conchas marinas dejadas por los animales microscópicos que vivían y morían en la superficie de los océanos. Empezaron con esa labor en la década de 1960, y les había llevado a desarrollar un método con el que la química de la concha podía servir para calcular cuánto hielo había en el Polo Norte, basándose en una serie de afortunadas relaciones indirectas.

Cuando los veranos árticos son fríos, la nieve caída durante el invierno no se funde, sino que se apila y se aplasta por su propio peso, hasta que inmensas lenguas de hielo que están en la base del montón se ven desplazadas hacia fuera. Se encuentran huellas de tales desplazamientos hasta latitudes tan meridionales como Illinois, lo que da pie a debatir si unos veranos incesantemente fríos podrían dar lugar a una Tierra que fuera como una bola de nieve, cubierta de hielo de un polo al otro. Dado que las precipitaciones se originan a partir de la evaporación, un planeta con inmensas prolongaciones de hielo polar sería también un planeta con menos agua en los océanos, la suficiente para hacer descender bastantes metros el nivel del mar. Al retroceder así el mar, queda al descubierto más tierra, y se crean nuevos tipos de suelo que pueden ocupar las plantas, los animales y las personas. Masas acuáticas que han mantenido a los animales separados durante miles de años se desecan, y todo empieza a mezclarse. Un mundo helado es un mundo nuevo lleno de oportunidades, de tierras que conquistar y de equilibrios de poder que desafiar.

Ed y sus contemporáneos tuvieron la osadía de pensar que esos enfriamientos y calentamientos tenían lugar cíclicamente, pero lamentaban el hecho de que cada generación de hielo habría borrado las huellas de la precedente, obligándolos a buscar nuevas formas de leer la historia anterior al invierno interminable más reciente. En el fondo de nuestros océanos, en su hincharse y retirarse, se han ido depositando las conchas vacías de minúsculos organismos que vivieron su vida en la superficie marina, y las perforadoras que buscan petróleo levantan capas y capas de rocas en las que esas conchas se solidificaron.

Cada una de esas conchas diminutas se bañó en el océano de la época en que vivía, en el agua que quedó después de que se formara el hielo. Durante ese baño, la química del océano quedó impresa en la química de la concha, y en eso se basa la teoría de que los análisis de las conchas fosilizadas a lo largo del tiempo cuentan la historia del hielo del planeta, de los ciclos glaciales. Durante décadas, Ed fue trabajando su modesta teoría, que pasó de ser una fantasía improbable a un hecho demostrable, y hoy en día la recogen todos los libros de texto de introducción a la geología. Para efectuar ese trabajo, Ed dirigía un gran laboratorio repleto de equipos con los últimos avances de la técnica; de la técnica de 1970, claro.

Ed me preguntó en qué andaba metida en aquel momento, y le dije que estaba montando un nuevo laboratorio en la Universidad Johns Hopkins. Le presenté a Bill, a quien él no acababa de recordar de los tiempos de Berkeley. Yo sabía que, desde la última vez que lo había visto, le habían ascendido a decano, y le pregunté si le gustaba.

—Ni pizca —respondió, mientras iba examinando de una en una las joyas de una bandeja—. Me jubilo a finales de este año.

Aunque debía de estar ya en la setentena, el anuncio me impresionó igualmente, ya que no estaba en absoluto mentalizada para perder a la generación que me había apadrinado. Me pregunté en qué consideración me tendría el Club de los Veteranos una vez que los pocos aliados —como Ed— con los que contaba ya no estuvieran para defenderme en los claustros.

—¿Y qué va a pasar con tu laboratorio? —le pregunté, incrédula.

—Acogerá un clúster de ordenadores para un geofísico nuevo que acaban de contratar —me dijo, con tristeza—. Todos mis trastos irán directamente a la basura. ¿Por qué, quieres alguno?

Se me subió toda la sangre a la cabeza. Miré a Bill, que se había quedado con la boca entreabierta. A la semana siguiente, agarramos mi coche y fuimos a Ohio. Cuando llegamos a Cincinnati, alquilamos una U-Haul para el viaje de vuelta.

Ed nos recibió al pie del edificio que acogía su laboratorio un martes a media mañana. Nos condujo al interior y nos presentó a todo el mundo, contando muy orgulloso que me conocía desde mis primeros años de estudiante, que ahora era una profesora que estaba haciendo grandes cosas y que había venido porque su equipamiento tenía demasiado valor científico para ser desechado. Relató las mismas anécdotas que le había oído contar cada vez que nos veíamos y que probablemente repetía también cuando no estaba yo delante. Contó que le había escrito una carta larguísima después de leer uno de sus artículos, interesándome por los antecedentes de sus experimentos, por sus pormenores y por los fiascos del proceso. Contó que en cierta ocasión habíamos hecho juntos una excursión de campo para analizar suelos y que yo había dormido en el coche porque no quería perder valiosas horas de luz montando la tienda. Contó que yo era la alumna más trabajadora que había tenido y que supo que era especial desde el momento en que me conoció. Yo miraba al suelo para que nadie viera mi sonrisa avergonzada y probaba a sostenerme sobre un pie mientras esperaba a que terminara.

Cuando acabó, levanté la vista, le miré y dije: «Gracias». Luego pasé el mal rato por el que había pasado más de una vez mientras la gente a la que me presentaba me miraba de arriba abajo poniendo una cara a la que estaba muy acostumbrada. Una cara que decía: «¿Esta? No puede ser; tiene que haber algún error». Organizaciones públicas y privadas de todo el mundo han estudiado los mecanismos del sexismo en el mundo científico y llegado a la conclusión de que son complejos y concurren en ellos múltiples factores. En mi experiencia personal, el sexismo ha operado de forma muy sencilla: por el peso acumulado de que te repitan constantemente que es imposible que seas lo que eres.

—Y tampoco te haces ningún favor yendo por ahí con tus putas coletitas y tus camisetas con lamparones —me recuerda Bill cada vez que me hago la víctima de una persecución, y no tengo más remedio que darle la razón.

Ed nos guio hasta el sótano y nos abrió su laboratorio. Era evidente que allí dentro no se había llevado a cabo ningún experimento en muchos años, pero no dejaban de ser noventa metros cuadrados repletos de instrumental polvoriento y de un cúmulo considerable de material fungible. Bill lo contemplaba desde una esquina, y su expresión me dijo que estaba comparando mentalmente el espacio de la sala con el de la camioneta. Sabía que su reacción instintiva sería simplemente trasladarlo todo de un lugar al otro, y que me iba a tocar argumentar con el máximo rigor si pretendía dejar alguna cosa; hasta, e incluido, un cajón lleno de tapones para las orejas usados.

—Bueno, pues será mejor que nos digas qué podrías echar en falta luego si nos lo llevamos. —La codicia me cegaba, haciendo que me costara sonar diplomática.

Ed sonrió.

—La verdad, ni siquiera sabría decirte para qué sirven la mitad de estos trastos. El tipo que trabajaba para mí (un hombre brillante, se llamaba Henrik; es una pena que no llegaras a conocerlo) fabricó la mayoría de ellos a la medida de nuestras necesidades específicas. Trabajamos juntos treinta años. Se jubiló hace tres y ahora vive en Chicago, pero puedes contactar con él si quieres aclarar algo. Hasta los trastos que compramos de fábrica los tuvo que adaptar bastante: le falta un brazo.

Siguió un largo silencio, que no se rompió hasta que Bill elevó ambos brazos al cielo y bramó:

—¡Dios santo! ¿Quieres decir que era un tullido? ¡Si hay algo que no tolero es la idea de que ande por el laboratorio un monstruo de feria! ¡Es repugnante!

En los embarazosos minutos siguientes, Ed se volvió hacia mí como diciendo «¿De dónde diantres has sacado a este tío?». Yo me quedé paralizada con una sonrisa serena en los labios, como acostumbraba a hacer en semejantes ocasiones. Ed sacudió la cabeza, consultó su reloj y dijo:

—Tendría que volver a la oficina del decanato. El personal de mantenimiento puede echaros una mano con las cosas más pesadas si se lo pedís. Pasa por mi despacho cuando terminéis de cargarlo todo. —Sacó una corbata de su cartera, se puso la chaqueta del traje y salió.

Bill y yo nos miramos y le sonreí.

—No se te puede llevar a ningún sitio —dije, con un suspiro.

A Bill le falta parte de la mano derecha, que además es su mano dominante. La gente, a saber por qué, no repara en ello hasta que lleva años trabajando codo con codo con él, y, aun así, no siempre. Tiene grandes cicatrices en la piel, con lo que está claro que nació con la mano entera y en algún momento le rebanaron un trozo. Debía de ser muy niño cuando ocurrió, porque él no lo recuerda. Creo que las únicas personas que saben de verdad qué pasó son sus padres, y no tienen ningún interés en hablar de ello. La madre de Bill es de ascendencia sueca, así que a mí tampoco me extraña tal falta de información.

Bill es capaz de hacer con 1,7 manos la inmensa mayoría de las cosas que el resto del mundo hace con dos, y es por eso que las únicas ocasiones en que cobra relevancia la naturaleza inusual de su apéndice se producen cuando, de tanto en tanto, le da pie a poner un toque de humor negro. A mí me produce un placer retorcido insinuar a la gente que Bill se lesionó en el laboratorio al ejecutar mal un experimento, y uno de sus pasatiempos favoritos es acercarse sigilosamente por detrás a los alumnos cuando están manejando un bisturí bien afilado y exclamar por sorpresa: «¡Ojo con los dedos!».

Llevamos al laboratorio las cajas de cartón y los rollos de plástico de burbujas que habíamos traído y corrimos algún mueble para tener sitio donde embalar las cosas que quisiéramos quedarnos. Decidimos que

Bill se encargara de desmontar lo más aparatoso y yo de ordenar las cosas más pequeñas, envolverlo todo y meterlo en las cajas. Estuvimos horas trabajando, centrándonos de entrada en lo que tuviera una utilidad más evidente: cajas de guantes sin abrir, botellas y matraces de tamaños singulares, transformadores exentos, bombas y generadores eléctricos. Luego pasamos a los artículos de uso infrecuente, pero caros, como contenedores que podían ralentizar la ebullición de fluidos ultrafríos al exponerlos al aire. Con cada artículo que empaquetaba, calculaba los varios cientos de dólares que nunca tendríamos que gastarnos e iba llevando la cuenta. Bill hacía un dibujo minucioso de los trastos más grandes en su libreta y los fotografiaba desde varios ángulos antes de desmontarlos, consciente de que no iba a tener más manual de montaje que ese cuando volviéramos a casa. También se desdoblaba espectacularmente, criticando todo lo que yo hacía sin dejar de trabajar.

—Pero ¿qué haces? Vas a gastar todo el plástico de burbujas. Modérate —me ordenó.

—Huy, perdón —respondí—. Qué tonta, creía recordar del doctorado de no sé qué que el cristal se rompe. Pero claro, tú lo sabrás mejor, que para eso fuiste a la escuela universitaria.

—Pon menos plástico, nos durará más, abultará menos y podremos llevarnos más cosas —replicó gruñendo—. Conduciré despacio.

—¿Por qué estás de tan mal humor? —le pregunté—. Deberías estar contento de que haya organizado este pequeño atraco.

—Pues no sé. Será porque he estado conduciendo toda la puta noche mientras tú dormías, quizá.

—¿Se me ha pasado darte las gracias por eso? —triné, con los ojos como platos—. Vaya, pues ya es tarde para eso; a lo hecho, pecho.

Estábamos evitando lo que suponíamos erróneamente que sería una tensa confrontación por el espectrómetro de masas casero que había en la otra punta de la sala. Los dos lo queríamos, pero sabíamos que no podíamos llevárnoslo. Al final, nos acercamos y dimos vueltas a su alrededor para verlo desde todos los ángulos, como rondando con cautela a una presa astuta. Era un trasto grande, autónomo, aproximadamente del tamaño de un coche pequeño, con un panel de lecturas analógicas en el frontal, cada una con una aguja que había dejado de bailar hacía ya tiempo.

—Este trasto es mitad cristal, mitad metal y mitad aglomerado —bromeó Bill, mientras intentábamos identificar con la mirada el recorrido desde la válvula de entrada al detector a través de los cables, calibradores y rótulos escritos a mano en el exterior de la máquina que decían cosas como NO ME TENSES DEMASIADO.

A menudo comparo mi espectrómetro de masas con una báscula de baño. Ambos aparatos sirven para medir la masa de un objeto y comunicar el resultado conforme a su situación sobre un espectro. En una báscula, los extremos de ese espectro pueden ir de diez a ciento veinte kilos. Cuando alguien se sube a la báscula, se comprime mecánicamente un muelle, y la fuerza se transmite a un dial que gira por debajo de una aguja. En el dial hay pintados números que aumentan según aumenta la fuerza.

Una báscula de baño puede decirnos con mucha precisión si el objeto que sostiene pesa veinte kilos o en realidad se acerca más a los noventa kilos. Dicho aparato va muy bien para permitir establecer la diferencia entre un adulto y un niño, pero no es lo bastante precisa para poder determinar el valor en sellos que hace falta para enviar una felicitación navideña. Para resolver ese problema, se tendría que usar la de la oficina de correos, que tal vez sea una barra basculante que alcanza un punto de equilibrio perfecto al deslizar un peso hasta la posición numerada en que compensa exactamente el peso de la carta colocada en la bandeja.

La báscula de baño y la de la oficina de correos son dos máquinas, ambas ingeniosamente diseñadas para dar el mismo tipo de medición, el mismo fin por distintos medios. Podemos seguir reduciendo ese espectro: pongamos que queremos pesar dos conjuntos de átomos, y que querríamos poder ver cuál es más pesado a consecuencia de su incorporación arbitraria de un puñado de neutrones adicionales. Nos hace falta construir una máquina. La buena noticia es que solo tenemos que construirla una vez, ya que es del todo improbable que nadie más que nosotros vaya a querer nunca tener una igual en su cuarto de baño o en su oficina gubernamental. Esto nos deja las manos libres para hacerla tan fea, tan tonta, tan poco manejable y tan ineficiente como queramos: solo nos hace falta improvisar algo que nos sirva a nosotros para nuestros fines. Así es como se construyen los instrumentos de investigación científica.

El proceso creativo generado a partir de esas necesidades da lugar a creaciones deliciosamente extravagantes, tan únicas como sus creadores. Como todo arte, son producto de su tiempo y un intento de dar respuesta a las cuestiones planteadas en su época. También al igual que el arte, parecen obsoletas y anticuadas vistas desde el futuro que contribuyeron a crear. Y sin embargo, si nos paramos a contemplar la obra artesanal de científicos que nos precedieron y a admirar el cuidado puesto en los elementos periféricos, podemos obsequiarnos con una singular fascinación, igual que nos deslumbran los cientos de minúsculas pinceladas que se aglomeran por arte de magia formando un barquito en el horizonte de un cuadro puntillista.

Cincuenta años atrás, científicos como Ed esculpían sus obras en torno a enormes imanes, que hacían las veces de corazón pulsátil de la máquina resultante. El campo electromagnético generado por cualquier imán actúa en proporción a su masa; en consecuencia, un imán grande crea un campo lo bastante grande para atraer átomos distintos con fuerza sensiblemente variable. Partiendo de ahí, se les ocurrió acelerar dos conjuntos de átomos en dirección a un mismo imán y medir cuánto se desviaba cada uno de su curso al atravesar el campo electromagnético, y determinar con base en las trayectorias de su tránsito cuál contenía mayor proporción de neutrones.

Cómo debería funcionar esto puede determinarse mediante cálculos sencillos, ya que los efectos de un imán que dependen de la masa se conocen desde hace cientos de años. El problema práctico de acelerar las partículas —de trasladar el modelo teórico a la realidad— lo resolvió un grupo relativamente reducido de investigadores que trabajaban en la Universidad de Chicago, cuyos alumnos siguieron perfeccionando el método en el Instituto de Tecnología de California. Sus técnicas fueron difundiéndose por lugares como Cincinnati, y al cabo de muchos años llegaron a automatizarse en las versiones de fácil manejo que usamos en mi laboratorio.

En aquellos primeros tiempos, igual que ahora, se introducía la muestra a medir en forma de gas, y se ionizaba antes de acelerarla. La desviación magnética del haz de partículas lanzaba la muestra contra un objetivo, y cada impacto producía una mínima señal eléctrica. Una fila de detectores captaba esos impulsos eléctricos y los ubicaba en un espectro cuyos picos se correspondían con la masa de las partículas. Al igual que una báscula de baño, los espectrómetros debían calibrarse con elementos conocidos de peso estándar, y luego podían utilizarse para casi cualquier cosa susceptible de ser llevada al estado gaseoso, incluidas las conchas del fondo del océano.

El instrumento que contemplábamos —el viejo espectrómetro de masas de Ed— parecía un montón de chatarra metálica de alta tecnología, y debía de pesar una tonelada, por lo menos. Antes de cargarlo con la muestra, había que extraer el aire de su cámara metálica bombeándolo mecánicamente, y hacer otro tanto con el tubo de lanzamiento. En tiempos de Ed, las bombas eran poco más que un motor de motocicleta alojado en una caja de acero, que giraba a velocidad suficiente para crear una fuerte succión y sostenerla, mientras pudiera mantenerse el suministro de energía y se soportara el ruido.

El gas se movía a través de la válvula de entrada de forma similar a como avanza una barcaza por las esclusas de una represa, deteniéndose cada tanto a la espera de que se vaciara de aire la siguiente cámara. Para sellar esas cámaras de espera de modo que no se escapara el gas se introducía mercurio líquido que formaba una pared y se extraía posteriormente, cuando la pared dejaba de ser necesaria. El fluido metálico era casi perfecto: químicamente no reactivo, incompresible y conductor de la electricidad. Estaba el pequeño detalle, no obstante, de que también era monstruosamente tóxico. Bill y yo mirábamos embobados la hermosa antigualla, sabiendo que no podíamos darle ningún uso y meneando la cabeza ante sus depósitos de cristal llenos de litros y litros de mercurio reluciente.

Una sola gota de mercurio del interior de un termómetro de los antiguos, si este se rompe, ya requiere que se aplique un protocolo de disposición de materiales peligrosos. La simple visión de depósitos de mercurio de cuatro litros nos impresionaba, y nos llevó a evocar los riegos que afrontaría Ed (o más bien el brillante Henrik, apuntó Bill) trabajando con estas sustancias durante décadas. Para impulsar el mercurio hacia delante y hacia atrás, habían modificado y añadido un brazalete de tensiómetro de brazo que, presumiblemente, podía manejarse con una sola mano. La pintura de algunos mandos estaba gastada de muchos años de girarlos con cuidado, y las soldaduras presentaban indicios de intentos repetidos de aficionados que finalmente acababan en costurones exageradamente robustos. La propia máquina daba al usuario paternales consejos no requeridos, del estilo de ¿HAS APAGADO H2? y GIRAR EL ÚLTIMO, escritos en las válvulas con rotulador permanente de color rojo o negro. En algún rincón suelto había un lacito de hilo rojo, tal vez para asegurar el recuerdo de un paso fácil de olvidar pero necesario, o quizá simplemente a modo de amuleto de la suerte.

Tras examinar la máquina absortos desde todos los ángulos, comenté:

—Es una lástima tirar esto. Alguien debería exhibirla en algún museo.

—No lo harán —dijo Bill.

Ya nos íbamos cuando me fijé en que había algo apoyado en la parte de atrás del instrumento. Era un tablero cuadrado de unos treinta centímetros de lado, del que sobresalían unos diez tornillos por el lado puntiagudo. Las puntas estaban dispuestas en cuadrícula, y al pie de cada una figuraba anotado el diámetro del tornillo: 1/16, 3/8, 5/8, 9/16, etcétera. Servía a un propósito sumamente útil: permitirle a uno apreciar rápidamente el calibre de una tuerca, arandela o tornillo sueltos, ayudando así y averiguar de dónde se había caído la pieza de ferretería en cuestión, o para qué podía usarse.

—No me extraña que Ed esté en la Academia Nacional —dije—. Tenemos que llevárnoslo.

—No —dijo Bill—. Se queda aquí. —Su firmeza me sorprendió.

—¿Estás loco? Es pequeño, y no tenemos ni que envolverlo —argüí.

Bill lo miraba, pensativo.

—No. Es de ellos. Ha de quedarse con Ed.

—Pero es una genialidad —repliqué—. Tiene el poder de transformar la civilización occidental, y lo sabes.

—Descuida, te haré uno. Te lo prometo.

En cuanto acabamos de cargar la camioneta, fuimos a buscar el despacho de Ed y llamé a la puerta. Cuando nos abrió, le entregué cuatro hojas de papel y le dije:

—He hecho una lista de todo lo que nos hemos llevado, para que la tengas.

Ed nos acompañó afuera, echó un vistazo al contenido de la camioneta y nos ayudó a asegurarlo todo por segunda vez. Era hora de irse.

—Gracias por todo. Significa mucho —dije, deseando añadir algo más elocuente, pero sin que se me ocurriera nada—. Puede que hasta me hayas asegurado un par de años más sin que me despidan —añadí, sonriente.

Ed sacudió la cabeza, riéndose.

—Bah, me da la impresión de que te va a ir muy bien. Pero procura no extenuarte en el empeño, ¿de acuerdo?

Su reconocimiento implícito de mis años de esfuerzo agudizó la emoción del momento, y se me hizo de pronto un nudo en la garganta. Ahí estábamos, dos científicos celebrando en el aparcamiento una ceremonia íntima por la que las herramientas de su vida —de su carrera— eran transferidas a la mía.

La sugerencia que hizo Ed en su juventud de que la química oceánica podía reconfigurarse completamente era una idea peligrosa por entonces, y él se había pasado muchas noches estudiando mientras la gente que conocía mataba el tiempo viendo jugar a Joe DiMaggio o discutiendo sobre las audiencias de la comisión McCarthy. Cuarenta años después, su teoría era algo que yo podía dar por probado al aventurarme hacia mi propio y ambiguo futuro. Tenía su lado trágico, me dije, que nos pasáramos la vida trabajando sin llegar jamás a ser excelentes en nuestro trabajo, o a acabarlo siquiera. Mi destino era más bien apoyarme en la piedra que él había lanzado a las aguas revueltas del río, doblegar y arrancar otra piedra del fondo y entonces lanzarla un poco más lejos, con la esperanza de que sirviera para que alguien que la Providencia dispusiera que se cruzara en mi camino diera el siguiente paso. Hasta entonces, nuestros matraces, termómetros y electrodos quedaban a mi cuidado, confiando contra toda esperanza en que no todo acabara siendo basura en el momento de jubilarme yo.

Sumida en estos pensamientos, miré a Ed y de repente me sobrevino un temor irracional a que muriera antes de que volviera a verlo, y le abracé con todas mis fuerzas. La entereza no me dio para quedarme mirando mientras él estrechaba la mano derecha de Bill, pero sí que advertí que el apretón se había metamorfoseado en un abrazo de oso para cuando me metí en el coche y me acomodé al volante.

Nos perdimos intentando salir de la ciudad, y cuando por fin circulábamos por la interestatal sonó por la CB la voz de Bill, que decía:

—Mierda, a este trasto va a haber que echarle gasolina en un par de horas. Tendría que haber aprovechado para hacerlo mientras andabas por ahí jugando a Ricitos de Oro.

Le recriminé:

—Calla, enano. Y da gracias de que tu trabajo sea como un maldito cuento de hadas. No todo el mundo puede morder la mano blanca como la nieve que le da de comer e irse de rositas.

—Sí, sí, muy bien, pero estas camionetas no se cargan solas. Así que no te olvides tú de quiénes son tus verdaderos amigos —replicó.

Sonreí, al fijarme en el eslogan que figuraba en la matrícula de Pensilvania de la U-Haul que conducía Bill («¡América empieza aquí!»), pero no respondí. Metí un CD en el reproductor del coche: *Canciones de «Dawson crece»*. Sin dejar de apretar el botón de «hablar» del micrófono de la CB, lo envolví en cinta aislante para fijarlo en esa posición. Entonces lo coloqué con cuidado justo delante de uno de los altavoces del coche, regodeándome en la seguridad de que al cabo de tres de aquellos temas de pop empalagoso Bill estaría ya subiéndose por las paredes. Nos metimos en el carril lento y giramos al este, sin tener muy claro quién seguía a quién.

# 3

PARA LOS ÁRBOLES QUE VIVEN en la nieve, el invierno es un viaje. Las plantas no viajan por el espacio como nosotros; por regla general, no se desplazan de un sitio a otro. Pero sí que viajan en el tiempo, soportando un suceso tras otro, y, en este sentido, el invierno es un trayecto especialmente largo. Los árboles siguen el consejo habitual para cualquier viaje prolongado a través de un entorno rústico: preparar bien el equipaje.

Estar desnudo sin moverse del sitio, al aire libre y a temperaturas bajo cero durante tres meses es una sentencia de muerte para casi cualquier ser vivo del planeta, salvo para las numerosas especies arbóreas que llevan haciéndolo cien millones de años o más. Las píceas, los pinos, los abedules y el resto de especies que pueblan Alaska, Canadá, Escandinavia y Rusia soportan hasta seis meses de clima gélido todos los años.

Tal vez el lector no se sorprenda si digo que el único secreto de la supervivencia es evitar morirse de frío. Los organismos vivos están hechos fundamentalmente de agua, y los árboles no son una excepción. Cada célula de un árbol es básicamente una caja de agua, y el agua se congela a exactamente cero grados Celsius. El agua, además, aumenta de volumen al congelarse —justo al contrario que la mayoría de los líquidos—, y esa expansión puede reventar cualquier receptáculo que la contenga. Lo puedes comprobar si el fondo de tu nevera enfría un poco más de la cuenta: a poco que se escarche, un manojo de apio queda reducido a una masa flácida y empapada. Esto es debido a que las paredes de las células han reventado al congelarse el agua que contenían, con lo que tu pieza de verdura se ha echado a perder.

Las células animales pueden soportar temperaturas bajo cero durante un breve espacio de tiempo porque están quemando azúcar constantemente para producir energía en forma de calor. Las plantas, en cambio, fabrican azúcar absorbiendo energía en forma de luz. Si el sol no pega lo bastante fuerte para mantener el aire por encima de los cero grados, tampoco lo hace con el árbol. Debido a la inclinación del eje de rotación de la Tierra, el Polo Norte se esconde del sol durante parte del año, con lo que se reduce la cantidad de calor que se recibe a altas latitudes, y esto es lo que causa el invierno en el hemisferio norte.

A fin de prepararse para su largo viaje invernal, los árboles pasan por un proceso conocido como «endurecimiento». En primer lugar, aumenta drásticamente la permeabilidad de las paredes de las células, permitiendo que salga el agua pura y aumentando así la concentración de azúcares, proteínas y ácidos que deja tras de sí en el interior. Estos compuestos químicos actúan como un potente anticongelante, de forma que la temperatura de las células ya puede caer muy por debajo de cero, mientras que el fluido que contienen se mantiene en forma de líquido espeso. Los espacios intercelulares, a su vez, se han llenado de un destilado extremadamente puro de agua de las células, tan pura que no hay átomos sueltos en torno a los que pueda formarse y crecer un núcleo de hielo. El hielo es un cristal tridimensional de moléculas, y la congelación requiere un punto de nucleación; alguna anormalidad química a partir de la cual pueda empezar a construirse la estructura. El agua pura, libre de tales puntos, puede estar «superrefrigerada» a hasta cuarenta grados bajo cero y mantenerse en forma líquida, sin cristales de hielo. Es en ese estado «endurecido», con algunas células atestadas de compuestos químicos y otras seccionadas para preservar la pureza, cómo el árbol se embarca en su viaje invernal y permanece impasible al paso de las heladas, granizadas y ventiscas propias de la estación. Estos árboles no crecen durante el invierno; se limitan a permanecer en pie y conducir al planeta hasta el otro lado del Sol, donde el Polo Norte volverá a inclinarse por fin hacia la fuente de calor, y el árbol vivirá su verano.

La inmensa mayoría de los árboles septentrionales se preparan bien para su travesía del invierno, y es muy raro que alguno muera por el daño producido por las heladas. Un otoño muy frío trae el mismo endurecimiento que uno templado, porque no es el cambio de temperatura lo que les da la señal a los árboles, sino el acortamiento de los días, que perciben como una disminución constante de la luz a lo largo de los sucesivos ciclos de veinticuatro horas, y que desencadena el endurecimiento. A diferencia de la tónica general del invierno, que puede ser suave un año y riguroso al siguiente, el ciclo de cambios en la luz es exactamente el mismo todos los años.

Multitud de experimentos han demostrado que es el cambiante «fotoperiodo» lo que pone en marcha el proceso de endurecimiento arbóreo; se puede hacer que se dispare en julio si engañamos a los árboles mediante luz artificial. El endurecimiento funciona desde hace eones, porque un árbol puede confiar en que el sol le dirá cuándo se avecina el invierno, incluso en aquellos años en que el clima se vuelve caprichoso. Son plantas que saben que cuando tu mundo está cambiando rápidamente es importante tener identificado lo único con lo que siempre puedes contar.

# 4

ME HALLABA CUBIERTA DE HOJAS secas, aplanadas. Tenía el pelo lleno de ellas, y notaba que trocitos crujientes de tallo resbalaban desde mi cuero cabelludo hasta el cuello del jersey. Llevaba las botas llenas de restos de hojas, y algunos se me colaban por dentro de los calcetines. Las muñecas las tenía negras de la mugre de polvo de hojas secas que quedaba cada vez que me quitaba o me ponía los guantes. Si estornudaba, el moco que echaba salía tiznado del mantillo que las recubría, y en la boca me quedaba un sabor de hojas secas y muertas. Cada vez que levantaba la navaja en alto, me caía encima un chorro de hojas secas comprimidas. Ni siquiera me molestaba de limpiarme los ojos de sus restos; me limitaba a cerrarlos mientras escarbaba.

Bill y yo estábamos pasando el verano a unos 1.100 kilómetros más arriba de la costa norte de Alaska, en la isla Axel Heiberg, que forma parte del vasto territorio canadiense de Nunavut. Gracias a nuestro GPS, sabíamos exactamente en qué punto del globo estábamos, casi al centímetro, de hecho, y sin embargo teníamos la abrumadora sensación de haber desaparecido del mapa. Nuestro grupo de doce científicos constituía la única representación humana en quinientos kilómetros a la redonda. Militares canadienses venían por aire cada pocas semanas a comprobar que estábamos bien, pero entre visita y visita estábamos completamente solos con nuestros pensamientos y nuestra mutua compañía.

Una de las cosas más raras de estar a miles de kilómetros de cualquier sitio es lo increíblemente a salvo que te sientes. No va a ocurrirte nada inesperado. No vas a toparte con ningún desconocido. El permafrost en descongelación exuda agua, volviendo el suelo esponjoso y tan blando que aunque te caigas no te haces daño. En teoría, podrían aventurarse tierra adentro osos polares hambrientos y devorarte, pero los científicos que conozco que llevan trabajando allí más de una década me cuentan que aún no han visto ninguno tan al interior.

El paisaje es llano y se alcanza a ver con nitidez a quince o más kilómetros de distancia, porque el aire es límpido como el cristal. No hay hierba, no hay arbustos y, ciertamente, no hay árboles. Tampoco se ven muchos animales, porque no hay prácticamente nada que puedan comer. Las formas de vida que llegas a ver —un liquen pegado a una roca, un solitario buey almizclero avanzando penosamente por la llanura, un ave inidentificable volando a gran altura— son pocas y muy espaciadas.

El sol no se pone nunca, jamás. Solo da vueltas sin cesar a tu alrededor, cerca del horizonte, como si estuviera montado en un tiovivo en cuyo centro estás tú. La vida es silenciosa e irreal. Abandonas el hábito de llevar la cuenta del día o la hora que es. Duermes hasta que te despiertas, comes hasta que te sacias y trabajas hasta que te cansas, pasando constantemente de una a otra de estas tres actividades. Da igual el tiempo que te tires trabajando en el Ártico, siempre habrás pasado exactamente un día. Luego vuelves a casa para evitar el invierno: una noche de tres meses en que nunca sale el sol. Tú no estarás allí, pero aquel liquen, aquel ave y aquel buey almizclero sí estarán, tropezando en la oscuridad y buscando siempre algo que comer.

El lugar en que trabajamos en el Ártico está a más de 1.600 kilómetros del árbol más cercano, pero no siempre fue así. Canadá y Siberia están repletas de restos de los que fueron exuberantes bosques de coníferas caducifolias que se extendieron al norte del Círculo Polar Ártico durante decenas de millones de años, a partir de hace unos cincuenta. Roedores arborícolas trepaban por las ramas de aquellos bosques y veían pasar bajo sus patas enormes tortugas y reptiles parecidos a caimanes. Todos esos animales se extinguieron hace mucho, pero juntos formaban un ecosistema que recordaría más a *Alicia en el País de las Maravillas* que a cualquier cosa que podamos encontrar hoy. Es evidente que el clima de las regiones polares era más cálido por entonces, y que, ciertamente, no se verían los campos helados de hielo inclemente que hay en la actualidad.

Lo que nos intriga a los botánicos, en todo caso, es que aquellos bosques sobrevivían de algún modo a tres meses de oscuridad total cada invierno seguidos de tres meses de perpetuo sol de verano. Para las plantas actuales, un régimen extremo de luz resulta increíblemente estresante, y la mayoría no podrían superar un año entero en esas condiciones. En cambio, hace cuarenta y cinco millones de años, el Ártico acogía miles de kilómetros de bosques caducifolios densos y productivos, que medraban mientras se sucedían esas oscilaciones salvajes de iluminación. El descubrimiento de árboles capaces de vivir en la oscuridad es comparable a que descubriéramos humanos capaces de vivir debajo del agua. Hemos de concluir que o bien los árboles de la antigüedad tenían una capacidad que los actuales no tienen o estos han dejado de utilizar ese talento y lo tienen en reserva como un as de adaptabilidad guardado en su manga evolutiva.

Bill y yo, junto a otros diez investigadores que, salidos del departamento de Paleontología de la Universidad de Pensilvania, habíamos sido depositados en Axel Heiberg en grupos de cuatro, llegados en helicóptero tras viajar en un aeroplano bimotor después de coger un avión tras otro, siempre en dirección norte, desde Toronto a Yellowknife, y luego a Resolute, y así durante días. De pie en el barro, viendo alejarse al helicóptero, miramos nuestras mochilas en el suelo y luego unos a otros y comprendimos lo profundamente solos que estábamos en nuestro pequeño grupo.

Durante las siguientes cinco semanas, los paleontólogos se pasaban día tras día acampados en un emplazamiento, exhumando con gran cuidado especímenes singulares de fósiles de árboles enterrados. Trabajaban con meticulosidad, básicamente cavando una zanja con diez cepillos de dientes. Desenterraban fósiles asombrosos: troncos de árbol de metro ochenta de diámetro y casi perfectamente intactos. Como el suelo estaba helado, había que rascar el sedimento que cubría los fósiles centímetro a centímetro, una vez que el sol había fundido la capa superior; era como cavar en un helado que se ha congelado demasiado para poder servirlo con facilidad. Los arqueólogos desenterraban varios especímenes distintos en paralelo, y lo hacían con pequeñas tarjetas de plástico, de la misma forma que uno podría rascar el hielo de un parabrisas con su carnet de conducir. Iban rotando de fósil en fósil, dejando tiempo para que el sol perpetuo les prestara su parsimoniosa ayuda.

Los fósiles aún estaban formados por madera, y eso es lo que los hacía tan preciosos. La mayor parte de los fósiles de árboles que se conocen se petrificaron a medida que, durante siglos, iban atravesándolos fluidos que cambiaban las moléculas por mineral, hasta dejarlos completamente convertidos en piedra. En cambio, los fósiles de la isla Axel Heiberg contenían tejido de madera aún intacto: hasta podían quemarse los fósiles para calentar el agua de lavarse, que es lo que hacían con ella, si hemos de dar crédito a las leyendas, los expeditivos geólogos varones machos-de-grizzly en la década de 1980, recién descubierto el yacimiento.

Los paleontólogos de nuestra expedición eran una versión más domesticada del clásico geólogo-montañero, aunque seguían trabajando como enanos, bebiendo como cosacos e igual de fascinados con la escopeta que el gobierno canadiense nos exigía que lleváramos por si aparecía un oso polar. Yo había aprendido a guardar las distancias con colegas de ese tipo, a sabiendas de que nunca aceptarían que yo tenía una pretensión intelectual legítima sobre el yacimiento, por más que así lo considerara la agencia que nos financiaba a todos. A sus ojos, no era más que una niñata mugrienta incapaz de levantar veinte kilos a la que acompañaba un tipo raro, y yo me ajustaba a ese papel, con la esperanza de que el efecto fuera que me subestimaran hasta el punto de dejarme en paz. Como quien no quiere la cosa, los ciclos de sueño de unos y otros acabaron encajando en un patrón conforme al que Bill y yo trabajábamos cuando ellos dormían y viceversa.

Nosotros, además, enfocamos el trabajo en el yacimiento de un modo radicalmente distinto al de nuestros colegas más asentados. A mí no me obsesionaba tanto cada uno de los fantásticos fósiles individualmente considerados, sino la increíble duración y estabilidad del bosque en su conjunto. No estábamos ante un ecosistema insólito que fuera flor de un día; aquella configuración de la biología planetaria había subsistido durante muchos millones de años, durante los cuales cantidades desorbitadas de carbono y agua habían afluido al Ártico para transformarse en hojas y madera y finalmente mudar con periodicidad anual en una torrencial lluvia de tejidos. ¿Cómo diantre se sostenía el sistema? En el Ártico no hay ni por asomo esos niveles de disponibilidad de agua fresca en estado líquido, por no mencionar la falta de nutrientes del suelo.

Bill y yo decidimos que, en vez de fijarnos en una única instantánea en el tiempo excavando un puñado de troncos aislados, cavaríamos un túnel vertical a través de todo el pastel, en busca de cambios sutiles a lo largo de las épocas en la química de la madera, las hojas y las ramitas momificadas. Eso suponía excavar separadamente y muestrear estrato tras estrato de los residuos muertos y compactados acumulados a lo largo de millones de años. A medida que excavábamos en vertical a través de secciones transversales de hojas secas podridas, sacábamos muestras de cada centímetro y registrábamos con exactitud a qué altura de la columna nos hallábamos. Al cabo de tres temporadas estivales de campo, habíamos recogido muestras a lo largo de treinta metros en vertical de cronología, y fuimos capaces de identificar como mínimo un cambio climático drástico que esos bosques habían sido capaces de tolerar. Partiendo de ahí, hemos sostenido que aquellos ecosistemas árticos ancestrales se categorizan mejor como «resilientes» que como «estables».

Elegimos un punto lejos del lugar donde excavaban los paleontólogos, al otro lado de la cuenca, y durante semanas y más semanas excavamos a través de estratos sedimentarios de más de tres metros de espesor, entre los que se intercalaban capas de gravilla y limo. Cada semana nos enfangábamos en un montón distinto de cuatro metros de compost seco con cuarenta millones de años de antigüedad. A menudo trabajábamos colgados de un lado de un pequeño acantilado, inclinado en suave pendiente, que constantemente cedía bajo nuestros pies y nos mandaba rodando colina abajo, hundidos en un tobogán de detritos.

Cavábamos sin una base firme en la que apoyarnos, intentando obtener una muestra limpia y no perder la referencia de nuestra posición respecto a una elevación base. Pero eso, en aquel entorno, se hacía difícil hasta el punto de resultar tonto, y volvíamos atrás para volver a avanzar entre ataques de risa incontrolada y de airada frustración a lo largo de aquellos largos días de rodar colinas abajo. Un día que estaba escarbando con mi martillo de carpintero por el extremo de la oreja, abrí una grieta en algo extraño y llovieron sobre mi cabeza kilos de claro ámbar centelleante. «Así que esto es lo que se siente siendo una lombriz de tierra», comentó Bill en una ocasión tras una avalancha especialmente voluminosa, y recuerdo que me detuve un momento a ponderar lo certeras que eran siempre sus observaciones.

Al menos una vez al día, nos permitíamos la siguiente licencia: nos hundíamos hasta la cintura en los crujientes escombros y nos regalábamos algún lujo. Nada sabe mejor que una barra de Snickers y un termo de café caliente en el gélido centro de ninguna parte, y una vez al día poníamos todas nuestras energías en deleitarnos con ese placer en silenciosa reflexión y buena compañía.

Una de esas veces, habiendo masticado nuestros últimos bocados, Bill levantó un brazo y señaló en silencio una manchita gris a muchos metros de distancia. Me quedé mirando un momento, intrigada, y entonces vi que lo que señalaba era una liebre ártica. En el Ártico, cruzarse con un animal —cualquier animal— es un raro regalo, porque uno herbívoro tiene que recorrer largas distancias para procurarse alimento suficiente entre los dispersos musgos y líquenes disponibles, y uno carnívoro debe, en consecuencia, moverse sin parar tras la pista de sus errabundas presas.

La liebre se nos fue acercando, picoteando entre las rocas, y luego empezó a alejarse. Bill y yo nos pusimos en pie y la seguimos, manteniéndonos a buena distancia y dejando atrás nuestro equipamiento. Caminamos más de un kilómetro sin decir palabra, siempre detrás de la liebre y observándola, procurando explotar la novedad visual que brindaba sobre el paisaje desolado y monótono. Era una liebre grande, del tamaño de un pastor de las Shetland y con un pelaje similar, de largas orejas y cuerpo largo y esbelto. No parecía importarle que la siguiéramos a unos doscientos metros, así que estuvimos parando y siguiéndola durante más de una hora. La verdad es que no corríamos riesgo de perdernos; podríamos seguir caminando el día entero y, con solo volver la cabeza, aún veríamos el naranja fosforito de nuestras tiendas de campaña.

Cuando estás absolutamente aislado, junto a solo un puñado de personas, esas pocas personas pueden empezar a resultar agobiantes enseguida. Y lo hicieron... con la excepción de Bill, como descubrí. Antes de ese viaje, en realidad nunca había pasado junto a nadie veinticuatro horas al día siete días a la semana durante un sinfín de semanas, y parecía que cada día que pasaba se nos hacía fácil en vez de más difícil. Estuviéramos despiertos o dormidos, nunca nos teníamos a menos de unos pocos metros, aunque siempre en tiendas separadas. Algunos días, hablábamos sin parar; otros, solo decíamos unas pocas palabras, y en algún momento dejamos de fijarnos en lo que decíamos o dejábamos de decir, o en cuánto hablábamos o dejábamos de hablar. Solo éramos nosotros siendo nosotros.

El día en que seguimos a la liebre, acabamos por hallarnos en la cima de una elevación geográfica, y al volverme vi que nuestros colegas no eran más que motas borrosas en la lejanía, como lo seríamos nosotros para ellos. En dirección opuesta, veíamos la punta de un glaciar que se extendía como una larga capa de glaseado, a algunos kilómetros de nosotros aún. Me senté a admirarlo y Bill hizo lo propio a pocos pasos de mí. Nos quedamos sentados en silencio otra media hora, hasta que finalmente Bill dijo:

—Se hace raro no estar trabajando.

—Te entiendo perfectamente —dije—. Y hemos excavado cada estrato dos veces tomando muestras. No tiene ningún sentido que lo hagamos otra vez.

—Pero algo tenemos que hacer —objetó Bill—. Si no, los Adanes grizzlis de allí abajo empezarán a preguntarse qué coño hacemos en esta expedición, ¿no?

Yo me reí.

—Ya se preguntan qué hago yo aquí. Y aunque excavara hasta China y volviera no se convencerían de que soy una científica de ley.

—¿En serio? —Bill me miró sorprendido—. Siempre supuse que era yo solo el que se sentía como un error aleatorio.

—Nooo —le aseguré—. Mira a esos tíos. Voy a seguir haciendo este trabajo treinta años más, trabajando tan duro como ellos, consiguiendo tanto como ellos si no más, y ni uno de ellos me mirará jamás a los ojos como si esto fuera lo mío.

—En fin, tú al menos tienes dos manos enteras —replicó Bill, meneando su juego de dedos incompleto—. Es un buen principio, en todo caso.

Me eché hacia atrás y miré el cielo.

—Venga, hombre. Nadie se fija nunca —dije—. Sinceramente, tienes un aspecto más normal que nadie que yo conozca; no sé cómo no te das cuenta.

—¿Estás segura? ¿Por qué no haces una encuesta entre críos pequeños sobre el particular? —preguntó—. Como los de mi clase de segundo. Y los de tercero. Y los del instituto, y así sucesivamente.

Me incorporé como por un resorte.

—¿Se burlaban de ti? ¿En el colegio? ¿Por tu mano? —La idea me enfurecía.

—Sí —confirmó Bill serenamente, sin dejar de mirar al cielo.

Insistí en el asunto.

—¿Así que es eso lo que pasa contigo? ¿Has cargado con ello todos estos años? ¿Es eso? ¿Quedarte en tu agujero, pasar de amigos?

—Eso viene a ser —corroboró.

—¿No fuiste lobato de los Scouts, ni te apuntaste a un equipo ni ninguna chorrada de esas? —pregunté, repasando la lista de escalones sociales que siempre había dado por descontados.

—Ya lo vas pillando —admitió él.

—Nunca has tenido una cita, ¿no? —La pregunta venía rondando en el aire, y me pareció que debía hacérsela.

Bill se puso en pie y elevó ambos brazos al infinito cielo azul pálido que, en aquel radiante día de julio, parecía inmune a la oscuridad.

—¡Nunca fui al baile de graduación! —clamó.

Cuando por fin paramos de reírnos, pensé un poco y luego hablé:

—¿Y por qué no ahora? —sugerí—. Estamos en mitad de la nada, sin nadie que te pueda ver. Podrías bailar ahora.

Se produjo una larga pausa.

—No sé cómo se hace —dijo Bill.

—Sí que sabes —insistí—. No es demasiado tarde. Venga, hemos hecho un largo camino. Carajo, por eso estamos aquí. Acabo de comprenderlo. Aquí es donde te marcas un baile.

Para mi sorpresa, esta vez Bill no despachó el asunto con un chiste. Dio unos pasos en dirección al glaciar; se quedó un rato mirándolo, de espaldas a mí. Entonces, empezó a moverse lentamente en círculo y a dar pisotones, y a pegar algún brinquito entre pisotón y pisotón. Al principio, torpe y tímidamente, pero no tardó en lanzarse, girando, pisoteando y brincando. Al cabo de un momento, se movía con desenfreno, pero controlado, no frenético.

Sentada delante de él, con la cabeza erguida, yo le contemplaba. Le contemplaba, como testigo lúcida de lo que hacía y de lo que era, de todo ello. Allí, donde se acababa el mundo, bailó a la clara e interminable luz del día, y le acepté tal como era, no como él querría haber sido. La intensidad de mi aceptación me hizo preguntarme (un poco solo) si sería capaz de darle la vuelta de fuera a adentro y aceptarme a mí misma. No lo sabía, pero me prometí averiguarlo otro día. El de hoy ya estaba reservado. Aquel era el día de contemplar a un gran hombre bailar sobre la nieve.

# 5

TODO EL SEXO DEL PLANETA TIERRA está biológicamente diseñado para servir a un único propósito evolutivo: mezclar los genes de dos individuos distintos y producir entonces un nuevo individuo poseedor de unos genes que no son idénticos a los de ninguno de sus progenitores. Dentro de esa mezcla de genes caben posibilidades sin precedentes, la eliminación de antiguas debilidades y debilidades nuevas que hasta pueden resultar fortalezas. Ese es el mecanismo que hace girar las ruedas de la evolución.

Todo sexo implica contacto: los tejidos vivos de dos individuos distintos deben entrar en contacto y fundirse. Para las plantas, entrar en contacto y fundirse con otro individuo constituye un serio problema: están ancladas al sitio y su supervivencia depende de su inmovilidad. A pesar de lo cual, la gran mayoría de las plantas producen fielmente una nueva cosecha de flores todos los años, cumpliendo con su parte del contrato evolutivo, aunque las posibilidades de que esas flores acaben siendo fertilizadas son escasas.

La mayor parte de las flores tienen una arquitectura muy sencilla: una plataforma de pétalos que rodea los órganos «masculino» y «femenino». En el anillo exterior de este círculo está situado el componente masculino: un puñado de filamentos con bolsas de polen levemente adheridas a sus extremos. En el centro y al fondo de un conducto se hallan los ovarios. De todas las cosas que podrían entrar por ese conducto abierto, lo único que puede activar la fertilización es un grano de polen de una planta de la misma especie. Es ligeramente más probable que lo que se produzca sea una autofertilización, lo que significa que el óvulo entrará en contacto con polen de la misma flor. De esto puede resultar una semilla, y luego posiblemente un nuevo individuo, pero no se habrán introducido genes nuevos. Para que la especie subsista y evolucione, ha de tener lugar periódicamente una fertilización auténtica, y eso supone que consiga llegar a los ovarios polen que haya partido de un palmo más allá, o diez, o tres kilómetros.

Hay una avispa que solo puede reproducirse dentro de la flor de una higuera; la flor de esa misma higuera no puede ser fertilizada sino con la ayuda de una avispa. Cuando la avispa hembra pone sus huevos dentro de la flor de la higuera, deposita también polen que se le adhirió al desovar en otra flor de higuera. Estos dos organismos —la avispa y la higuera— se vienen beneficiando de este arreglo desde hace casi noventa millones de años, y evolucionaron juntas mientras los dinosaurios se extinguían y se sucedían numerosas glaciaciones. La suya se parece a otras epopeyas de amor cuyo encanto radica, en parte, en su imposibilidad.

En el mundo vegetal, semejante especificidad es extremadamente rara, tan rara que apenas merece la pena mencionarla, salvo como ejemplo entrañable de simbiosis entre espíritus ecológicos afines. Mucho más del noventa y nueve por ciento de todo el polen que se produce en el mundo no va a parar a ninguna parte, se pierde sin fertilizar nada. Por lo que respecta a la parte infinitesimal de granos que llegan a buen puerto, parece fútil sostener que tenga alguna importancia la forma en que va a parar allí. Viento, insectos, pájaros, roedores o rincones vacíos de cajas de FedEx: la inmensa mayoría de las plantas no tiene ninguna preferencia en absoluto por un método de transporte en particular.

Magnolios, arces, cornejos, sauces, cerezos y manzanos esparcen todos su polen en cualquier tipo de mosca o escarabajo, atrayéndolos hacia sí con dulce néctar pero ofreciéndoles apenas lo justo para que lo prueben. El valor de un insecto como polinizador depende de la distancia que sea capaz de recorrer, y cuanto menos tiempo pase merendando en sus pétalos más pasará volando por el aire. Muchos arbustos de Norteamérica y Europa dan flores con pétalos programados para accionarse como un resorte en el momento en que perciban el peso de un insecto, de modo que lo cubren de polen y lo mandan directamente a retomar su marcha.

En cambio, olmos, abedules, robles, nogales, pinos y píceas, así como los céspedes, liberan todos su polen al viento. Así llega más lejos de lo que lo llevaría cualquier insecto, aunque nunca tan directamente dirigido a otra flor. El polen transportado por el viento recorre kilómetros y luego se precipita de forma indiscriminada. Parte de él, no obstante, alcanza su objetivo, la suficiente para mantener el mundo perpetuamente arropado por los grandes bosques de coníferas de Canadá, las de secuoyas de las costas del Pacífico del noroeste de América y las grandes extensiones de píceas que cubren desde Escandinavia a Siberia.

Basta un solo grano de polen para fertilizar un óvulo y producir una semilla. Una semilla puede germinar y crecer hasta convertirse en un árbol. Un árbol puede producir 100.000 flores cada año. Cada flor puede generar 100.000 granos de polen. Por raro que sea que el sexo entre plantas llegue a consumarse, cada vez que ocurre da lugar a una supernova de nuevas posibilidades.

# 6

A LOS TREINTA Y DOS AÑOS, aprendí que la vida puede cambiar de un día para otro.

En ciertos círculos sociales de parejas casadas, una mujer soltera de más de treinta años inspira el mismo tipo de compasión que se otorga a un perro callejero grande y amigable. Aunque su aspecto desaliñado y su tendencia a apañárselas solo delaten su falta de dueño, la forma ávida en que busca el contacto humano sugiere que tal vez haya conocido tiempos mejores. Uno contempla la posibilidad de dejarle comer en el porche tras comprobar que no tiene sarna, pero al final la desecha, no vaya a ser que empiece a rondarle todo el día porque no tiene otro sitio adonde ir.

En según qué ocasiones —un pícnic informal al aire libre, tal vez—, un perro callejero es una curiosidad y hasta una atracción; sus gracias de payaso embarrado brindan una ventana de color de rosa a la vida despreocupada de una criatura menos complicada. Como mascota de todos y responsabilidad de nadie, al menos es simpático, ya que no limpio, y, teniendo en cuenta su humilde suerte, es bastante feliz. Así como una soltera puede en tales ocasiones asimilarse a un perro, un treintañero soltero está abocado a ser el tío que se ocupa de la barbacoa. Y no va a poder librarse de que el perro le esté incordiando de principio a fin, le gusten o no los animales.

Conocí a Clint en una de esas barbacoas, y no habría conseguido espantarme por más que lo hubiera intentado, porque era sin duda el hombre más guapo que había visto en mi vida. Una semana más tarde, reuní el valor de pedir a nuestra anfitriona que me pasara su dirección de correo electrónico, y entonces le escribí invitándole a cenar. Cuando aceptó, le telefoneé para indicarle el lugar, que era el restaurante más de moda que pude localizar cerca de Dupont Circle. Yo no había estado nunca, desde luego, pero parecía ser un sitio al que iba la gente en sus citas especiales, y Washington D. C. era mucho más *cool* que Baltimore (hasta ahí, llegaba). Después de darle las indicaciones pertinentes, puse una última estipulación:

—Solo apareceré si aceptas que la cena la pague yo. —Siempre me había abierto camino en la vida a mi costa y no estaba dispuesta a renunciar a eso ahora.

—Vale. —Se rio, muy afable—. Pero tendrás que dejarme pagar a mí la próxima vez. —No le prometí nada, aunque tomé sus palabras como un buen augurio.

Durante la cena, apenas pude probar bocado, porque no quería que nada me distrajera del hecho de que estaba ocurriendo algo maravilloso. Salimos del restaurante riéndonos de las miradas de desaprobación del camarero a lo largo de las tres horas que duró la cena. Fuimos a un bar que había a pocas manzanas de allí y hablamos durante horas con nuestras consumiciones intactas. Discutimos sobre la diferencia esencial entre medir algo y modelarlo. Hablamos de musgos y helechos. Resultó que los dos habíamos ido a Berkeley y estudiado las mismas asignaturas en las mismas fechas. Yo conocía a muchos de sus amigos y compañeros de clase y, casualmente, también él a muchos de los míos. Hasta concluimos que habíamos estado sentados en la misma sala más de una vez, atendiendo ambos al mismo seminario. Nos preguntamos cómo era posible que no hubiéramos reparado el uno en el otro en tantos años. Parecía evidente que ahora había que recuperar el tiempo perdido.

Cerraron el bar y aún no tenía ganas de irme a casa. Decidimos ir a la suya, y me preguntó si prefería caminar o coger un taxi. Vio la cara que puse y bajó a la calzada para parar un taxi. Donde yo me crie, solo veíamos taxis en las películas. Los taxis eran para gente tan sofisticada que salían de casa en zapatos con los que no podían ni andar. Los taxistas eran exóticos guías de lo desconocido que soltaban perlas de distante sabiduría mientras te conducían lealmente a sitios importantes que nunca hubieras sabido encontrar tú sola. Me dejó pasmada descubrir que la prueba definitiva de amor por mí no era ninguna heroicidad, sino un gesto sencillo y superfluo ejecutado con la única intención de hacerme sonreír. El amor que yo guardaba para dárselo a alguien había estado metido en una caja, demasiado apretado y durante demasiado tiempo, y al abrirla se derramó de golpe. Pero la fuente distaba mucho de agotarse.

Nos queremos porque no podemos evitarlo. No es algo que trabajemos o que nos exija sacrificios. Es fácil, y tanto más dulce para mí cuanto que es inmerecido. Descubro en un segundo contexto que, cuando algo no funciona, remover cielo y tierra no suele servir para hacerlo funcionar; y que, de igual modo, hay cosas que no puedes fastidiar aunque te empeñes. Sé que podría vivir sin él: tengo mi propio trabajo, mi misión en la vida y mi dinero. Pero no quiero. De verdad que no quiero. Hacemos planes: él compartirá su fuerza conmigo y yo compartiré mi imaginación con él, y encontraremos el uno en el otro un uso entrañable que dar a nuestros respectivos excedentes obscenos. Los fines de semana volaremos a Copenhague, y pasaremos todos los veranos en el sur de Francia; nos casaremos en un idioma que no entendamos; yo tendré un caballo (una yegua castaña a la que llamaré *Sugar*); iremos al teatro a ver producciones vanguardistas que luego debatiremos con desconocidos en cafeterías; tendré una pareja de gemelos, como mi abuela, pero nos quedaremos con la perra (uf) y siempre iremos a los sitios en taxi y viviremos como en las películas. Y algunas de estas cosas las hacemos y otras no (como lo del caballo), y es mejor que en las películas, porque no se acaba, y no estamos actuando, y yo no llevo maquillaje.

Al cabo de un par de semanas, había convencido a Clint para que dejara su empleo en el D. C. y se mudara a mi casa de Baltimore, con la certeza de que con su increíble talento para las matemáticas podía encontrar trabajo en cualquier sitio. Poco después de mudarse, volvió al mundo académico: le contrataron en la Johns Hopkins para investigar la Tierra profunda, en el mismo edificio en que estaba mi laboratorio. Se pasaba el día escribiendo modelos computacionales fabulosamente intrincados, diseñados para predecir los flujos a lo largo de un millón de años en el interior de masas de roca pseudosólida en condiciones de calor y presión inconmensurables, a miles de kilómetros por debajo de donde se forma la lava de los volcanes. Yo no podía entender —y aún no puedo— cómo era capaz de estudiar la Tierra puramente de cabeza, cómo podía imaginar y observar sus mecanismos mediante las barrocas ecuaciones que con tanta fluidez escribe, con la comisura de los labios siempre manchada de tinta del bolígrafo que mordisquea sin darse cuenta.

Yo he de ver el objeto de mi estudio científico para que resulte real: debo sostenerlo en las manos y manipularlo; necesito ver crecer las plantas y hacer que mueran. Necesito respuestas que solo pueden obtenerse teniendo el control; él prefiere poner el mundo en movimiento y verlo fluir. Alto, delgado y vestido de color caqui, tiene justo la pinta y la forma de actuar que se esperan de un científico, y, en consecuencia, para él siempre ha sido relativamente fácil ser aceptado en los círculos profesionales. Sin embargo, su carácter dulce, estable y amoroso era un tesoro que pasó desapercibido hasta que yo reparé en él, y decidí en el acto que nunca jamás lo dejaría escapar.

Clint y yo nos conocimos a principios de 2001, y ese mismo verano hicimos un viaje a Noruega para que pudiera enseñarle los lugares que más amo: colinas bajas y alargadas de granito rosa con flores silvestres moradas brotando de sus grietas, fiordos que centellean bajo la supervisión de frailecillos de expresión seria, blancos abedules a la luz de crepúsculos color salmón que duran toda la noche. La visita a Oslo prevista en el viaje se transformó en una fiesta nupcial improvisada cuando pedimos cita, hicimos cola veinte minutos y nos casamos en el Rådhus («ayuntamiento»).

Después de llegar a Baltimore y a casa, fuimos directos a casa de Bill para sorprenderle con la buena noticia. Bill nunca había hecho comentarios sobre los tíos con que yo salía, probablemente porque era obvio que no habría muchas citas que comentar. Pero se había estado comportando de forma extraña desde que apareció Clint, evitándonos como un expresidiario evita pasar por delante de la trena. Clint, por su parte, estaba convencido de que Bill solo necesitaba tiempo para acostumbrarse a la situación; era exactamente igual que lo de sus tres hermanas pequeñas conmigo, insistía constantemente.

Más o menos un mes antes, Bill había dejado mi ático, tras comprar una casa decrépita que había solo unos portales más abajo. Ahora era el propietario de un edificio adosado de cuatro pisos que debió de ser precioso en su día, aunque desde ese entonces había llovido mucho. Cuando entró a vivir, metió todas sus cosas de cualquier manera en la planta baja, llevándolas desde mi casa de una en una a lo largo de varios días. Guardaba algunos objetos esenciales (cafetera, maquinilla, destornillador) en una esquina cerca del nido de ropa sucia hasta el que se arrastraba y del que emergía a las horas de acostarse y levantarse. Bill tenía grandes planes para reformar el lugar, pero en todo aquel verano no dejó de parecer una cueva de heroinómanos, completa en todos sus detalles salvo las drogas.

Al día siguiente de que volviéramos de Noruega, llamamos enérgicamente a su puerta, y luego, además, al timbre. Al cabo de un rato largo oímos un arrastrarse de pies, y un poco más tarde girarse el cerrojo. Se abrió la puerta y allí estaba Bill, con una camiseta rasgada y un bañador descolorido. Tenía el pelo revuelto y se frotaba los ojos: era evidente que le habíamos despertado. Eran las tres de la tarde.

—¡Hola! —saludé, con Bill al lado, rodeándome con el brazo. Y a continuación, prorrumpí—: ¡Adivina! ¡Nos hemos casado!

Se produjo una larga pausa en la que Bill nos miraba con expresión vacía.

—¿Quiere eso decir que tengo que compraros un regalo? —preguntó.

—No —respondió Clint, a la vez que yo contestaba:

—Sí.

Y seguimos ahí plantados un rato, Bill y yo con sonrisas embelesadas en el rostro. Al cabo, le dije a Bill:

—Vístete. Hay una recreación de la guerra civil en el centro, en Fort Henry, y nosotros vamos.

—Iría con vosotros, si no fuera porque será probablemente la guerra de 1812, tú eres tonta del culo y yo tengo como un millón más de cosas que hacer —replicó Bill, con cara de estar incómodo.

—Cuidado con esa boca, *hippy* roñoso —le reprendí—. No voy a permitir que deshonres así a nuestros héroes caídos. —Y añadí—: Así que ve a ponerte los putos pantalones, empieza a comportarte como un americano y métete en el Toyota.

Bill seguía mirándonos, y supe que se estaba debatiendo entre acceder o retirarse. Miré a mi flamante marido, el hombre más fuerte y más bueno que había conocido jamás, firme en mi convicción de que todos cuantos en algún momento se habían ganado mi amor tenían también un derecho natural al suyo.

—Venga, Bill, ahora estás con nosotros —dijo Clint, al tiempo que le ofrecía las llaves del coche. Y añadió—: ¿Qué tal si conduces tú?

Bill cogió las llaves y pasamos el día en Fort McHenry, mordiendo manzanas colgantes, haciendo velas al estilo pionero y acariciando animales en el zoológico infantil. Y nos hicieron a todos descuento en la entrada, porque, después de todo, era el Día de las Familias.

# 7

AGRÓNOMOS Y SILVICULTORES han trazado las gráficas de crecimiento de cientos de especies vegetales desde que, en 1879, un científico alemán advirtió que el peso creciente de una planta de maíz, combinado en un eje de coordenadas con los días de su desarrollo, daba como resultado una línea con una curiosa forma de «S» tumbada. Estos científicos habían pesado a diario las plantas sembradas en sus macetas, y en todo el primer mes observaron muy poco crecimiento. Entonces, durante el segundo mes, el peso de las plantas se disparó bruscamente; su tamaño se duplicaba cada semana, hasta que alcanzaron un máximo a los tres meses de germinar. Para sorpresa de aquellos estudiosos, se observó a continuación que su peso comenzaba a disminuir, y para cuando empezaban a florecer y dar semilla las plantas pesaban solo un ochenta por ciento de lo que habían llegado a pesar al alcanzar su mayor tamaño. Estos resultados científicos se demostraron perdurables, y los gráficos de crecimiento de miles y miles de plantas de maíz que se han trazado desde entonces han seguido dibujando consistentemente una forma de «S» tumbada similar. No sabemos exactamente cómo funciona, pero una planta de maíz sabe lo que se supone que ha de llegar a ser, aunque vaya haciendo meandros por el camino.

Otras plantas dan curvas de crecimiento muy distintas. La que describe el desarrollo de las hojas del trigo se parece a tu pulso: una breve pulsación de crecimiento que vuelve a declinar enseguida. La curva de la remolacha azucarera también muestra una alternancia de crecimiento y declive; sin embargo, dibuja un arco largo y bajo con el centro en el solsticio de verano. La curva de la molesta hierba *Phragmites* se asemeja a una pirámide: nacimiento y desarrollo dispuestos en oposición a decadencia y muerte como escuadras simétricas. Estas curvas son impagables en campos agrícolas y bosques, donde el objetivo de cosechar comida o madera se plantea a largo plazo. Mediante aproximaciones de la situación de los cultivos a las curvas estandarizadas, se puede aventurar qué fechas serán buenas para la cosecha y, en consecuencia, el momento probable de hacer caja que esta trae de la mano.

Las curvas de crecimiento de los árboles son difusas y desordenadas en comparación con las de otras plantas más pequeñas, ya que se extienden a lo largo de cientos de años, y no de una estación. Cada especie arbórea está sujeta a su curva particular y única. El pino de Monterey crece el doble de rápido que la pícea noruega, pero ambos árboles se talan para la fabricación de papel cuando tienen una circunferencia similar. Por este motivo, las empresas papeleras noruegas tienden a ser más solventes y suelen poseer extensiones de terreno más grandes que sus homólogas americanas.

Dentro de un bosque, las variaciones en altura entre árboles de la misma edad es mucho mayor que en otros organismos, animales incluidos. En Estados Unidos, la talla del niño de diez años más alto es aproximadamente un veinte por ciento mayor que la del más bajo. La misma diferencia se da entre los niños de cinco años y entre los hombres de veinte: el más alto tiene una talla un veinte por ciento mayor que el más bajo. En un bosque de pinos, el tronco de diez años más grueso es unas cuatro veces más grueso que el tronco más delgado de la misma edad. Y esa misma variación se da también entre los troncos de veinte o de cincuenta años: el más grueso viene a cuadruplicar el grosor del más delgado. Ocurre que no hay formas «correctas» e «incorrectas» de llegar a ser un árbol centenario: solo formas que funcionan y formas que no.

Llegar a ser un árbol centenario es un viaje muy largo, por lo que ni el botánico más avezado puede, viendo la ramita de un retoño, describir con precisión en qué clase de rama se convertirá al cabo de cincuenta años. Las curvas de crecimiento de las plantas pueden ser de utilidad para aventurar un pronóstico, pero es importante recordar que no nos muestran el futuro, solo el pasado. Son líneas improvisadas, trazadas a partir de datos tomados de plantas que probablemente hayan muerto ya. Los conjuntos de datos que definen esas curvas no son estáticos, y cada vez que se mide una planta nueva esas mediciones pueden incorporarse al gráfico. Cada dato nuevo cambia ligeramente el patrón general, y altera por tanto la curva de crecimiento. No hay manera de predecir matemáticamente la forma de estas curvas, ni siquiera con los potentísimos ordenadores de los que podemos disponer ahora. No hay nada en esas curvas que nos diga qué aspecto tendrá un árbol; solo nos hablan del que ha tenido en el pasado. Cada planta ha de encontrar su propio camino a la madurez.

Hay libros de botánica que contienen páginas y más páginas llenas de curvas de crecimiento, pero las que más desconciertan a mis alumnos son siempre las que tienen forma de «S» tumbada. ¿Por qué habría de perder masa una planta justo cuando está alcanzando su fase de máxima productividad? Yo les recuerdo que se ha demostrado que ese encogimiento es un signo de reproducción. A medida que las plantas verdes alcanzan la madurez, algunos de sus nutrientes se retiran para redirigirse a sus flores y sus semillas. La producción de una nueva generación conlleva un coste importante para los progenitores, y esto puede observarse en un maizal, incluso a gran distancia.

# 8

PASAR POR UN EMBARAZO es, con mucho, lo más duro que he hecho jamás. No puedo respirar, no puedo estar sentada y no puedo estar de pie, no puedo bajar la bandeja del asiento en un avión, no puedo dormir boca abajo, ¡y durante los últimos treinta y cuatro años siempre he dormido boca abajo! Me pregunto qué clase de dios, y en qué clase de cielo, decidió que una mujer de cincuenta kilos podía cargar con dieciséis kilos de bebé. Me veo obligada a dar interminables vueltas por el barrio escoltada por *Reba*, porque el niño solo se está quieto cuando yo me muevo. Me da pataditas, no en plan juguetón, como diciendo «Hola, mami, aquí estoy», sino como un hombre torturado retorciéndose en una camisa de fuerza. Camino y camino y camino un poco más, en solitaria parodia de algún desfile pagano de la fertilidad, pensando que ni el niño ni yo estamos disfrutando de este arreglo asfixiante.

Una maníaco-depresiva no puede tomar Depakote, ni Tegretol, ni Seroquel, ni litio, ni Risperdal ni ninguna de las demás cosas que lleva años tomando a diario para evitar oír voces y darse cabezazos contra las paredes. Una vez que se confirma su embarazo, debe interrumpir rápidamente su medicación (otro desencadenante bien conocido) y quedarse en las vías esperando que la arrolle la locomotora. Las estadísticas lo dejan muy claro: una mujer bipolar tiene siete veces más probabilidades de sufrir un episodio grave durante el embarazo, respecto a antes o después. Dejar que lo sobrelleve sin medicación durante los dos primeros trimestres es la cruel realidad a la que la empujan insistentemente los médicos.

Ya en la primera fase del embarazo me despierto y vomito con violencia hasta que me desplomo en el suelo del baño y me quedo ahí tumbada durante horas, con arcadas y llorando de agotamiento, hasta que al fin, desesperada, empiezo a dar cabezazos contra las paredes y el suelo, tratando de noquearme. En una regresión a mi infancia, recupero el hábito de suplicar a Jesús que me ayude o que al menos me conceda un olvido misericordioso. Más tarde, cuando vuelvo en mí, noto una fría capa de mocos, sangre saliva y lágrimas entre mi cara y las baldosas del suelo, pero no puedo hablar y no sé quién soy. Mi imperturbable marido, que ha estado hablando por teléfono frenéticamente, entra y me levanta y me lava y vuelve a llamar al médico. Se me llevan y prueban a hacerme todo lo que ya han probado a hacerme otras veces, pero al cabo de una semana vuelvo a las andadas. Y así hasta que Clint y la perra son los únicos seres de todo el mundo a los que reconozco por su nombre.

Voy al hospital con mi mejor disposición y me quedo varias semanas, atada a la cama cuando no funciona ninguna otra cosa, y me someten a innumerables sesiones de terapia electroconvulsiva, que hacen que olvide casi todo 2002. Suplico al médico y a las enfermeras que me digan por qué, por qué, por qué me pasa esto, y no me contestan. Ninguno de nosotros puede hacer gran cosa, aparte de contar los días que faltan para que pueda tomar la medicación que necesito. Veintiséis semanas es la cifra mágica: da paso al tercer trimestre, periodo de desarrollo fetal avanzado para el que la FDA, la agencia gubernamental que supervisa alimentos y medicamentos, ha aprobado la utilización de toda una serie de antipsicóticos para atender a la salud de la madre.

Tan pronto como es médicamente aconsejable, me ponen en tal y cual tratamiento farmacológico y en el de más allá, y poco a poco mis síntomas más aparatosos van quedando bajo control. Empiezo a ir a trabajar, arrastrándome, a menudo para luego tirarme el día durmiendo en el suelo de mi despacho. Intento dar clases, pero me encuentro demasiado débil, así que pido una baja médica. Una mañana, durante el octavo mes, cruzo fatigosamente el portal del edificio y me paro a descansar en la oficina de Dirección mientras me preparo mentalmente para cargar con esos quince kilos de más hasta el sótano donde está mi laboratorio. No manipulo reactivos, naturalmente, pero me reconforta estar sentada al lado de las máquinas oyendo su zumbido y examinar las lecturas a medida que las dan, y finjo que los instrumentos requieren mi aprobación para pasar a la siguiente tarea.

Como preparativo de mi trabajoso descenso en el ascensor, me siento en una de las sillas para visitantes que hay junto a la fotocopiadora y me reclino tras mi enorme abdomen. Digo:

—Creo que ya lo entiendo. Este es mi nuevo yo. El niño no va a salir nunca. Dentro de dieciocho años tendré un hombre adulto viviendo dentro de mi cuerpo. —Y aunque en realidad no pretendía hacer un chiste, las secretarias lo celebran con risitas cómplices.

Entra Walter, el jefe del departamento, y automáticamente yo me levanto, como un soldado poniéndose firme en presencia de un oficial de alto rango. Me falta poco para convertirme en la primera y única mujer que haya obtenido un puesto de profesor numerario en este departamento centenario del Hopkins, con sus muros cubiertos de hiedra, y mi instinto me dice que me conviene ocultar cualquier signo de debilidad física asociado a mi embarazo.

Lamentablemente, me he puesto en pie demasiado rápido, la sangre se retira al galope de mi cabeza y siento que me abandonan las fuerzas. Vuelvo a sentarme de inmediato y meto la cabeza entre las rodillas, sabedora de que se me pasará en cuestión de un minuto. La sensación de desfallecimiento me es familiar, porque toda la vida he tenido un problema de tensión baja y además soy reticente a comer, actividad que se me hace una obligación rutinaria, pesada y sempiterna. Walter mira perplejo a su alrededor, y a mí allí en medio habiendo adoptado la postura de una ballena varada y postrada. Entra en su despacho y cierra la puerta. Alguien me ofrece un vaso de agua, pero no lo quiero. Voy renqueando hasta el ascensor lastrada con una nueva preocupación que me reconcome y no puedo acabar de identificar.

Al día siguiente, sobre las seis y media de la tarde, entra Clint en mi despacho, que está al final del mismo pasillo en que él tiene el suyo. Trae una cara tan larga que me pregunto si viene a decirme que se ha muerto alguien. Se apoya en el marco de la puerta y dice en tono circunspecto:

—Escucha, hoy ha venido Walter a mi despacho. —Hace una pausa, con aire doliente—. Me ha dicho que no puedes volver a entrar en el edificio mientras sigas de baja médica.

—¿Qué? —exclamo, más aterrada que enfadada—. ¿Cómo pueden hacer eso? Es «mi» laboratorio; yo lo monté...

—Lo sé, lo sé... —contesta suspirando mi marido—. Son unos capullos. —Pero lo dice con voz suave, para calmarme también.

—No sabía que pudieran hacer esto —respondo, mientras va calando el dolor—. Pero ¿por qué? ¿Ha dicho por qué? —pregunto, y las muchas, muchas veces que en mi vida he hecho en tono suplicante esa pregunta, «¿por qué?» a quienes tenían el poder me vienen a la cabeza, al igual que el hecho de que nunca jamás obtuve una respuesta que pudiera dar por buena.

—Bah, no sé qué patrañas de responsabilidades legales y seguros —me contesta, y sigue diciendo—: Son unos cavernícolas. Eso ya lo sabíamos.

Me arranco a despotricar:

—¡Hay que joderse! La mitad de estos tíos están borrachos en sus despachos... e insinuándose a las estudiantes... ¿y los riesgos legales los corren conmigo?

—Escucha, la realidad es esta: no quieren ver a una embarazada, y tú eres la única que ha puesto jamás el pie en este edificio. No lo soportan. Es así de sencillo —dice con suavidad, y su enfado es más calmo que el mío.

Una parte de mí sigue estupefacta.

—¿Y te ha dicho a ti que me lo dijeras? ¿Por qué no ha venido a decírmelo en persona?

—Te tiene miedo, sospecho. Son todos unos cobardes.

Yo sacudo la cabeza y aprieto los dientes.

—¡No, no, no! —insisto.

—Hope, no podemos hacer nada al respecto —dice él, sereno en su desconsuelo—. ¡Es el jefe!

Clint pone la misma cara de absoluta consternación que una vez vi en un elefante anciano y magnífico que había perdido a su compañera de treinta años. Sabe lo mucho que me duele que me prohíban la entrada a mi propio laboratorio, al lugar donde me siento feliz y segura —sobre todo ahora— y al único lugar que verdaderamente considero mi hogar. Frustrada, agarro mi taza de café vacía y la arrojo al suelo con todas mis fuerzas. Rebota en la alfombra y no se rompe, sino que rueda lentamente hasta quedar en una pose ladeada, insolente. Veo en esto una prueba más de mi impotencia, de que hasta las cosas pequeñas e insignificantes escapan a mi control, y me siento, hundo la cabeza entre las manos y sollozo sobre mi escritorio.

—¡No quiero saber nada más de todo esto! —exclamo con voz entrecortada, casi como una plañidera.

Y Clint presencia mi dolor, y se redobla la opresión que siente en su pecho, y se vuelve a redoblar. Cuando mi llanto ha remitido, nos sentamos juntos en silencio, y bastó a aquel día su propio mal.

Dos años después, Clint me diría que todo el apego que le tenía al Hopkins murió aquel día, y que nunca les perdoné el daño que me hicieron. Hablamos de ello —de que probablemente no fuera culpa de nadie, y que se debiera a cuestiones de posibles responsabilidades legales— con el beneficio de la distancia y la retrospección, pero en aquel momento nos mantuvimos unidos y, cogidos de la mano, reunimos a todos nuestros seres queridos y un puñado de nuestras posesiones y nos mudamos a miles de kilómetros de allí. Y, una vez más, volví a montar mi laboratorio partiendo de cero, con Bill de por medio. Pero el día en que tiro mi taza de café, lloro, porque solo veo lo que voy a perder y no lo que ganaré, porque esto me impide verlo mi útero de cinco centímetros de grosor.

Desterrada del departamento, me encuentro con que tengo libre todo el día, así que concierto mis citas prenatales para la mañana siguiente. Me presento y las enfermeras y los técnicos me pesan y me hacen una ecografía y me dan la asombrosa noticia de que estoy una semana más embarazada que la semana anterior. Gente que no conozco me pregunta de cuántos meses estoy, y cuando les digo que de once, esperan que me ría con ellos, pero soy tan poca cosa que no consigo ni eso.

Sé que se supone que debo estar feliz e ilusionada. Se supone que he de ir de compras y pintar la habitación y hablar con dulzura al bebé que llevo dentro. Se supone que he de celebrar la maduración del fruto del amor y regodearme en la redondez desbordante de mi vientre. Pero no hago nada de eso. Lo que hago es lamentarme larga y amargamente por la parte de mi vida que dejo atrás con la llegada de este niño. Debería regodearme en la espera y soñar despierta dando vueltas a la misteriosa identidad de esta persona que se va formando en mi interior. Pero no lo hago, porque ya lo conozco. Desde el principio, intuí que sería un niño, y supe que tendría el pelo rubio y los ojos azules como su padre.

Entendí que tendría el nombre de mi padre y su propia personalidad. Que sería tan fuerte como son todos los vikingos, hombres o mujeres, y que me odiará con razón por ser una madre inepta, al haber crecido esa parte de mí bajo un exceso de sombra y haberse marchitado antes de florecer debidamente. Inspiro y expiro, bebo leche a litros y como cubos de espaguetis y duermo muchas horas al día, y trato de centrarme en el hecho de que al menos comparto con él mi nutritiva sangre, dándole pasivamente lo que necesita, de momento. Trato de no pensar en mi mente atormentada. Trato de no preguntarme cuándo será la próxima vez que pierda la cabeza.

Aguardo en una sala de espera junto a niñas embarazadas de quince años, cada una de las cuales se enfrenta a un muro de problemas mucho más alto que el mío, pero soy insensible a la gratitud que eso debería inspirarme. Me siento tan triste que no puedo llorar, y tan vacía que no puedo rezar. La médico me llama y advierto que no lleva pendientes. Yo tampoco. Dedico una reflexión absurda a lo relativamente raro que es que me cruce con una mujer que no lleva pendientes.

—Bueno, estás enorme, pero por lo demás estás exactamente como tendrías que estar —me comunica, mirando mi historial—. El corazón del niño late con fuerza, y tu nivel de azúcar en sangre es normal. Esto ya casi está —dice, y me dirige una mirada intensa. Me tiende unos panfletos y pregunta—: ¿Has pensado ya en tomar anticonceptivos después del parto? Supongo que sabes que te puedes quedar embarazada aunque estés dando el pecho.

La cabeza me da vueltas. Esta última fase del embarazo ha sido decididamente surrealista. Los conocidos me preguntan cuándo voy a por el segundo. Los médicos me animan a tomar la píldora. Qué extraño preguntar a una mujer que ni siquiera se ve aún con un bebé por la logística (o no) de un segundo.

Tartamudeo confusa.

—No creo que pueda dar el pecho. O sea, tengo que trabajar, y si estoy tomando medicación o algo...

—No pasa nada —me interrumpe la doctora—. Crecerá perfectamente con leche maternizada. Eso no me preocupa.

Su perdón del primero de mis fracasos para con este bebé es tan automático y me lo otorga tan sin reservas que me perfora. Siento que se remueve involuntariamente en mi interior una vieja esperanza de infancia, que quizá esta mujer se preocupa por mí y me entiende. Al fin y al cabo, tiene mi historia clínica. Tal vez haya reparado en la TEC, las estancias en el hospital, la medicación y demás. Entonces me sorprendo en falta y me pregunto desanimada una vez más por cuál de mis pecados se me castiga ahora. Estoy cansada hasta la náusea de esta herida que nunca se cierra; de cómo mi corazón pueril confunde el simple gesto amable de una mujer con un reguero de migas de pan que me guíe al dulce amor de una madre o a la afectuosa aprobación de una abuela. Estoy harta de cargar con este tedioso dolor de huérfana, pues, aunque haya perdido su virtud de sorprenderme, sigue recolectando a cada nueva estación su cosecha de pena. «Esta mujer es mi médico; no es mi madre», me digo con firmeza, y me siento humillada por mi necesidad, incluso ante mí misma. Más perentorio es el hecho de que alguien que está por ahí cuadrando la agenda ya ha decretado que nos quedan exactamente doce minutos que dedicarnos la una a la otra.

Tras confirmar la siguiente cita, salgo del despacho de la doctora. Al salir, paso por el lavabo y vomito y tiemblo, y luego no reconozco a la persona del espejo. Se la ve tan triste y cansada y grasienta que siento lástima por ella, antes incluso de entender del todo que soy yo.

Pasadas las cinco, cuando todo el mundo ha puesto fin a la jornada y se ha ido a casa y no queda nadie en el edificio, cojo a *Reba* y me cuelo en el laboratorio. No puedo hacer nada productivo, pero me resisto instintivamente a la crueldad de la orden de mi jefe de departamento organizando una especie de sentada individual de embarazadas. Cuando a las siete y media entra Bill, de vuelta de su primera comida del día, y me encuentra allí a oscuras, me apresuro a frotarme la cara para disimular que he estado llorando sin parar. Enciende todas las luces y empieza a ponerme metódicamente al día de todos nuestros proyectos, recitando el estado pormenorizado de cada uno, una letanía reconfortante que me proporciona pruebas concretas de que todo está en orden. Bill está exhausto de hacer el trabajo de los dos, pero cuanto más rocoso es el terreno, más fuerte tira él del arado.

No sabe exactamente qué me ha pasado ni por qué he estado tan ausente. Tampoco lo saben mi familia ni mis amigos, los que tengo. Y nadie pregunta. Supongo que mi linaje lleva tantas generaciones ocultando su locura que mi reserva en ese aspecto estaba programada genéticamente.

Bill me asegura que no va a pasar nada porque me quede en casa.

—En serio, aquí no va a entrar nadie; no hace falta que vigiles el fuerte por la noche. —Mira subrepticiamente a su alrededor y añade—: Y menos con la de cuchillos y mierdas que tengo aquí guardados. —Y hace a la vez como si rebuscara nerviosamente en uno de los armarios.

Con esta ridícula afirmación, Bill vuelve a elevar el listón en sus intentos por hacerme reír, o arrancarme al menos una señal de mi viejo yo, cada vez que se cruzan nuestros caminos. Aunque estamos los dos sin la menor pista de cómo acabar con la afligida zombi que se ha apoderado de la hinchada figura de su mejor amiga, él no deja de intentarlo.

—Dios, se te ve hecha polvo —dice—. ¿Por qué no vas a degollar un cerdo, o algo? ¿No es eso lo que hace tu gente para animarse? —Bill se exaspera.

—Bueno, hambre sí que tengo... —le concedo.

Con gran esfuerzo, vamos andando hasta su casa (en mi caso, anadeando) y ahí vemos reposiciones de *Los Soprano* mientras devoro la caja de Donuts que hemos comprado por el camino. A las nueve, Clint pasa a recogerme y me lleva en coche a casa, tres manzanas más allá, luego me abre la puerta de atrás y me deja en mi destino, y a mí se me saltan las lágrimas mientras fingimos que nuestro coche es un taxi.

Es un buen presagio cuando estás muy atenta a un experimento, convencida de que los datos serán sutiles, y en cambio lo que ves es inequívoco, contundente y obvio más allá de cualquier posible error de interpretación. Me habían advertido que la rotura de aguas podía ser ambigua, pero esa misma noche, al cabo de unas horas, estoy sentada en el sofá cuando espontáneamente me encuentro sumergida en varios litros de fluidos. Viendo que sube la marea, me pongo seria y le comento a Clint que probablemente sea hora de ir al hospital.

Cuando me está ayudando a levantarme, se da cuenta de que me tiemblan las manos.

—Vamos al mejor hospital del mundo —me recuerda con toda calma, y su seguridad es contagiosa. Reúno la escasa determinación que me queda, hacemos la bolsa de viaje, cogemos el coche y bajamos hacia el centro. Son cerca de las diez y media de la noche, y según atravesamos los varios kilómetros de proyectos urbanísticos habitacionales de Baltimore veo gente que se arrastra hacia su casa al término de su larga jornada, necesitados de descanso pero sin prever que vayan a tenerlo.

Entramos en el hospital, e inmediatamente me reconfortan las brillantes luces y la frenética actividad, y, extrañamente, vuelve a mí la sensación de seguridad de mis viejos tiempos de farmacia hospitalaria. Cada una de estas atareadas personas tiene una misión, y cuidar de mí es solo una parte rutinaria de su magna y coreografiada tarea colectiva. Pase lo que pase, no estaré sola, y habrá alguien más que sea el fuerte, el preparado, el responsable. Se está poniendo en marcha un plan: todos vamos a pasar la noche en vela sacando esto adelante. Empiezo a relajarme.

Compartimos el ascensor que me sube al ala de maternidad con una paciente mayor a la que un camillero joven y aburrido lleva en silla de ruedas a alguna otra parte. Se fija en mi desmesurado abdomen.

—¿Estás preparada para esto? —me pregunta, y luego menea la cabeza con gesto divertido y burlón cuando, incapaz de articular una respuesta, le devuelvo una mirada que lo dice todo.

Al llegar al mostrador de admisiones, una mujer enorme entra corriendo en cuanto me ve y le dice a la recepcionista:

—La quiero; tiene buenas venas —designándose así mi enfermera.

Me miro el dorso de las manos, que he heredado de mi padre y en las que las vías sanguíneas siempre han resaltado nítidamente, y decido que esto también es un buen augurio. La enfermera nos conduce a una habitación privada e invita a Clint a sentarse en la silla que hay en una esquina. Él obedece.

—Esto no va sobre ti —le explica ella por encima de su hombro mientras me acompaña al cuarto de baño.

Con gran esfuerzo, hago uso del váter y luego me desvisto y me pongo mi bata de hospital. La enfermera me ayuda a meterme en la cama y restriega mis dos muñecas con alcohol. A continuación, saca diez o veinte agujas, electrodos, pinzas y compresores y empieza a ponérmelos en mil lugares y de mil maneras. Cuando acaba, conecta cada cosa, de una en una, a diversas máquinas y monitores que han empezado a congregarse alrededor de mi cama como si estuvieran ansiosos por tomar parte en lo que quiera que esté ocurriendo. Una vez que está todo encendido, sus amistosos rostros electrónicos me rodean por todos lados, y cada una me repite continuamente su propia historia tranquilizadora, como si todas comprendieran que no hay un tope para la cantidad de tranquilización que voy a requerir a lo largo de esta dura prueba.

Llega el asistente médico.

—¿Va a querer usted medicación para sobrellevar las molestias del parto? —pregunta.

—Sí. Sí que la querré —respondo, en el mismo tono seco que él, pero a mí me delata el hecho de que nunca en toda mi vida he sido más apasionadamente sincera.

—Mejor para usted —murmura mi enfermera entre dientes—. No hay razón para que pase por todos esos dolores. —Oyéndola decir eso, comprendo que acabo de hacerle el turno muchísimo más fácil.

Cada par de horas, un médico distinto, que además es profesor, entra en la habitación pastoreando a un rebaño de estudiantes de medicina y me presenta como un caso de estudio. Hace un resumen de los resultados de todas mis visitas médicas prenatales y una enumeración concisa, deshilvanada y monótona de los medicamentos que he tomado, consiguiendo que el conjunto suene como un poema de e. e. cummings que no hubiera pasado el corte de su editor. Luego pregunta a su cohorte: «A partir de los datos recopilados, ¿qué podemos suponer respecto al feto en esta situación?», y el grupo responde con el mismo silencio alelado que hubiera obtenido preguntando a un rebaño de ovejas.

Finalmente, interviene mi enfermera diciendo:

—Bueno, miradla. El niño no viene ni prematuro ni falto de peso. —Mientras menea la cabeza en desaprobación, veo a un estudiante de la fila de atrás bostezar con toda su alma a la vez que me mira directamente, sin molestarse siquiera en disimular.

De pronto me enfurezco, y probablemente se nota en el electrocardiograma de mi izquierda. En un instante, me veo retrotraída a quince años atrás, vuelvo a ser una alumna de instituto que quiere con todas sus fuerzas estudiar medicina, pero sabe desde un principio que ni tiene dinero para ello ni forma de conseguirlo. Descendía de un linaje de mujeres que sabían cazar y desplumar una lechuza, hervirla para los niños y sacarle la médula de los huesos para el bebé, y luego se bebían el agua del hervido porque era lo único que quedaba. Yo era la niña que sabía quitarse ella sola las sanguijuelas y a la que no le daban miedo las arañas, las serpientes, la suciedad ni la oscuridad. Vuelvo de golpe a ser la chica que, tras conseguir una beca que además le cubría los libros, iba corriendo a la librería y además de los libros de texto que estrictamente necesitaba se compraba otros de medicina.

Y allí están estos estudiantes, al otro lado de una pesada puerta de hierro que a mí se me ha cerrado con llave, que en vez de felicitarse en su sanctasanctórum parecen estar desperdiciándolo todo. Entonces me pregunto indignada por qué se creen estos pequeños bastardos que dan la talla siquiera para medirme el cérvix. Mi rabia despierta a una parte de mi viejo yo, y edito mentalmente la versión de estos acontecimientos que le contaré a Bill, e inserto en este punto que ahora grito: «Tomad notas, hijos de puta. ¡Soy materia de examen!».

El profesor interrumpe mi filípica interior anunciando:

—Presenta un serio riesgo de psicosis postparto, y en consecuencia se la mantendrá bajo observación. —Y, como si tal cosa, ha proclamado algo que todos sospechábamos pero que el amor y la esperanza conspiraban para mantener en silencio.

Me yergo, más que interesada por lo que pueda decir a continuación. Al recibir este nuevo detalle informativo, los estudiantes vuelven a escrutarme, y parecen tan perplejos ante mi aparente cordura que valoro la posibilidad de fingir una alucinación para corroborar la observación del profesor.

Dejo vagar la mirada por la habitación hasta que se cruza con la de Clint, mansamente sentado en su rincón con las piernas cruzadas. Recurriendo al lazo telepático propio de las parejas casadas, nos comunicamos nuestro mutuo reconocimiento de lo absurdo de la situación, y prorrumpo en risas por primera vez en muchas semanas. Caigo en la cuenta entonces de que hacía meses que no me sentía tan bien, erguida como estoy entre el lío de cables de mi nidito de máquinas que hacen «bip, bip», y a salvo.

El médico, tan inasequible a la alegría como a la pena, consulta su reloj y se va, arrastrando a los estudiantes en su estela como si fueran los *paparazzi* más cutres del mundo siguiendo a la celebridad menos interesante del mundo. Mi cólera remite al suponer que ellos también tendrán una noche muy larga por delante. La parte más fría de mi cabeza me lleva entonces a contemplar la posibilidad de que soñar con ser médico y la realidad de pasar por una facultad de medicina tal vez no sean la misma cosa, y admito asimismo que mi propia conducta durante los meses previos no me ha dejado en buena situación para condenar el desapego emocional manifestado por otros.

Entra un enfermero quirúrgico con lo que parece una toalla de playa enrollada y procede a desenrollarla a lo largo de dos bandejas de acero inoxidable. Al hacerlo, veo que dispuestos en el interior del paño estéril hay docenas de bisturís, tijeras y diversos pequeños objetos centelleantes y afilados. El asistente se marcha para volver al cabo de un momento con otra toalla, idéntica a la primera, y repite su actuación sobre otras dos bandejas.

—Caray —comento—. Eso son muchos cuchillos.

El enfermero me mira y sigue con su labor, mientras me explica:

—Sí, a esta médico le gusta tener preparado un segundo juego, por si algo se cae.

Esta garantía de que cuando empiecen a volar cuchillas habrá duplicados listos no me reconforta tanto como debiera, pero él se va y yo me guardo mis recelos para mí.

Me sorprende gratamente ver a mi médico, la neutral en lo que concierne a dar el pecho, entrar y anunciar que será ella quien atienda el parto; me habían dicho repetidamente que podía esperar que lo hiciera cualquiera de los médicos que poblaban mi «equipo de cuidadores», y estaba preparada para ver aparecer a un virtual desconocido, ya que era incapaz de recordar ni a la mitad del personal sanitario que había deambulado por el escenario de mi vida durante los últimos nueve meses.

—Me alegro de que vaya a ser usted —le digo, con la confianza y el afecto de un niño.

Ella me mira por encima de mi historial clínico.

—¿Cómo estás?

—Asustada —respondo, porque es verdad. Desde pequeña he estado convencida de que moriría dando a luz.

Y no solo porque nunca pude imaginarme siendo madre; también daba pábulo a esa convicción mi sospecha de que es así como murió mi abuela. Mi madre nunca cuenta nada de su propia madre, como tampoco de sus hermanos y hermanas, salvo que fueron más de diez los que sobrevivieron a su infancia. *Diskutere fortiden gir ingenting* («No se cambia el pasado por hablar de él»).

La doctora se detiene y me mira.

—Si surge algún problema contigo —me asegura—, podemos tenerte preparada y en el quirófano en cuarenta y cinco segundos. —Y durante un instante me siento arrebatada por la idea de que ha de haber otra sala a la vuelta de la esquina con instrumentos aún más numerosos (y sofisticados) que en esta.

Luego se vuelve hacia Clint.

—Dicho lo cual, tenga en cuenta que, si surge algún problema con usted, como que se desmaye o algo parecido, lo apartaremos de una patada y seguiremos con lo nuestro. —La madre de Clint era una eminente tocóloga de Filadelfia, y en su infancia las complicaciones del parto eran el tema de las conversaciones a la hora de comer, así que no hay riesgo de que pueda desmayarse, pero acepta el escenario descrito.

La doctora me examina el cuello del útero y concluye:

—Parece que está todo bien. —Y añade—: Volveré cuando te hayan puesto la epidural, salvo que me necesites antes. —Y acto seguido sale por la puerta.

Pasan un par de horas, durante las que el brazalete del tensiómetro me aprieta el brazo cada veinte minutos dándome ánimos y me recuerda con un alegre «bip» que voy muy bien. Entonces las contracciones se ponen realmente feas, y yo empiezo a gruñir levemente con cada una.

—Caray, no hablas mucho, desde luego —comenta mi enfermera mientras cambia la bolsa del gotero.

Me lo tomo como un cumplido, y lo admito:

—Bueno, eso no iba a ayudar a sacar esto adelante.

—No, desde luego que no —conviene conmigo, mientras abre la vía que conecta el gotero a mis venas.

Las contracciones van cada vez a peor, y empiezo a dirigirme a Clint, implorando en silencio que me ayude con el susurro de mis ojos de loca. Él se me queda mirando con la expresión calmada y amigable de un San Bernardo que te acaba de desenterrar de entre la nieve y ahora te asegura que va a llegar un equipo de rescate en cualquier momento, y ¿no quieres chupar unos carámbanos mientras esperas?

Al cabo de lo que se me hace horas, entra un médico de aire distinguido, acompañado por una especie de lacayo, y se me presenta como el anestesista.

—¿Alguna vez la han tratado con ropivacaína? —me pregunta el acólito con voz chillona mientras examina las vértebras inferiores de mi espalda, lo que me lleva a preguntarme si de verdad eso es algo que espera que sepa cualquiera.

Tras una pausa, mi enfermera responde por mí:

—Probablemente. Su historia clínica tiene dos dedos de grosor. —Empiezo a sospechar que es conocida en el hospital por esas respuestas de marisabidilla, dada la profesionalidad con que todos la ignoran.

—Pues no sé si no estaré bajo sus efectos ahora mismo —añado echándole valor, con la voz temblorosa de dolor y mirándola a ella.

Da igual lo que una diga estando ingresada, los médicos nunca te ríen los chistes.

Supongo que la postura oficial de las facultades de Medicina dicta que por hilarante que crea tu paciente que es su estado, no corresponde a tu papel como médico reírle las gracias o subir la apuesta, pero no deja de ser agotador actuar para un público tan adusto.

Fascinada por el hecho de que me están introduciendo una aguja en la medula espinal, deseo desesperadamente poder observar el procedimiento igual que horas antes había visto atónita cómo la enfermera me llenaba el brazo de puertos intravenosos.

Tras una pausa, el médico anuncia:

—Bien hecho. Llevas una línea de trabajo adecuada. —Lo dice a quien imagino que debe de ser un interno que ha ejecutado la inserción.

—Sí, bravo —añado.

Comienzo a sentir un hormigueo en los muslos, y al poco rato me noto confortablemente insensible de cintura para abajo. El dolor no ha desaparecido pero algo ha tocado el mando del volumen y lo ha dejado muy, muy bajo.

Ahora vuelve mi doctora y me explica que mirando uno de los monitores puedo anticipar cuándo es inminente una contracción y empezar entonces a empujar, sumando así mi trabajo muscular voluntario al factor involuntario. Bajo su supervisión, es lo que hago. Durante aproximadamente tres horas.

—Vale, nuevo enfoque —dice ella, animadamente—. ¿Solía nevar en el lugar donde te criaste?

—Sí —responde mi marido por mí—. Así es.

—Muy bien, ¿verdad que cuando un coche se queda atascado hay que balancearlo para que salga, balancearlo y luego empujarlo, y entonces puede avanzar? —pregunta.

—Así es exactamente como aparcamos en Minesota —contesto, con la respiración entrecortada, y la sonrisa que me dirige es como un billete de cien dólares que puedo meter en el bolsillo de mi corazón.

—Vale, bien, pues eso es lo que vamos a hacer, vamos a mecerte tres veces, y entonces empujas —dice, y lo probamos un rato.

—Venga, pequeño, tienes una cabeza preciosa, pero queremos verte la cara —cloquea una enfermera de más edad, dándome palmaditas en la rodilla.

Me sincronizo con el arco del monitor y empujo con fuerza, y una vez que lo he hecho veo que cambia la actitud de la médico.

Sigue calmada, pero se tensa de forma perceptible y le dice a la enfermera que la ayuda:

—Tiene el cordón alrededor del cuello. Vamos a hacer una extracción con ventosa. —Cerca de mis pies, tres personas, con movimientos rápidos y fluidos, preparan una bandeja con instrumental. La doctora me mira a los ojos, seria y grave, y me dice—: Esto te dolerá.

Yo asiento. Me fijo fugazmente en que no lleva pendientes, y yo no llevo pendientes, y entonces todo se vuelve blanco.

La doctora ha aplicado la copa de succión de una ventosa obstétrica a la cabeza de mi hijo, se ha inclinado hacia delante, ha estabilizado su peso y luego ha empleado toda su fuerza para desgajar al niño de mí. Oigo mi propia voz chillando de desconcierto al descubrir tantas imperfecciones en un mundo de potencial ilimitado. Cuando se me aclara la visión, comprendo que lo que he oído era en realidad el llanto, conocido de antiguo y ahora reconocido, de mi bebé recién nacido.

Ahora mi hijo y yo estamos al lado el uno del otro, y un equipo de gente le sostiene y le ayuda a él y otro equipo de gente me sostiene y me ayuda a mí, y estamos totalmente cubiertos de sangre, y nos encontramos los dos perfectamente. No tengo que hacer nada más que quedarme tumbada como una reina y maravillarme pasivamente del bebé que tengo al lado, ya que parece que hasta el último empleado del hospital está ocupándose afanosamente de limpiarnos a los dos con algodones, lavarnos y revisar cada parte de nosotros una y otra vez. Cada detalle se anota y registra en múltiples tablas y cuadros de lectura, porque todos estamos de acuerdo en que estos datos son demasiado preciosos para perderlos u olvidarlos jamás.

Cuando ya mi equipo ha conseguido que deje de sangrar, extraen de mi abdomen mediante un masaje carnada placentaria —inútil ya— suficiente para llenar un cubo, mientras el otro equipo trae a mi bebé lavado y arropado para que le dé un beso.

—Acabas de tener un niño de cuatro kilos perfectamente sano, y lo has hecho tú —me dice sonriéndome una enfermera joven.

Yo le devuelvo la sonrisa.

—Debo de ser más fuerte de lo que parezco.

—Todas las mujeres lo son —añade mi médico mientras escudriña la parte más mujeril de mí, improvisando un patrón sobre el que coser las partes rasgadas y hacer un dobladillo a los bordes serrados.

Clint está de pie a mi lado, y por fin le llega el turno de sostener y besar al bebé. Yo contemplo a mi hijo y veo en su cara lo suficiente de la mía para saber exactamente lo que está pensando. Está contento de haber nacido y poder por fin poner sus asuntos a rodar. Cuando Clint me lo coloca de nuevo en los brazos, se duerme, y yo paso la primera de las muchas, muchas horas que pasaré durante los próximos meses mirando fascinada su preciosa carita. Duerme satisfecho mientras mi médico cose y recose y así pasan más de noventa minutos. Finalmente, me embalan en gasas y se disponen a dejarme con mi niño y su padre, pero no sin que antes el brazalete del tensiómetro me dé un abrazo de despedida, me felicite con un «bip» y me haga la promesa silenciosa de volver más tarde a ver qué tal sigo. Nos bajan las luces y nos quedamos los tres tumbados juntos y dormimos muchas horas.

Los días siguientes son como un sueño largo y feliz en que no tengo que hacer otra cosa que quedarme en la cama y dejar constancia periódicamente de que no estoy psicótica. Por motivos que solo las autoridades médicas conocen, es fundamental en estas circunstancias dejar constancia cada seis horas de que la paciente es consciente tanto del día de la semana como de la identidad de nuestro supremo mandatario electo. Y yo no dejo de proclamar «¡Feliz martes! ¿No es un día magnífico para que esté Bush en la Casa Blanca?» a cualquiera que pase cerca y lleve una bata blanca,

El segundo día de mi estancia, la médico que trajo al mundo a mi hijo inspecciona mis puntos y dictamina que mi curación va por buen camino. Después de que vuelvan a envolverme en gasas y a incorporarme en la cama, retomo mi batido de fresa y sorbo de él con avidez, hasta que un trago se me va por el otro conducto. Al toser violentamente, algo gelatinoso se desprende de mí interior y sale precipitadamente al exterior, y una mancha de sangre del tamaño de un plato se extiende lentamente entre mis piernas a la vista de todos.

—No quiero ser un incordio —comento—, pero ¿es normal que sangre tanto?

—No hay en ti ni medio kilo de grasa —responde mi médico—. Todo ese peso era de fluidos y tejidos que ya no necesitas. Llevará un tiempo que salga todo.

Mientras las enfermeras me ayudan a cambiar las sábanas por enésima vez, añade:

—No te preocupes. Estamos todos pendientes de ti. —Y cuando sale por la puerta me resisto con fuerza a la tentación de creer que mi abuela pueda estar hablándome a través de ella.

Así que me tumbo en la cama a sentir como lo que no necesito sale de mí. Durante días, rezumo un flujo regular de coágulos sanguinolentos y amorfos que se deslizan hacia el exterior, y con ellos fluyen también toda la culpa y las lamentaciones y el miedo con que he cargado y, mientras duermo, gente más fuerte que yo lo recoge todo en silencio y se deshace de ello como es debido. Cuando me despierto, sostengo a mi niño y pienso en que es mi segundo ópalo y que podré dibujar por siempre un círculo a su alrededor y señalarlo como mío.

En la semana en que aún permanecemos en el hospital, el tiempo lluvioso de abril da paso a una eclosión cegadora del sol de mayo, y comienza a perfilarse el nuevo patrón de nuestras vidas. Cuando Clint sostiene a nuestro hijo, yo reviso un manuscrito, o me conecto a distancia con el espectrómetro de masas, o rechazo el artículo de alguien, o bosquejo un gráfico, y vamos desarrollando una rutina que nos guiará por los próximos años de nuestras vidas. Nos pasamos el niño de uno a otro, mostrándonos nuestro amor con una sonrisa en cada traspaso, y cogemos práctica en hacer tres cosas a la vez. Bill nos sorprende yendo a visitarnos al hospital y me abraza por primera y última vez en once años, y me asombra comprobar con qué facilidad y de qué buena gana se adapta al papel de amado tío.

Todos los test adicionales realizados durante nuestra prolongada estancia en el hospital verifican que mi difícil embarazo ha concluido con un nacimiento normal y sano. Tendida despierta en la cama en mi última noche en el hospital, comprendo, como me sucede a menudo, que un problema se me ha resistido no porque fuera irresoluble sino porque su solución no podía ser en ningún caso convencional. Decido que no voy a ser la madre de este niño. Lo que voy a ser es su padre. Es algo que sé hacer y que me saldrá de forma natural. No pensaré en lo extraña que es mi forma de pensar. Lo amaré, y ya está, y él me amará a mí, y funcionará, y ya está.

Puede que esto haya sido un experimento de un millón y pico de años que ni yo podía estropear. Puede que esta preciosidad de criatura a la que miro embelesada sea para mí un nuevo punto de anclaje a algo que es más grande que yo. Puede que verlo crecer y darle lo que necesite y permitir que dé mi amor por sentado vaya a ser uno de los grandes privilegios de mi vida. Puede que sea capaz de hacerlo. Tengo ayuda, tengo dinero suficiente, tengo amor, tengo trabajo y tengo mis medicinas si las necesito. Puede que sea cierto que quienes siembran con lágrimas cosecharán con alegría. Puede que sea capaz de hacer esto también.

# 9

TODA CÉLULA VIVA no es básicamente nada más que una bolsita de agua. Vista así, la vida (el Verbo)* es poco más que la construcción y reconstrucción de billones de bolsas de agua. Una cosa que hace que eso sea difícil es que no hay bastante agua. Nunca habrá agua suficiente para todas las células que podrían crecer. Todo ser vivo que puebla la superficie de la Tierra se ha visto obligado a librar una guerra interminable por una cantidad total de agua que equivale a menos de una milésima parte del uno por ciento de la masa del planeta.

En esa guerra, los árboles están en franca desventaja, porque no pueden desplazarse por el entorno en busca del agua que necesitan, y porque, al ser muy grandes, la necesitan en cantidades mucho mayores que los animales, que pueden moverse. Si cruzas Estados Unidos desde Miami a Los Ángeles por la interestatal 10, pasando por Luisiana, Texas y Arizona, puede que te cueste tres largos días, pero seguro que aprenderás el hecho más importante de toda la biología vegetal: la cantidad de verde que se encuentra en una localización dada es directamente proporcional a la cantidad anual de precipitación pluvial del lugar.

Si nos imaginamos que toda el agua de la Tierra cupiera en una piscina olímpica, la cantidad que está disponible en el suelo para las plantas no daría para llenar una botella de refresco. Los árboles precisan tanta agua —se requieren más de cuatro litros para producir un puñado de hojas— que resulta tentador suponer que las raíces se dedican a succionarla activamente del suelo. Pero la realidad es muy distinta: las raíces de un árbol son absolutamente pasivas. De forma pasiva, dejan que él ascienda por ellas durante el día y, de forma pasiva, dejan que salga durante la no-

* Parece aludir a Juan 1:14, *«Et Verbum caro facto»* («Y el Verbo se hizo carne»). *(N. del T.)*

che, tan fieles como las mareas de los océanos a la atracción de la luna. El tejido radicular actúa como una esponja, que, colocada sobre leche derramada, se expande automáticamente para absorber el fluido. Si luego esa misma esponja la colocamos sobre cemento, no tardaremos en ver cómo el fluido es absorbido en sentido inverso, formando una mancha de humedad en la acera. En cualquier terreno en que cavemos, comprobaremos que está más húmedo cuanto más cerca esté de su lecho rocoso.

Un árbol obtiene la mayor parte del agua a través de su raíz primaria, la principal, que se extiende en vertical hacia abajo. Las situadas cerca de la superficie crecen lateralmente formando una estructura reticular de sustentación que evita que el árbol se caiga. Además, estas raíces superficiales desprenden humedad al suelo seco, sobre todo cuando el sol está bajo y las hojas del árbol no sudan. Los arces maduros redistribuyen por la superficie de forma pasiva el agua que extraen de las profundidades del suelo a lo largo de toda la noche, a través de esas mismas raíces. Se ha comprobado que las plantas más pequeñas que crecen cerca del árbol aprovechan esa agua reciclada para cubrir más de la mitad de sus necesidades.

La vida de un retoño es extremadamente difícil: el noventa y cinco por ciento de los árboles que consiguen cumplir un año no llegan a cumplir el segundo. En general, las semillas de los árboles no viajan muy lejos; la mayoría de los pimpollos de arce echan raíces a menos de tres metros del tronco del que salen las mismas ramas de las que cayeron sus semillas. A esos retoños de arce les cuesta recibir algo de luz mientras siguen a la sombra del arce adulto que lleva años captando y utilizando todos los nutrientes de la zona.

Hay, no obstante, un acto garantizado de genuina generosidad parental entre el arce y su descendencia. Cada noche, bajo el suelo, el más preciado de todos los recursos —el agua— asciende por el más fuerte y se distribuye a los más débiles, de modo que los retoños puedan vivir y seguir luchando un día más. No es toda el agua que necesitan, pero les ayuda un poco, y los pimpollos necesitan toda la ayuda que puedan obtener si es que al cabo de cien años ha de haber un arce defendiendo ese mismo trozo de terreno. Ningún padre puede garantizar a su prole una vida perfecta, pero todos sentimos el impulso de atender como mejor podamos sus necesidades.

# 10

EN LOS ÚLTIMOS DIEZ AÑOS, hemos descubierto que los árboles, de hecho, recuerdan su infancia. Científicos noruegos se dedicaron a recoger semillas producidas por píceas «hermanas» (es decir, medio clones) que habían crecido en climas tanto fríos como templados; hicieron germinar miles de esas semillas en condiciones idénticas e implantaron los plantones supervivientes en un mismo bosque, en el que alcanzaron la madurez.

Todas las píceas hacen lo mismo cada otoño: echan las yemas e interrumpen su crecimiento en previsión de las primeras heladas. Los científicos noruegos observaron que entre cientos de árboles genéticamente idénticos, que habían pasado de pimpollos a un tamaño adulto juntos en el mismo bosque, los árboles que habían sido embriones en un clima frío echaban invariablemente sus yemas dos o tres semanas antes que sus homólogos, en previsión de un invierno más largo y frío. Todos los árboles que fueron objeto del estudio se adaptaron exactamente igual, pero los más precoces en echar sus yemas recordaban el frío que experimentaron en su fase de semilla, por más que esa nostalgia les prestara un flaco servicio.

No sabemos exactamente cómo funciona esta memoria. Creemos que es la suma total de varias reacciones e interacciones bioquímicas complejas. Pero los investigadores tampoco saben con exactitud cómo funciona la memoria humana. Creen que es la suma total de varias reacciones e interacciones bioquímicas complejas.

El año en que nuestro hijo empezó a ir al colegio, nos fuimos doce meses a vivir a Noruega. Me habían concedido una beca Fulbright y me uní a un grupo que intentaba descubrir qué supone hoy la memoria para la pícea que pasó su infancia en un determinado clima para acabar afrontando en su edad adulta otro clima distinto. Determinar la precisión de la memoria humana, incluso centrándose en la propia mente, es un objetivo científico difícil. Y más difícil aún es medir la de un organismo que vive el doble de tiempo que tú.

Para nuestros experimentos, decidimos explotar la diferencia más importante entre plantas y animales, a saber: que la mayoría de los tejidos vegetales son redundantes y flexibles; una raíz puede convertirse en tallo si es preciso, y viceversa. La fragmentación de un único embrión puede desembocar en varias copias de la planta, todas con exactamente el mismo código genético. Las nuevas técnicas de propagación nos permiten responder a preguntas como «¿Recuerda un árbol la desnutrición severa experimentada en su infancia?» a base de negarle el alimento a un pimpollo durante años mientras que proveemos de nutrientes en abundancia a su gemelo idéntico. Los experimentos de ese tipo son los únicos que pueden arrojar respuestas concluyentes; sería repugnante y a todas luces inmoral hacerlos con seres humanos, pero con plantas, en cambio, es admisible.

Para iniciar estos experimentos, cuento en voz alta cien semillas de pícea —cada una más pequeña que un grano de sésamo— y las empapo en agua esterilizada durante varias horas. Me siento y ajusto mi taburete delante de una pared que despide en dirección a mí aire esterilizado, una suave brisa mecánica. Me abandono durante un instante al sentimentalismo, recordando a la muchacha que era veinte años antes, que, sentada en un hospital ante una pantalla igual de aséptica, exploraba sus opciones de futuro mediante un doloroso proceso de ensayo y error. «Todo lo que tengo por delante está limpio, y todo lo que dejo atrás está contaminado», me repito como una salmodia. Con automatismo rutinario, dispongo en paralelo mis instrumentos, sin dejar nada entre ellos y la pared.

Las semillas que estoy utilizando las recogieron silvicultores escandinavos hace casi una generación, de un ejemplar notoriamente corriente del que tengo páginas enteras de descripciones escritas en noruego, con la caligrafía impuesta de la década de 1950. Me imagino a un grupo de hombres adustos y rubios con botas de lluvia y me pregunto si estarían orgullosos de mí. Decido que no al ver mi reflejo en una ventana en la penumbra de la sala; pelo grasiento, bien recogido atrás, y un acné contumaz que viene y va.

Enciendo el quemador Bunsen que tengo justo a mi derecha y gradúo la llama en tres centímetros. Tiembla en la corriente, y ayuda a esterilizar el aire. Bajo el codo derecho y coloco una torunda empapada en alcohol a mi izquierda, manteniendo ambos instintivamente lejos de la llama. Usando la mano izquierda, pesco una semilla con las pinzas y la sitúo bajo el microscopio. Miro por el ocular y la giro plana, lamentando no tener el pulso más firme y jurando que voy a dejar el café por tercera vez en lo que va de día. Con la mano derecha, hago un corte ancho y superficial con el bisturí e intento retirar la cubierta de la semilla para dejar expuesto el embrión.

Hago presión con el bisturí para echar atrás la cubierta y deslizo uno de los brazos de las pinzas bajo el embrión. Traigo al frente el embrión —tan pequeño que ni se ve— y toco con las pinzas en una placa de Petri llena del medio gelatinoso que me pasé el día de ayer cociendo y vertiendo. Cierro la tapa y la aseguro con cinta violeta (el color que indica que es martes). Sobre la tapa de la placa, trazo un círculo en la zona en que he dejado caer el embrión, para estrechar el campo en el que mañana buscaremos signos de crecimiento o infección. Al pie del círculo, anoto con rotulador negro un largo código que designa el año, el número de serie del medio de cultivo, el árbol madre y el lote de semillas. No anoto mis iniciales porque hace mucho que todos distinguimos la letra de cada uno, igual que reconozco la de tantos silvicultores noruegos muertos a los que no conocí. Mis compañeros de laboratorio me chinchan escribiendo los sietes sin el trazo cruzado en códigos que saben que voy a ver, burlándose de mi «americanidad». Compruebo el código, que he anotado dos veces para mayor precisión, musitándolo en alto cada vez. Todo el proceso me lleva entre dos y tres minutos. Lo repito exactamente cien veces.

De los muchos millones de semillas caídas en cada hectárea de la superficie terrestre todos los años, germinan menos del cinco por ciento. De estas, solo el cinco por ciento sobrevivirán a su primer cumpleaños. Dada esta realidad, el primer y más importante experimento de cualquier estudio sobre árboles —conseguir que crezca un pimpollo— es, de hecho, un combate bajo malos auspicios abocado con casi total seguridad al fracaso. Por eso, la fase de plantación de pimpollos en el inicio de un estudio forestal es siempre una trabajosa victoria cobrada por un estoico investigador con un hondo sentimiento de fatalismo.

Esta excepcional agonía intelectual cincela el carácter de quienes experimentan con árboles, y constituye una criba que solo superan aquellos que tienen una devoción religiosa por la ciencia y una paciencia con ribetes de masoquismo. Ni persiguen ni conquistan la adoración y la gloria que reclaman los físicos nucleares, que observan partículas nuevas y fanfarronean con la velocidad de la luz. Yo me estoy empapando de esa mentalidad a la vez que aprendo sobre las fases preliminares del desarrollo embrionario, y ambas cosas me atraen. Plantamos arbolitos diminutos durante la noche para que por la mañana reciban el bautismo del rocío, firmes en nuestra fe en que, dentro de unos doscientos años, su medición aportará conocimiento a nuestros herederos científicos.

Recojo las placas de Petri y, atravesando el sótano, las llevo a la sala de incubación, donde las dejo a oscuras a una temperatura de exactamente veinticinco grados Celsius. La incubadora es como un mausoleo húmedo, y me pregunto si el vago olor a moho es real o solo una paranoia mía. Cada embrión reposa en una gelatina extraída de miles de otras semillas. Este medio engañará a mis embriones, induciéndolos a desarrollarse descontroladamente, libres de la opresión de la cubierta que he retirado.

Al cabo de veinte días, espero encontrarlos extendidos de forma indecente, en una medida muchas veces superior a la que habrían alcanzado naturalmente (siempre que un hongo contaminante no se haya hecho antes con los nutrientes). Llegados a ese punto, seleccionaré los embriones sanos, los desmenuzaré despacio y transferiré los pedazos a una gelatina hecha de cantidades delirantes de fertilizantes y hormonas del crecimiento. Al microscopio, si soy meticulosa y tengo suerte, puedo cortar un único embrión en doce trozos. Hoy, selecciono para el sacrificio los embriones intactos de hace dos semanas, desmiembro exactamente cincuenta y luego los dejo sangrando citoplasma, con la esperanza de que se recuperen y se alarguen hasta convertirse en algo verde por un extremo y radicular por el otro. Mis trozos de embrión pasarán un mes bajo luz solar artificial, forzados a fotosintetizar, e intentando ganarle la carrera a los malditos hongos.

Como Julia Child cuando sacaba un suflé terminado del mismo horno en que introducía otro sin cocer, selecciono cien embriones diferenciados de la cámara de luz y los reemplazo por los que acabo de diseccionar. Meto cada una de estas pequeñas plántulas en los minitiestos que he hecho con hueveras, usando un palo de polo para cavar un agujero en la tierra y otro para insertar el plantón hasta el fondo. Esporádicamente, mientras planto, observo algo peculiar en una de las muestras —alguna estrambótica espiral verde— y me relajo diez minutos mirándola y disfrutando del placer de un momento singular en un día, una semana, un mes de monotonía.

Debería tomar nota de que ese es diferente, pero no lo hago. Solía anotar religiosamente cualquier rareza, pero conforme pasan los años lo hago cada vez menos. La sensación es demasiado parecida a la de desvelar una confidencia que no me han autorizado a compartir. El primer tejido verde de un pimpollo de rábano son dos hojas simétricas con la forma perfecta de un corazón. En veinte años que llevo cultivando cientos de estas plantas, he visto exactamente dos anormales, ambas con una tercera hoja perfectamente formada: una desconcertante tríada donde solo debería haber una pareja. Me acuerdo con frecuencia de esas dos plantas, y alguna vez hasta se cuelan en mis sueños, llevándome a preguntarme por qué se suponía que debía verlas. Que te paguen por hacerte preguntas parece a veces una responsabilidad muy pesada.

Al final de la jornada, he dispuesto en cuadrícula exactamente cien arbolitos minúsculos. Hago fotos, mientras me concedo el lujo de escuchar por la radio cuarenta y cinco minutos de insípida música pop, no sin cierta sensación de culpa (la música provoca errores de etiquetado). Los pimpollos ultimados parecen una compañía de verdes soldaditos de juguete, y me imagino que son reclutas novatos de diecisiete años de la Primera Guerra Mundial, ansiosos de partir al frente sin tener ni idea de dónde se meten. Los trasladaremos al invernadero, donde vivirán con relativa dicha durante tres años, siendo concienzudamente trasplantados a otra maceta cada vez que su mundo necesite algo más de espacio.

Finalmente, plantaremos una colección de los supervivientes en un bosque, y comenzará su tratamiento experimental. Gracias a todos nuestros desvelos, es previsible que uno de cada mil embriones que procesamos dé lugar a un árbol adulto, aumentando así en muchos órdenes de magnitud las probabilidades de éxito que habrían tenido en un entorno natural. Dentro de treinta años, tal vez una de las plantas que tengo ante mí dé semillas y contribuya a dar respuesta a las preguntas que hoy nos hacemos. Eso, suponiendo que la universidad no tale nuestro bosque para construir otra residencia estudiantil, un centro médico o un patio de comida rápida.

A las once y media de la noche, llamo a Bill, y él descuelga a la segunda señal.

—Sin novedad en el frente —le digo, y él me entiende. Allí donde él está es por la mañana, y le acabo de despertar.

—Vale, enseguida voy. —Y luego me interroga—: ¿Has empapado los palos de polo?

—¿Qué? —le pregunto, fingiendo que no sé de qué me habla.

—¿Que si esta vez has empapado los putos palos de polo en lejía?

—Sí —le miento, y él resopla, escéptico.

—Sí —insisto—. Los he empapado; y he empapado también los embriones, y luego me he bebido yo un vaso antes de empezar.

—Porque de aquí a un año —sigue diciendo—, cuando estemos hasta las cejas de contaminación, todo esto igual pierde su poesía.

—Bueno, con un poco de suerte no habrá que esperar tanto, porque se nos ha acabado la puta lejía. —Y los dos nos echamos a reír.

Nos reíamos porque era una broma. Bill no iba de camino a reunirse conmigo esa noche, porque estaba en la otra punta del mundo.

Durante los años que siguieron al nacimiento de mi hijo, se hizo más fácil ser una científica, aunque aún no sé muy bien por qué. Me sorprendía, ya que no había cambiado mi forma de diseñar los experimentos o de hablar sobre mis ideas, y, sin embargo, cambió la consideración en que me tenían las autoridades académicas y gubernamentales. Conseguí contratos, no solo de la NSF, sino también del Departamento de Energía y de los institutos nacionales de salud. Donantes particulares, como la Fundación Mellon y la Fundación Seaver, me juzgaron merecedora de su apoyo. El laboratorio tampoco se hizo rico con esa financiación adicional, pero por primera vez pudimos construir aparatos nuevos, reponer piezas rotas y dormir en hoteles decentes cuando viajábamos; y lo mejor de todo, pude asegurar el sueldo de Bill de año en año y no de mes en mes.

Libre de la distracción que me provocaba el estrés de no saber si sobreviviríamos, recuperé la paciencia y redescubrí mi amor por la enseñanza. La combinación de libertad y amor es poderosa, y me hizo más productiva que nunca. Resumí mis ideas sobre el desarrollo de las plantas en trabajos más extensos, organizados en capítulos completos, que permitían un grado suficiente de detalle. Empecé a ganar galardones por estas ideas, una vez que las hube expresado minuciosamente: primero, el Premio a Jóvenes Científicos de la Sociedad Geológica Americana, y luego la Medalla Macelwane de la Unión Geofísica Americana, que hicieron que fuera pan comido amarrar mi posición como profesora numeraria en 2006. Me crecí y empecé a asumir riesgos todavía mayores: presenté la solicitud para incorporarme a los experimentos con píceas en Noruega; quería aprender a plantar pimpollos de árbol. Quería saber de qué iba lo de la memoria de los árboles.

Mientras viví en Noruega, Bill se quedó en casa dirigiendo el laboratorio. El encanto natural de Clint y su raro don para las matemáticas le habían granjeado varias ofertas de trabajo estable a lo largo de los años; aceptó una de ellas y nos mudamos juntos cerca de Oslo, donde apuntamos a nuestro hijo a un jardín de infancia noruego.

Siempre me sentí como en casa en las tierras de fiordos centelleantes del este de Noruega. Allí nadie me tiene por persona fría o retraída; puedo ser quien soy con total tranquilidad. Me encanta hablar noruego, que es un idioma lacónico en que todas las palabras cuentan doble y una frase puede cambiar radicalmente de sentido con la inflexión de una sola vocal. Adoro las noches oscuras y nevadas del invierno y los interminables días apastelados del verano. Me encanta pasear por la pinocha de las píceas y coger frutos del bosque y comer pescado con patatas siete días a la semana.

Durante ese año, disfruté de todo lo que suponía vivir en Noruega, excepto por lo mucho que echaba de menos a Bill. Pero, en el fondo, los dos sabíamos que la separación era buena para ambos: nos hacíamos mayores, y yo estaba criando una familia. Las convenciones y las circunstancias dictaban que debíamos comportarnos más como compañeros de trabajo y menos como fraternales gemelos de doce años.

Mediado mi año en Noruega, envié a Bill un mensaje de texto: «Te echo de menos».

No bien lo hube mandado, apareció en mi bandeja de salida, el último de una larga serie de mensajes idénticos sin respuesta que había enviado a diario durante las tres últimas semanas, intercalados con el estribillo «Espero que estés bien».

Hacía más de un mes que no tenía noticias de él. Sabía que no estaría perdido, aunque yo sí me sentía un poco así. Cuatro semanas antes me había encontrado al despertarme con un *e-mail* suyo que decía lo siguiente: «Hola, acaban de darme la noticia de que hoy ha muerto mi padre. Supongo que me iré a California. Apagaré el espectrómetro de masas antes de irme». Empecé de inmediato a escribirle los mensajes con el mantra mencionado, con frecuencia y más floridos al principio, para luego acabar fijando el ritmo de uno al día. Nunca respondió a ninguno.

Los correos de Bill cesaron por completo durante las semanas posteriores a la muerte de su padre, y la cadena de mensajes de texto sin respuesta había dejado un vacío en mi vida. Trabajaba las mismas horas que de costumbre, pero me sorprendía a menudo mirando a la pared sin hacer nada de provecho, cuestionándome por primera vez por qué hacía todo ese trabajo científico, y llegando por fin a la conclusión de que no tenía sentido hacerlo sola.

Aun sin noticias de Bill, lo conocía lo bastante bien para saber exactamente lo que hacía: trabajar de firme todas las noches, de siete de la tarde a siete de la mañana, sin ver a nadie ni hablar con nadie. Era su patrón de conducta habitual cuando estaba «de bajón», normalmente tras sufrir una migraña, y en el laboratorio todos sabían que era mejor dejarle en paz hasta que se le pasara.

Este bajón, no obstante, se estaba alargando mucho, y no pude evitar imaginar cómo habría sido su semana de duelo en California. Cómo la llegada del crepúsculo disuelve los lazos de la férula que te mantiene de una pieza durante el día, y cómo solo el sueño consigue anestesiarte a la tristeza desesperante que te embarga entonces. La pesadez de abrir los ojos a la mañana siguiente al comprender que empieza un nuevo día de un dolor tan penetrante que anula hasta el sabor de la comida que te llevas a la boca. Sabía que cuando muere alguien a quien quieres sientes que también has muerto tú. Y sabía que no había nada que ni yo ni nadie pudiéramos hacer para arreglarlo.

Seguí enviándole mensajes de texto a diario y nunca recibí respuesta. Al final, le mandé un *e-mail*: «Oye, vámonos al campo tú y yo. A Irlanda. Siempre te ha gustado Irlanda. Te he comprado un billete, te lo adjunto en PDF. Tu padre era un buen tipo. Se portó bien con tu madre y siempre le fue fiel. Os quería a vosotros, sus hijos, y estaba en casa acompañándoos todas las noches. No bebía y no se metía con nadie. Eso es lo que él te dio. Es lo que tienes, y es mucho, te lo aseguro. Es lo que tú y yo tenemos. Y es más de lo que tienen algunos, y quizá bastante más de lo que tiene la mayoría. Y a partir de ahora ha de bastarte. Tu avión llega antes que el mío, pero el coche de alquiler está a mi nombre, así que espérame».

Quería añadir muchas más cosas, pero no lo hice. Quería atreverme a suponer que Bill había sido el niño mimado de su padre, su favorito, ese hijo menor que llega en el otoño de su vida como una última oportunidad de disfrutar de la niñez por medio de otra persona. Quería decirle a Bill que él encarnaba el final feliz de la vida de su padre, que era el tácito colofón final a las bromas siniestras y genocidas que siempre hacía, que su misma carne constituía un triunfo sobre la injusticia y el crimen. Quería decirle a Bill que él era el tesoro y la recompensa de su padre, un chaval fuerte y vigoroso que el mundo no podía quebrar, listo y ágil aunque se empeñara en rehuir cualquier reconocimiento. Quería consolarle diciéndole que él, como su padre, sobreviviría, pero no supe cómo. Escribí lo que escribí, le di a «enviar» y preparé mi equipaje.

Cogí el avión a Irlanda, desembarqué en el aeropuerto de Shannon y ahí me encontré a Bill junto a tres enormes petates que había llenado a reventar de herramientas y asegurado con cinta de embalar.

—¡Dios santo! ¿Te has fugado de casa? —le pregunté, sonriente—. ¿Dónde crees vamos a coger muestras en este viaje? ¿En el fondo oceánico?

—No sabía qué cojones pensar —respondió él—. En tu *e-mail* no dabas una puta pista. Y no podía correr riesgos, visto que este es un país tercermundista. Así que me lo he traído todo. —Su tono era algo mustio y se le veía cansado, pero por lo demás parecía estupendo.

«Superará esto —pensé—; lo superaremos los dos.»

Yo tenía un plan, pero apenas hilvanado. Para empezar, fuimos a la tienda del aeropuerto y compré dos paquetes de cada una de las clases de golosinas que tenían.

—Provisiones —aclaré.

En el mostrador del alquiler de coches, el hombre que lo atendía nos preguntó si estábamos casados.

—Puede —fue mi evasiva respuesta—. ¿Afecta eso a la tarifa?

El dependiente me explicó que el suplemento de segundo conductor se condonaba si se trataba del cónyuge.

—Bueno, pues entonces sí. Creo recordar que estamos casados. ¿No es así, cariño? —Urgí a Bill, dándole un codazo.

Por un instante le vi palidecer. Parecía estar reprimiendo las ganas de vomitar. Sonreí, satisfecha.

El hombre nos preguntó luego si teníamos nuestro propio seguro de automóvil.

—Sí —respondí.

Entonces preguntó si quería complementarlo con un seguro adicional, y automáticamente respondí que sí. A continuación me preguntó si quería cobertura completa, tanto del coche como de... Y le corté con otro «sí». Él me miró, desconcertado.

—Es muy caro. Una sangría, ¿sabe? —nos dijo, probablemente confundido por el hecho de que un instante antes me había visto dispuesta a fingir santo matrimonio para ahorrarme unos pocos dólares al día.

—No tanto como otras cosas —repliqué enigmáticamente, al tiempo que firmaba y ponía mis iniciales en el fajo de papeles.

Por último, el hombre describió el coche y nos indicó el camino.

—Muy bien. La gasolina está incluida; la limpieza está incluida; el vehículo está asegurado; los dos conductores están asegurados; cualquier daño a otro vehículo está asegurado; si ocurre algún percance...

—Nos bajamos y nos vamos. —Acabé la frase por él—. Nos vamos sin más.

—Sí —afirmó el empleado, pero parecía inquieto al entregarme las llaves.

—«Es muy caro. Una sangría, ¿sabe?» —le remedó Bill cuando salíamos a buscar el coche—. ¿Por qué aquí es todo una jodida sangría?

Me embarqué en una perorata sobre el uso de los juramentos medievales que invocaban la sangre, asombrada de encontrarle un uso a mis estudios de literatura medieval del instituto. Iba conduciendo yo, y cuando acabé nos instalamos en un cómodo silencio, observando aquel mundo exótico discurrir desde el lado equivocado de la carretera. Ya habíamos estado en Irlanda muchas veces: los monumentales acantilados estratificados de carbón de su costa occidental son un lugar ideal para enseñar a los estudiantes a identificar y cartografiar rocas con fósiles. En este viaje iba a conducir yo: para variar, sería yo la fuerte, la que se ocupa de todo.

—¿Qué tal si atravesamos Limerick en vez de rodearlo, qué te parece? —pregunté a Bill.

Él se encogió de hombros, indicando que le traía al pairo. Cogí la rotonda de salida de la N18 y fuimos a dar a Ennis Road, desde donde nos dirigimos al sur, hacia el Puente Shannon.

—¡Puajjjj! —De pronto, Bill dio unas arcadas estruendosas y lanzó un enorme escupitajo de alquitrán al río Shannon por la ventanilla.

—No sé qué era eso, pero acaba de vomitarme en la boca —dijo, y señaló un paquete de caramelos negros que resultaron ser de gelatina picante de regaliz envuelta en sal en vez de en azúcar—. ¡Qué hideputa! —añadió, en referencia a nuestra conversación anterior.

—Es un gusto adquirido —observé, conteniendo la risa ante su desagrado.

No se rio, pero le brillaron los ojos, y creí ver que por un instante le abandonaba la tristeza.

—¿Quieres que le lance el resto a ese policía, o *bobby*, o lo que sea? —le propuse, bajando mi ventanilla.

—*Nah*. —Se desmadejó en su asiento—. Probablemente me coma el resto de aquí a un rato. —Giramos en dirección norte por la avenida O'Connell para dirigirnos al distrito de Milk Market—. ¿Qué hacemos aquí? —preguntó, en lo que resultaba una deriva algo filosófica.

—Estamos buscando *leprechauns*, los duendes irlandeses —respondí pensativa—. Ten los ojos muy abiertos. —Me estaba perdiendo, pues confundía nombres de las calles, como por ejemplo «Sráid Eibhlín» y «Seansráid and Chláir», pero me daba igual. No iba buscando nada; tan solo esperaba a que pasara algo.

Las calles se iban estrechando y yo seguía conduciendo, tomando cualquier curva claustrofóbica que pareciera llevar a los callejones más oscuros. Me volví a mirar a Bill y estaba a punto de preguntarme en voz alta qué sería un «Arms», después de haber pasado por Johnsgate Arms, Palmerstown Arms y varios Arms más, cuando oí un *bam* y un sonoro chasquido seguido de un estruendo de sonajeros por todo el coche.

Di un frenazo, preguntándome por qué iba nadie en ese pacífico vecindario a tratar de destrozarnos las ventanillas con un bate de béisbol. Aún me temblaban las manos al volante cuando miré a la derecha y vi solo la silueta de la cabeza de Bill, iluminada por detrás con el resplandor del halo que componía el dibujo en forma de tela de araña de la ventanilla del copiloto. Aturdidos, salimos como pudimos por mi lado del coche, y Bill caminó con paso vacilante hasta el otro para ver qué había pasado. Yo me senté en la acera, tratando de apaciguar mis nervios.

—Dios, estos accidentes de coche ya no tienen tanta gracia como antes —le dije, y estuvo de acuerdo.

No había sabido calcular bien la posición del coche desde el lado derecho de la calle, e iba conduciendo demasiado pegada a la acera, y cada vez más, hasta que pasé demasiado cerca de un semáforo que arrancó de cuajo el retrovisor del lado del copiloto y lo estampó contra la ventanilla de Bill.

—Pues sí que habéis dado un espectáculo —comentó un hombre con delantal que salía de un pub cercano junto a un pequeño grupo de gente que había oído el ruido de cristales rotos. Silbó al ver el coche—. Vaya, no va a salir barato arreglar eso.

Bill vio la ocasión de poner en práctica sus dotes diplomáticas.

—Somos americanos —aclaró—. Nuestro plan es darnos a la fuga.

—¿Y qué se os puede haber perdido en el condado de Clare? —preguntó un mirón más bien bajito, jovial y de aspecto singularmente irlandés.

Bill le miró de arriba abajo y respondió:

—Creo que te buscábamos a ti. —Luego se dio la vuelta, recogió el retrovisor roto y lo tiró sin ningún miramiento en el maletero del coche. Revolvió en uno de los petates y sacó un rollo grande de cinta adhesiva transparente.

Un caballero de avanzada edad de los del pub se dirigió a Bill.

—¡Si hubiéramos estado a cinco grados más, habrían estado bajadas las ventanas, y podías despedirte de tu cabeza! —Se rio de su comentario, al igual que sus acompañantes—. Cualquiera diría que intentaba matarte —añadió, meneando la cabeza y señalándome con un gesto.

—Ya, ya —convino Bill—. Y lo triste es que solo llevamos casados desde esta mañana.

Conmocionada y avergonzada como estaba, decliné la cordial invitación de los espectadores a entrar y tomarnos una pinta o dos. Bill se aplicó a asegurar la ventana rota, cubriéndola meticulosamente con cinta adhesiva por fuera y luego también por dentro, y yo le ayudé cortándola en trozos de la longitud que me iba especificando. Poco a poco empecé a sentirme normal de nuevo, y Bill parecía haber recuperado un poco más de su antiguo ser. Santiago y Juan en una barca con su padre, pensé, reparando las redes y esperando a que los llamen. Conseguiríamos recomponerlo todo, aunque nada volviera a ser lo mismo ya.

—¿Quieres conducir tú? —le pregunté, abochornada, mientras dábamos los últimos toques.

—No —dijo—, lo estás haciendo magníficamente bien. —Se deslizó hábilmente dentro del coche y puso una mano en la ventana, con su arreglo chapucero, para estabilizarla—. Pero pirémonos de aquí —sugirió—. Necesito ver un poco de verde.

Conduciendo hacia el sudoeste por la N-21, revivimos nuestra primerísima impresión de Irlanda, cinco años antes: el lugar más verde del mundo. Irlanda está tan saturada de verde que lo que le llama a uno la atención son las cosas que no son verdes. Las carreteras, los muros, las costas y hasta las ovejas parecen puestos por dar un punto de contraste, estratégicamente situados para estructurar una vasta extensión de verde según su infinita variedad de matices: verde claro, verde oscuro, verde-amarillo, verde-azul, verde-gris y verde-verde. En Irlanda, puede uno solazarse en el hecho de verse benévolamente desbordado en número por formas de vida primigenias y mejores. Contemplando una turbera en Dingle, no puedes evitar preguntarte cómo sería Irlanda antes de que tú y el resto de primates se arrastraran hasta sus costas. Vista desde el espacio, ¿brillaría como una esmeralda peluda en un mar de azul, la equivalente planetaria de una enorme eclosión de plancton marino?

Llegamos al Phoenix —una fonda/granja orgánica en que solíamos acampar— y sus propietarios, Lorna y Billy, nos saludaron efusivamente, como de costumbre. Cuando nos hablaron, entre gestos de desaprobación, de los «majaderos que andan haciendo el capullo» en Limerick, dudamos de si no estarían refiriéndose a nosotros.

—¿Queréis un poco de té? —preguntó Lorna—. Ya sé que no os gusta ni pizca salir de excursión hasta que no está lloviendo a cántaros.

Nos sentamos, nos bebimos una tetera, untamos rebanadas de una hogaza de pan irlandés con mantequilla y mermelada de grosella y nos las comimos. Después, nos quedamos mirando por la ventana hasta que nos entró la inquietud productiva.

—Bueno, yo no tengo las botas mojadas —dijo Bill, al fin, dándome el pie.

—Eso tiene arreglo —repuse yo al vuelo.

Nos equipamos para pasar fuera el resto del día. Para entonces, toda excursión de campo comenzaba con nuestra ya tácita costumbre de subir en coche a un terreno a cierta altitud, aparcarlo y luego seguir a pie hasta el punto más elevado que encontráramos. Una vez allí, miramos hasta donde la vista alcanza y esperamos a que se nos ocurra una idea. Como hasta el plan mejor trazado del mundo puede reescribirse y mejorar desde el mirador adecuado, hace tiempo que dejamos de hacer planes detallados de antemano; preferimos confiar en que solo desde lo más alto se ve claro el camino a seguir.

Bill observaba el horizonte, pero no de la forma serena y satisfecha en que solía cuando se veía libre en amplios espacios abiertos. Más bien abrumado por un peso, cansado tras haber recorrido medio mundo con su dolor a cuestas. De pie uno al lado del otro, seguimos mirando la lejanía.

Al cabo, hablé yo:

—Cuesta creer que tu padre ya no esté —observé, sencillamente; había sido mi primera reacción ante su pérdida.

—Sí, lo sé —convino. Y admitió—: Fue una sorpresa. O sea, ¿quién coño podía esperarse que un hombre de noventa y siete años fuera a coger y morirse, así, sin más?

Al padre de Bill, en efecto, le quedaban solo tres años para cumplir los cien cuando dejó a todo el mundo helado amaneciendo muerto una buena mañana.

—Nunca lo sospechamos, pero resulta que era viejo que te cagas —añadió.

Le señalé que cuando un hombre llega vivo a los noventa y cinco, quienes lo rodean caen en la ilusión de creer que ya no se va a morir. Hasta el último día, su padre había seguido trabajando en su despacho, editando obstinadamente el inmenso montón de metraje fruto de sus sesenta años de carrera como realizador.

—Sí, pero ¿qué fue? ¿Un derrame, un infarto o qué? —sondeé suavemente.

—¿Quién sabe? ¿Y qué más da? —respondió, con desgana—. A un cadáver de noventa y siete años no se le hace la autopsia.

—Yo me lo imagino llegando al cielo remando en una barcaza —le animé—, pasando de largo por el lugar donde te dan la respuesta a todas las grandes preguntas, por qué hay tanto sufrimiento en el mundo y por qué estamos aquí y todo eso, para irse derecho a algún rincón, desenrollar un trozo de tela metálica y fijarlo al suelo con perchas viejas para poder empezar a plantar tomates.

—Bueno, no estoy preocupado por él —me replicó—. Se ha ido. No hay que darle más vueltas. Sinceramente, si he de admitirlo, es por mí por quien me siento mal. —Se alejó unos pasos y siguió mirando al horizonte en dirección sur. Y añadió—: No hay nada como que se te mueran los padres para hacerte comprender lo solo que estás en el mundo.

Me arrodillé. Unos metros más allá, Bill tenía la espalda vencida, pero el cuerpo en pie. Había tantas cosas que quería decirle... Quería decirle que no estaba solo y que nunca lo iba a estar. Quería hacerle saber que tenía amigos en este mundo atados a él por algo más fuerte que la sangre, por lazos que nunca palidecerían ni se disolverían. Que nunca pasaría hambre ni frío ni estaría huérfano de madre mientras yo respirara. Que no le hacían falta dos manos ni una dirección postal ni unos pulmones limpios ni desenvoltura social ni una actitud alegre para ser precioso e irreemplazable. Que fuera lo que fuera lo que el futuro nos deparara, mi primera misión sería siempre la de escarbar un agujero en el mundo y hacerle un sitio donde estuviera a salvo y pudiera ser él mismo con toda su excentricidad.

Sobre todo, quería echar a la Muerte a patadas y mandarla de vuelta allí de donde había venido; ya había cosechado suficiente dolor en él por el momento, y tendría que contentarse con un pagaré para el futuro. Pero subsistía el hecho desafortunado de que no sabía cómo decirle en voz alta nada de eso, así que únicamente me limpié los mocos que me chorreaban de la nariz y todas esas cosas las pensé para mis adentros.

Cuando me agaché a restregarme las manos en el musgo, me sorprendió lo reconfortante que resultaba el tacto del césped, blando y esponjoso. Las rodillas se me habían hundido en las capas superiores de tierra, y el agua que habían exprimido iba formando un charco y empapándome. Volví a llevar las manos al suelo y arranqué puñados enteros de musgo, y me lo restregué en ellas para «limpiármelas bien sucias», como nos gustaba decir. Observé los restos que se quedaban pegados y, mirando de muy cerca, vi lo que parecían plumas diminutas, verde *kelly* en el haz, verde limón en el envés y con bandas de rojo tenue en algunos bordes. Un pigmento para cada rayo de sol, por débil que fuera, pensé, alzando la vista a las nubes.

La lluvia había arreciado un punto, pasando de fina llovizna a goteo constante del cielo. Al ponerme en pie, sentí que el frío me subía por las piernas y se instalaba en mis huesos; bajo mi ropa interior, de lana y con mangas y perneras largas, noté que el agua me corría por las piernas y me empapaba los calcetines desde arriba. Supe que no volvería a ponerme ropa totalmente seca hasta que hubiéramos salido del país. Cuando estás mojada y con frío y tropezando en el barro, a tu alrededor las plantas adquieren un aire petulante de superioridad: no solo toleran el tiempo de perros, sino que medran en él.

—Sí, te encanta esta mierda —le dije con rencor a una masa de musgo que tenía enfrente, y di un pisotón a un montoncito protuberante, como una niña engreída, frustrada por algo que no tenía nada que ver pero incapaz de imaginar por qué. El musgo se hundió, ileso, desapareciendo bajo un charco de agua limpia y clara, para resurgir en cuanto levanté el pie, sin conservar siquiera la marca de mi bota. Suspiré.

—Tú ganas, capullo —le reconocí, y me deprimió. Pensé en ello, le di otro pisotón con idéntico resultado, y lo volví a pisar, y volvió a hacer lo mismo.

—*¿Riverdance?** —Bill se había dado la vuelta y me miraba con tibio interés.

* *Riverdance* es un espectáculo de danza irlandesa —con su característico zapateado— que obtuvo un gran éxito a mediados de la década de 1990 y aún sigue de gira por todo el mundo. *(N. del T.)*

—¿Llevas encima algún vial de veinticinco mililitros? —pregunté.

—Solo de trescientos —respondió—. El resto se ha quedado abajo, en el petate gris.

—Verás, es que estas cosas parecen tan rollizas y felices como lo que hay en el terreno bajo...

Me refería al musgo, y Bill lo pilló de inmediato y acabó de formular mi pensamiento:

—... pese a que deberían tener mayor acceso al agua abajo, cerca del lecho del río.

—Es una gamuza viviente —dije, sin dejar de presionar con el pie y levantarlo, para que Bill viera cómo se encharcaba el agua al aplastarse las plantas.

—Pero ¿retiene tanta agua aquí como podría si creciera en terreno bajo? —preguntó él con la vista fija en el horizonte, y los dos supimos que habíamos dado con nuestro interrogante del día, y posiblemente de todo el viaje.

El saber convencional sostiene que las plantas se limitan a ocupar su lugar en el terreno y esperan a que caiga el agua, a que les dé el sol, a que llegue la primavera; esperan a que se reúnan las condiciones y les den pie para crecer. Si las plantas fueran realmente el agente pasivo que se supone que son, el agua se filtraría a través de lo que era evidentemente un sustrato poroso y se encharcaría en las tierras bajas, y habríamos visto allí una cantidad ostensiblemente mayor de verde. Pero ¿y si fuera el propio musgo lo que mantenía el terreno alto tan esponjoso, reteniendo agua que de otro modo habría corrido colina abajo, extendiendo la humedad para atender a sus propio fines?

¿Y si este musgo se hubiera desplazado a una zona y, al juzgarla insuficientemente húmeda, hubiera procedido a transformar ese terreno alto en el amasijo chorreante que prefería, haciendo que lo que era previamente heterogéneo evolucionara hasta formar una extensión uniformemente verde? ¿Y si el terreno no estuviera disponiendo el escenario para las plantas sino que fueran las propias plantas las que lo disponían, verde que engendraba verde que engendraba más verde? ¿Y si no fuera posible aplastarlo, hacerlo retroceder o secarlo? ¿Y si estábamos patinando, resbalando y tropezando por algo que era más fuerte y firme que nosotros?

—Los isótopos de carbono de las hojas deberían darnos su estatus de agua; podemos comparar directamente los valores del musgo de los terrenos altos y el de los bajos —dije, sintetizando mi hipótesis, y me puse a rebuscar en mi mochila el *Mosses and Liveworts of Britain and Ireland* de Atherton y sus colaboradores, un grueso volumen de ochocientas páginas en que figuran clasificadas y descritas las características más destacadas de las aproximadamente ochocientas especies de biofitas de Gran Bretaña e Irlanda. Lo abrí y empecé a leer, encorvada sobre él de forma que mi cuerpo evitara en parte que le cayera encima la lluvia.

La introducción me decía que tendría que magnificar cada hoja —que eran del tamaño de un trozo de uña— al menos diez veces, quizá veinte, para distinguir los rasgos identificativos de las distintas especies.

—Tenemos lentes de aumento, ¿verdad? —pregunté a Bill. Y añadí—: Atherfuck también dice que los musgos se identifican mejor cuando están húmedos.

—Bueno, por ahí creo que no habrá problema —respondió, escurriendo el agua de sus guantes sin dedos («Estoy harto de tirar el dinero en guantes con dedos», me explicaba un año antes, cuando se los compró en un REI»).*

Sentados sobre nuestros talones, empezamos a hacer inventario de las especies que veíamos alrededor. Al cabo de dos horas, estábamos bastante convencidos de haber encontrado *Brachytecium*, gracias a su aspecto velludo y filamentoso cuando se lo contemplaba de cerca («Vistas con una lente de veinte aumentos, las hojas parecen el vello púbico de Óscar el Gruñón, el de Barrio Sésamo», escribió Bill en nuestras notas de campo con su esmerada caligrafía). La especie la teníamos solo medio clara (*rutabulum* era la que tenía más números), así que, provisionalmente, nos quedamos con *Brachythecium oscarpubes*.

Los miembros de la familia *Sphagnaceae* no eran difíciles de encontrar, dado el suntuoso ornato rojo de sus hojas incipientes, aunque no hubo manera de identificar la especie. Tras una larga digresión sobre si debíamos incluir los globitos de *Polytrichum commune* («por lo bonitos

* Recreational Equipment, Inc., una cadena estadounidense de tiendas de material deportivo y de acampada. *(N. del T.)*

que son», aduje con rigor científico), acordamos limitarnos a las *Brachythecium* y *Sphagnum*, al considerar probable que también encontráramos ambos géneros en las tierras bajas.

Bill lo escribía todo al detalle.

—¿Cuántos de cada? —preguntó, mientras hacía el cálculo mental de cómo combinar el contenido de cada vial para hacer tres análisis distintos en el espectrómetro de masas y cuantificar la presencia de isótopos de carbono en su composición. Él mismo se respondió, tras contar rápidamente el número de viales que llevábamos encima—: Creo que no más de ciento cincuenta.

—Mira, vamos a recoger muestras hasta que oscurezca y ya veremos cuánto reunimos —dije, mientras anotaba escrupulosamente nuestra situación exacta en el mapa topográfico y la verificaba con el GPS.

Negociamos un código de etiquetado que incorporaba la fecha, la ubicación, la especie, el número y el recolector responsable, y luego sacamos nuestras pinzas y nos pusimos manos a la obra.

—Todo lo que hemos hecho o leído nos dice que hay un alto grado de variabilidad individual, así que cuantos más ejemplares de estos nos llevemos a casa, más cerca estaremos de poder medir la media de la localización.

—Si es que puede hablarse de un valor isotópico medio para una localización. —Bill ponía el dedo en la llaga del punto más problemático de nuestro estudio.

Para cuando llevábamos recogidos veinte *Sphagnum*, ya le habíamos pillado el tranquillo a la cosa: primero, yo proponía un tejido a recolectar, a continuación Bill confirmaba que pertenecía a un espécimen diferenciado e identificable, luego yo fotografiaba la planta junto a una referencia milimetrada mientras Bill anotaba cualquier hecho destacable, entonces yo recogía la muestra, la metía en un tubo y lo cerraba, y por fin Bill lo etiquetaba y lo guardaba por su orden. Al final de este proceso, repasábamos cada paso para mayor precisión y yo volvía a leer el código de la etiqueta mientras Bill lo verificaba con su registro de entrada en las notas de campo.

A mí me parecía que fotografiar cada ejemplar era algo exagerado, pero dejé que Bill se llevara el gato al agua y di gracias a la era digital, que nos ahorraba miles de dólares en comparación con lo que durante años nos habíamos gastado en revelar carretes y carretes para catalogar hojas de aspecto idéntico.

En cuclillas sobre el mantillo, estábamos tan cerca el uno del otro que de tanto en tanto se tocaban nuestras coronillas.

—Quiero que sepas que ya me siento mucho mejor —dijo Bill, sin dejar de trabajar. Respiró hondo y añadió—: Lo que resulta sorprendente, teniendo en cuenta la cantidad de heridas abiertas que tengo en el cuero cabelludo.

Trabajamos hasta que nuestras sombras se alargaron y empezó a caer el crepúsculo. Recogimos los viales que habíamos llenado y los guardamos en bolsas con cremallera, etiquetándolos cuidadosamente por lotes. Volvimos en coche a la granja, nos despojamos de la empapada capa exterior de nuestra indumentaria y nos quedamos soltando vapor delante de la chimenea en la ropa interior de invierno hasta altas horas de la noche.

Repetimos la misma rutina recolectora en siete emplazamientos más, cuatro en terrenos altos y tres en terrenos bajos. Cuando hicimos el equipaje para dejar el país, teníamos más de mil viales etiquetados a mano, cada uno con una única hoja en su interior, convenientemente identificada, descrita, fotografiada y catalogada.

—Si es musgo lo que andáis buscando, nos pondremos a hacer más ahora mismo, para que volváis —nos dijo Billy al despedirnos a las cuatro de la mañana con un fuerte abrazo.

Nos metimos en el coche y salimos a coger nuestro vuelo de la mañana.

Bill condujo, y yo di cabezadas intermitentes apoyada en la ventanilla, sintiéndome culpable por no entretenerle durante el largo viaje en la oscuridad. Al llegar al aparcamiento del alquiler de coches del aeropuerto, recuperamos el retrovisor lateral roto, pegamos encima las llaves con cinta adhesiva y tiramos el conjunto al punto de devolución de llaves fuera de horas. Cogimos el autobús que iba a la terminal, facturamos las bolsas, imprimimos nuestras tarjetas de embarque y nos dirigimos al control de seguridad.

Llevábamos las muestras de musgo en las mochilas. Hacía tiempo que habíamos aprendido la lección de no facturarlas jamás a menos que fuera absolutamente inevitable: por remota que fuera la posibilidad de que una compañía aérea extraviara nuestro equipaje, era un riesgo demasiado grande si afectaba a las muestras. Al depositar las bolsas en la cinta transportadora de la máquina de rayos X, los viales de cristal tintinearon. Descalzos y dóciles, caminamos hasta el otro lado del puesto de control, para encontrarnos con que allí nos esperaba una agente de seguridad.

—Bueno, supongo que tendrán un permiso para estas, ¿no? —Había abierto las mochilas y estaba manipulando nuestras muestras como si fueran montoncitos de desperdicios que sacara de un compactador de basura.

«Ay, mierda, permisos», pensé. No teníamos, y tampoco estaba muy segura de que nos hicieran falta para llevarlas a Noruega. Tendría que haberlo comprobado antes de hacer el viaje, en vez de preocuparme tanto por Bill. Me devané los sesos buscando una mentira creíble, o una historia graciosa, o cualquier cosa que pudiera inducir a la mujer a devolvernos las muestras.

Bill siempre era sincero y directo al responder a preguntas hechas por gente de uniforme, y nunca dejaba de impresionarme.

—No nos hacen falta permisos, porque no son plantas en peligro de extinción. Somos científicos; son solo para nuestra colección —explicó tranquilamente.

La agente había abierto una de las bolsas de cremallera y andaba hurgando groseramente con la mano entre los viales. Un par de ellos se salieron de la bolsa y cayeron al suelo. Sacó otro, lo sostuvo contra la luz y lo agitó; desenroscó la tapa y lo volcó. Era como ver a alguien sacudiendo a un bebé. Estiré los brazos al frente, esperando en silencio poder apelar a ella en términos de simpatía básica entre mujeres y que me los entregara para poder acunarlos, volver a depositarlos en su sitio y canturrearles hasta que se durmieran.

—No —soltó—. Las muestras biológicas no salen del país sin un permiso.

Barrió todo el montón de un solo movimiento y lo arrojó al cubo de interceptados. Eché un vistazo a los artículos que dejábamos atrás en el último momento. Había botellines de agua, botes de laca, navajas y cerillas suizas, un recipiente de salsa de manzana abierto y un montón de frasquitos de cristal, cada uno con su etiqueta en cuidada caligrafía y conteniendo una valiosa pizquita de verde. Sesenta horas de nuestras vidas quedaban igualmente enterradas en ese montón, y posiblemente también la respuesta a una cuestión científica importante, pensé. Bill sacó su cámara, se inclinó sobre el cubo, hizo una foto y se alejó andando.

Fuimos arrastrando los pies hacia la puerta de embarque de Bill, desgastando los tacones. Al cabo de una hora, él estaría de camino a Estados Unidos; mi vuelo a Noruega no salía hasta más tarde. Nos sentamos a esperar, y Bill se puso a revisar su agenda, garabateando números 1-800.* Miró su reloj y dijo:

—Llego a Newark a las nueve de la mañana, hora de la Costa Este. En cuanto aterrice, llamaré al Departamento de Agricultura y me enteraré de qué necesitamos para obtener un permiso para sacar plantas de Irlanda.

Yo, sentada, rumiaba mi derrota. «Las muestras que hemos perdido por no tener los permisos», pensaba. «El tiempo que hemos ahorrado al no pedirlos», me replicaba. «¿Cuándo aprenderé?», me preguntaba.

Bill interrumpió mi diálogo interior lanzándome una mirada significativa y diciéndome:

—No lo hemos perdido por completo, ¿sabes?; lo anotamos todo. Volveremos a empezar. Si te paras a pensarlo, hemos adelantado mucho en este viaje.

Asentí y al poco rato llamaron a embarcar a los pasajeros de su zona, y, por segunda vez ese día, me arrancaron algo de lo que no quería separarme.

Me quedé viendo el avión de Bill dar marcha atrás y maniobrar antes de despegar, y me dije que cuanto más importante era algo en mi vida más probable era que no llegara a decirlo. Luego saqué mi mapa de la vegetación del sudoeste de Irlanda, lo alineé con el mapa topográfico y me apliqué a planificar sistemáticamente dónde podíamos encontrar más musgo.

* Números de teléfono que cargan el coste de una llamada de larga distancia a quien la recibe en vez de a quien la hace. Suelen tenerlos grandes empresas para evitar que el coste disuada a clientes potenciales de llamar. *(N. de la T.)*

Bill se referiría siempre a ese viaje como «el Velatorio», mientras que yo lo denominé «la Luna de Miel», y todos los años recordábamos su clímax como mínimo una vez. Siempre que llegaba un nuevo fichaje al laboratorio, su primera tarea era etiquetar viales vacíos, a centenares. Le explicábamos que se trataba de un preparativo necesario para una colección a gran escala que teníamos programada y le dábamos las instrucciones para seguir un código alfanumérico largo y complicado, plagado de letras griegas y numeraciones no consecutivas, que debía inscribir a bolígrafo juntamente con el orden de producción.

Tras un día de trabajo constante por parte del novato, celebrábamos una cumbre, y o bien Bill o bien yo hacíamos de poli bueno, y el otro de poli malo (nos alternábamos). Empezábamos la reunión preguntando al novato qué le había parecido la tarea y si encontraba tolerable ese tipo de trabajo. Gradualmente, se transformaba en una discusión sobre la futura colección de muestras y la justificación de su propósito.

Poco a poco, el poli malo se iba mostrando cada vez más pesimista respecto a si la colección propuesta iba a servir realmente para poner a prueba la hipótesis. De entrada, el poli bueno objetaba a sus razonamientos, instando al poli malo a que tuviera en cuenta las largas horas que había dedicado el novato a la preparación. A pesar de todo, el poli malo no podía evitar la persistente sensación de que ese planteamiento no iba a conducir a una respuesta, y, al final, al poli bueno no le quedaba más remedio que convenir en que volver a empezar era tan inevitable como necesario. Llegados a ese punto, el poli malo recogía muy serio los viales y los tiraba todos a la vez a un contenedor de desechos del laboratorio. Los dos polis intercambiaban una mirada cómplice y el malo se marchaba con aire de desaliento, dejando al bueno para que observara la reacción del novato.

Cualquier indicio de que el novato considerara su tiempo valioso en mayor o menor medida era un mal augurio, y la pérdida de tantas horas de trabajo era una prueba muy reveladora de este principio. Como corolario, cualquier reconocimiento de la futilidad del esfuerzo podía ser incluso peor. Hay dos formas de afrontar un contratiempo importante: una es hacer una pausa, respirar hondo, despejar la mente e irse a casa, distraerse esa noche y volver fresco al día siguiente dispuesto a volver a empezar. La otra es volver a sumergirse de inmediato, hincar los codos y bucear hasta el fondo del problema, trabajar una hora más que la noche anterior y detenerse en el momento en que la cosa salió mal. Si bien la primera forma es un buen camino a la corrección, es la segunda la que conduce a hallazgos importantes.

Un año en que hice de poli malo, me di cuenta al salir de que me dejaba las gafas de leer, por lo que volví antes de tiempo a la melé. Nuestro novato, de nombre Josh, se afanaba escarbando en el contenedor de desechos para recuperar sus viales, separando cuidadosamente cada uno de guantes usados y demás basura. Le pregunté qué estaba haciendo y me dijo:

—Es que me sabe mal haber malgastado todos estos viales y cosas. He pensado que podía desenroscar las tapas y recuperarlos, y podían servir de material de reserva o algo.

Mientras proseguía con su labor, mi mirada se cruzó con la de Bill y sonreímos, sabiendo que habíamos identificado a otro seguro ganador.

# 11

COMO LA MAYORÍA DE LA GENTE, mi hijo tiene un árbol en concreto que ocupa un lugar prominente en su infancia. Es una palma cola de zorro *(Wodyetia bifurcata)* que se mece amablemente al viento durante los interminables meses del verano hawaiano. Se yergue a poco más de un metro de la puerta de atrás de nuestra casa, y mi hijo se pasa una media hora todas las tardes golpeándola tan fuerte como puede con un bate de béisbol.

Lleva años haciéndolo, aunque no siempre fue con un bate. Las cicatrices del tronco empiezan muy abajo y van subiendo como marcas del crecimiento de mi hijo. Cuando tenía cuatro años, se aplicaba con todas sus infantiles fuerzas a descargar sobre ella nuestro mazo una y otra vez, jugando a que era Thor. A esto siguió un periodo en que le servía un viejo palo de golf y la perra aprendió rápidamente a evitar la zona y sus inmediaciones. La reciente obsesión del niño con el bate de béisbol le ha proporcionado una coartada conveniente: ahora sacude el árbol exactamente cien veces al día a fin de «fortalecer su *swing*». La naturaleza de madera-sobre-madera de este nuevo planteamiento aporta una paridad interesante, según yo lo veo, y admito de buena gana que no me siento inclinada a intervenir.

A la palma no le hace daño; si comparas su corona con la del árbol de al lado, verás que ambas están rematadas por una cantidad similar de saludables hojas verdes. También da flores y frutos como ha hecho siempre, tan bien o mejor que cualquier otra palma del barrio. Mi hijo nunca ha mostrado el menor interés en zurrarle a ningún otro ser vivo, y como, más que de pegar, la cosa parece ir de hacer ruidos rituales, el batir de este tambor viviente se ha convertido en el ritmo de nuestras vidas. Cada día, me siento a la mesa de la cocina y escribo mientras mi hijo le da una paliza a la palma.

En 2008, nos mudamos a Hawái, atraídos no tanto por su clima fabuloso y vegetación exuberante como por la promesa (¡por escrito!) de 8,6 meses al año de salario garantizado para Bill «a perpetuidad» hecha por la Universidad de Hawái. Eso deja aún catorce semanas de su sueldo que tengo que implorar de contratos gubernamentales todos los años, pero, oye: tampoco querrían que me volviera perezosa o algo así.

Desde que llegamos a Hawái, he aprendido que los árboles de palma en realidad no son árboles: son otra cosa. En su interior no encontraremos madera dura creciendo de dentro hacia fuera, añadiendo anillo tras anillo de tejido. Lo que encontraremos será un amasijo de tejido esponjoso, disperso en vez de ordenado. Esa ausencia de estructura convencional es lo que confiere a las palmeras su flexibilidad y hace que estén perfectamente adaptadas a la afición favorita de mi retoño, como lo están a las suaves brisas de las islas que periódicamente se funden en inclementes huracanes.

Hay miles de especies distintas de palmeras, y todas pertenecen a la familia de las *Arecaceae*. Las *Arecaceae* son importantes porque fue la primera familia de plantas que evolucionó a «monocota», hace unos cien millones de años. La primera hoja auténtica de monocota es una lámina única, no un brote doble como en las plantas «dicotas» que habían aparecido con anterioridad. El «árbol» de palma de mi hijo tiene un parentesco mucho más cercano con las briznas de hierba del césped que crece a sus pies que con el árbol de la lluvia que tiene al lado.

Las primeras monocotas evolucionaron rápidamente a hierbas, y las hierbas acabaron extendiéndose por las vastas zonas de la Tierra que eran ya demasiado húmedas para ser desiertos pero aún demasiado secas para ser bosques. Con un poco de ayuda humana, las hierbas evolucionaron a cereales. Y en la actualidad, entre solo tres especies de monocotas —arroz, maíz y trigo— proveen de sustento básico a siete mil millones de personas.

Mi hijo no soy yo: es otra persona, y distinta. Es alegre y seguro de sí mismo por naturaleza, y ha heredado la estabilidad emocional de su padre, mientras que yo tiendo a ponerme nerviosa y a preocuparme. Ve el mundo como si fuera un coche de carreras y asume que tendría que conducir él, mientras que yo siempre he estado más pendiente de que no me atropellaran. Ciertamente, es feliz siendo quien es y no se lo cuestiona —al menos aún no—, en tanto que yo estaré siempre encallada en terreno indefinido.

No soy ni baja ni alta, ni guapa ni del montón. Nunca tuve el pelo del todo rubio, ni he sido morena tampoco, y ahora se me ha vuelto solo medio gris. Ni siquiera mis ojos son ni verdes ni castaños: todo en mí es avellanado. Así como soy demasiado impulsiva y agresiva para tenerme por un prototipo de mujer, tampoco me sacudiré jamás de encima esta creencia apagada y falsa de que soy algo menos que un hombre.

Porque somos tan distintos, me llevó mucho tiempo averiguar qué tenía mi hijo que ver conmigo. Todavía estoy averiguando la respuesta. Había trabajado tan duro y durante tantos años intentando hacer algo con mi vida que me pilló por sorpresa cuando todas las piezas realmente valiosas me llovieron sin más del cielo, sin haberlas merecido. Solía rezar para hacerme más fuerte; ahora rezo para hacerme más agradecida.

Cada beso que doy a mi niño cura la herida de uno que anhelé y no recibí; es más, ha resultado ser lo único que podía curar esas heridas. Antes de que mi hijo naciera, me angustiaba por si sería o no capaz de amarlo. Ahora me preocupa que mi amor sea demasiado inmenso para que él lo entienda. Él necesita conocer el amor de una madre, y aquí estoy yo, impotente para expresarle toda la plenitud del mío. Entiendo ahora que mi hijo fue el final de una espera en la que ni siquiera sabía que estaba. Que era a la vez imposible e inevitable. Que me ha sido dada una oportunidad para ser la madre de alguien. Sí, soy su madre —ahora puedo decirlo— porque solo después de liberarme de mis expectativas de maternidad comprendí que eran algo que podía hacer realidad.

La vida es así de rara. Mientras mi hijo crecía en mi seno, yo respiraba por los dos. Ahora asisto a sus pequeñas funciones escolares, me siento entre el público y solo veo su carita, aunque el escenario esté atestado de niños. Respiro hondo después de que cante cada estrofa, como si pudiera oxigenar su cuerpo a distancia, por la pura fuerza de mi amor. Está creciendo, y cada día he de dejarlo marchar un poco más. He aprendido que criar a un niño es básicamente la larga y lenta agonía de dejarlo marchar. Me consuela mi sospecha de que todo mi éxtasis maternal particular no es en realidad más que lo mismo que toda madre siente por su hijo.

¿Y por una hija? Quisiera pensar que se siente lo mismo por ellas, pero no me será dado saberlo. Ser una hija fue tan difícil para mi madre y para mí que quizá mi estirpe necesite saltarse una generación para que el ciclo se extinga sin que pueda volver a repetirse. Así que he puesto mi ilusión en una nieta; como siempre, mi ansia de amor es irracionalmente prematura. En base a mis previsiones, la posibilidad de que me muera antes de nacer ella no es pequeña, sobre todo si nuestro linaje sigue saltándose generaciones o bifurcándose. Y tal vez sea así como debía ser, al menos para mí.

No obstante, aquí y en este día soleado, no puedo resistirme a la tentación de lanzar un mensaje en una botella: que alguien se acuerde. Que algún día alguien encuentre a mi nieta y se lo diga. Que le hable del día en que una de sus abuelas miraba por la ventana de su cocina con un bolígrafo en la mano. Que le diga que su abuela no veía los platos sucios en el fregadero ni el polvo del alféizar, porque estaba ensimismada decidiendo. Que le diga que al final decidió empeñarse en amar a su nieta con varias décadas de anticipación. Que le hable del día en que su abuela, sentada al calor de un rayo de sol, soñó con ella con el fondo sonoro de un árbol siendo azotado.

# 12

NADA MÁS ENTRAR EN EL LABORATORIO, la cara de Bill me dijo dos cosas: la primera, que se había quedado trabajando toda la noche, y la segunda, que aquel iba a ser un buen día.

—¿Dónde coño estabas? Son las siete y media, hostia puta. —La versión de Bill del «Buenos días» ha cambiado muy poco en los últimos veinte años. Cuando vivía en su coche, era el calor sofocante de los amaneceres de Atlanta lo que le llevaba al laboratorio a estas horas tan tempranas. Hoy en día, si llega antes de las diez es porque la noche anterior pasó algo demasiado bueno para dejarlo a medias. Y aquella mañana en particular me había llamado por teléfono.

—¡Dormir es para los débiles! —le grazné—. ¿Qué pasa?

—Es C-6 —respondió—. El muy cabrito está otra vez en ello.

Me condujo a través de los experimentos de crecimiento hasta donde ochenta rábanos crecían desde hacía veintiún días expuestos a niveles estrictamente controlados de luz y humedad, en cámaras de aire perfectamente plácido. Una de las mayores ironías de C-6 se derivaba de nuestra presunción de que no íbamos a ver nada interesante. De hecho, el experimento estaba concebido para permitirnos medir algo que no podíamos ver.

En cualquier planta, la parte que vemos es solo aproximadamente la mitad del conjunto del organismo. Las raíces que viven bajo el suelo no tienen nada en común con el verde follaje que se extiende sobre la superficie; son tan diferentes como lo pueda ser un corazón de unos pulmones y, al igual que estos, están adaptados a propósitos totalmente distintos. El tejido vegetal que se levanta del suelo se ocupa de captar la luz y los gases de la atmósfera, que se convierten en azúcares dentro de las hojas. El tejido subterráneo se afana en absorber el agua y los ricos nutrientes disueltos en ella, para seguir transformando los azúcares en proteínas. El verde tallo se metamorfosea con elegancia en raíz parda a la altura del suelo, y en algún punto interior de esa interfaz se toman decisiones cruciales. Si ambos extremos de la planta alcanzan sus objetivos, se plantea entonces la cuestión de qué hacer con las ganancias del día. Es posible fabricar tanto azúcares como almidones, aceites o proteínas, pero ¿cuáles de todos ellos deberían producirse?

Con la adquisición de nuevos recursos, una planta puede ejecutar una de cuatro posibles acciones: crecer, repararse, defenderse o reproducirse. O puede también posponer la elección indefinidamente, almacenando sus ganancias para movilizarlas más adelante, postergando así los compromisos que implica elegir una de las cuatro. ¿Qué es lo que controla la decisión de la planta en la elección entre esas cuatro posibles alternativas? Pues resulta que son muchas de las mismas cosas que controlan lo que nosotros hacemos con los recursos nuevos. Nuestros genes limitan nuestras posibilidades; nuestro entorno hace que unas líneas de acción sean más aconsejables que otras; algunos somos conservadores por naturaleza respecto a lo que hacemos con nuestras ganancias, otros tienden más a jugárselas; hasta nuestro estado de fertilidad puede entrar en consideración al valorar un nuevo plan de inversión.

Un gas atmosférico en concreto —el dióxido de carbono— es un recurso vital para el crecimiento de las plantas. Con la quema de combustibles fósiles dentro de la atmósfera terrestre, los niveles de dióxido de carbono han aumentado drásticamente en los últimos cincuenta y tantos años, lo que ha supuesto una inyección masiva de dinero rápido y crédito fácil en la economía vegetal. El dióxido de carbono es la divisa de la fotosíntesis, y las plantas han vivido décadas ya de exceso cada vez más copioso de su recurso más básico. En nuestro experimento con los rábanos nos planteábamos la siguiente pregunta: ¿cómo va a afectar esto al equilibrio entre inversión aérea e inversión subterránea de los cultivos de todo el mundo?

Meses antes, Bill había conectado a su ordenador una grabadora de vídeo barata, y veníamos usándola para filmar una serie de plantas de un experimento mientras crecían dentro de sus cámaras.

—Échale un vistazo a esto —me dijo cuando llegué en respuesta a la llamada con la que me había sacado de la cama de buena mañana.

El vídeo era una sucesión de capturas a intervalos de veinte segundos, que condensaba todo el crecimiento del día anterior en cuatro minutos. Al principio, se veía la pantalla oscura y en sombra, señal de que aún no se habían encendido las luces de crecimiento programadas. De golpe, la imagen se iluminaba y aparecían dieciséis plantitas en sus potecitos, con sus tallos y hojas flácidos y relajados. Al poco, se encendían los focos y todas las plantas se espabilaban, agitadas, elevando las hojas hacia la luz.

Una planta, situada cerca de un extremo de la cámara, llamaba la atención: se curvaba y se retorcía, estirándose tanto hacia arriba como hacia fuera, empujando y apartando las hojas de las plantas contiguas, estampando con malos modos sus hojas más anchas en el tallo de alguna vecina. Esta planta se había etiquetado como C-6, y había comenzado su vida como una semilla de la misma especie e idéntico tamaño que todas las demás plantas de la cámara. Pero, por lo que fuera, se comportaba de forma distinta al ir creciendo, y en aquel momento, mirando el vídeo, nos vimos obligados a aceptar lo que veíamos. Llevábamos varios días cambiándola cada noche de sitio y de vecinas, midiéndola y comparándola constantemente y grabando un vídeo tras otro, y lo único en lo que se distinguía C-6 era en la forma de moverse al amanecer. Mientras que las demás plantas se estiraban hacia la luz con suavidad y elegancia, C-6 enderezaba sus hojas más pequeñas febrilmente, como si intentara liberarse de cuajo de la tierra que la sustentaba.

—Creo que se odia —dijo Bill.

—A mí me cae bien, el enano. Tiene cojones —aduje.

—Sí, vale. No te encariñes demasiado —me aconsejó él.

Mientras Bill descargaba el vídeo y reseteaba la grabadora para el siguiente experimento, yo volví a mirarme la grabación seis o siete veces, incapaz de resistirme al momento en que se liaba a tortas, como a los dos minutos, y en el que nos habíamos puesto a vitorearla.

—Creo que hace un gesto como diciendo «¡toooma!» inmediatamente después.

—Estás loca —convino Bill.

Oímos a nuestras espaldas el chasquido de los focos de crecimiento al encenderse, que señalaba el inicio de un nuevo día en la cámara, y ante mis ojos apareció la visión de un montón de papeleo pendiente apolillándose sobre mi escritorio.

—Qué diantre, vamos a doblegarlo —decidí—. Córtale el suministro de agua, súbele la intensidad de las luces... Ah, y colócalo en el centro, junto a aquella que está tan grande. Deja la grabadora en marcha.

—Claro que sí —rubricó Bill—. Es lo más humanitario que podemos hacer.

Para entonces, habían ido llegando los alumnos y estudiantes de postgrado, llenando la sala de actividad y algarabía. A nuestras espaldas, oímos un estrépito y alguien masculló: «¡Ay, mierda!». Bill y yo intercambiamos sonrisas burlonas.

—Este laboratorio es una máquina bien engrasada —le comuniqué—. Será mejor que muevas tu exhausto culo hasta casa y duermas un poco.

—*Naaa* —dijo Bill, recostándose en la silla—. Quiero ver qué resulta de esto.

C-6 no era objeto de un estudio formal, pero lo había cambiado todo. Me había hecho escalar una especie de colina intelectual y ahora veía un territorio nuevo. Instintivamente, lo reivindicamos con un nuevo lenguaje que se burlaba de las viejas reglas. No contentos con tratar a C-6 de «él», le dimos un nombre de verdad, «Twist and Shout» (que luego revertiría a TS-C-6). Cogimos la costumbre de saludarlo nada más llegar por la mañana y nos producía una satisfacción un tanto perversa su capacidad para soportar los tormentos a los que lo sometíamos. Tampoco llegó a vivir mucho, porque acabó siendo una víctima más de las espantosas migrañas de Bill. Mientras estaba hecho un ovillo debajo de su escritorio, en posición fetal y agarrándose durante diez horas la cabeza para que no le estallara de dolor, no se regaba, fertilizaba ni grababa nada, y acabé tirando a C-6 a la basura sin contemplaciones.

La fascinación que sentíamos por C-6 no se enmarcaba en un experimento legítimamente científico, ni llegamos nunca a dejar testimonio oficial en ninguna parte, y, sin embargo, aquella plantita que creció en un vaso de papel cambió mi forma de pensar de un modo en que no lo había hecho nada de lo leído en mis sobados libros de texto. Me llevó a la fuerza a la conclusión de que C-6 «hacía» cosas, no solo porque estuviera programada para ello, sino por razones que solo «él» sabía. Movía su «brazo» de una lado de su «cuerpo» al otro; solo que lo hacía unas 22.000 veces más despacio de lo que yo podía mover el mío. Mi reloj y el suyo estaban perpetuamente desincronizados, un simple hecho que había abierto un abismo insalvable entre nosotros. Así como yo parecía experimentarlo todo, él aparentaba estar en actitud pasiva, sin hacer nada. Tal vez, no obstante, desde su punto de vista yo no hacía más que ir de un lado a otro a toda velocidad, como un borrón, y, a semejanza de un electrón dentro de un átomo, desplegaba una actividad aleatoria excesiva para que se me considerara viva.

De pie en un extremo de la sala, sonreí viendo a Bill y a los atolondrados alumnos de primer ciclo, y sentí la alegría que acompaña a un pensamiento nuevo mientras mi mente cogía velocidad como alguien que, camino del trabajo por la mañana, sale por fin de un embotellamiento. Había nutrido mi espíritu, y por eso, como mínimo, el trabajo que tenía por delante ese día sería más satisfactorio.

Unas horas más tarde, convencí a Bill de que hiciéramos un descanso y saliéramos a comer. Le dije que le invitaba, pero que tenía además que pasar por el Whole Foods* y hacer algunas compras.

—Yo también —respondió. Y a continuación se explicó—: Estoy explorando remedios homeopáticos para mi mano.

Nos metimos en mi coche y cruzamos la isla. Bill, que nunca había puesto el pie en un Whole Foods, se quedó cautivado en cuanto entramos por la puerta. Se fue derecho hacia un paquete de plástico que costaba unos trece dólares y contenía seis alcaparras, del tamaño de una pelota de golf cada una. Lo alzó en dirección a mí y preguntó:

—¿Los ricos comen estas cosas?, ¿de verdad?

—Desde luego —le contesté, sin fijarme en qué me estaba enseñando—. Nada les gusta más.

Estaba ocupada examinando los siete tipos distintos de extracto de agropiro disponibles. Cuando por fin identifiqué y elegí el más verde, Bill se había ido a mirar por ahí, aunque no sin antes meter las alcaparras en mi carrito. Lo encontré maravillándose ante un comedero refrigerado de quesos franceses tiernos, y, de repente, se me reveló un plan.

* «Alimentos integrales.» Es el nombre de una cadena de colmados estadounidense. *(N. del T.)*

—Vamos a llevarnos todo esto —sugerí—. Qué carajo, ¿por qué no?

—¿Lo dices en serio? —Bill había entrecerrado los ojos, escéptico, pero su cuerpo se había tensado, esperanzado.

—Desde luego —proclamé—. Hoy vamos a comer como accionistas de fondos de inversión.

A menudo me siento culpable por ganar más dinero que Bill, porque el trabajo que hacemos parece dos mitades de la misma cosa. También me gusta comprar cosas por capricho, y teniendo a Bill al lado puedo justificármelo como gesto espléndido en vez de impulsivo.

—Gracias a Dios que tenían todas estas mierdas al lado de la caja —comentó Bill leyendo la etiqueta de una chocolatina orgánica que contenía cacao prensado en frío de la República Dominicana y bayas de açaí—. Tiemblo al pensar lo cerca que he estado de perderme esto —dijo con la boca llena.

Bill cargó nuestra comida de doscientos dólares en mi coche él solo, rehusando cualquier ayuda por mi parte. Tenía planes para las cuatro bolsas de papel «grueso de verdad» llenas de provisiones y había empezado a cernirse discretamente sobre ellas. Se sentó en el asiento del copiloto y mientras yo arrancaba el motor y él se disponía a desenvolver una segunda chocolatina (esta con relleno de rambután) masculló:

—De verdad que espero que esta mierda sea de comercio justo.

Dos horas más tarde, estábamos sentados en el laboratorio comiendo «Rockefeller Hot Pockets», compuestos de una loncha de jamón ibérico que envolvía una cucharada de caviar de esturión, calentados al microondas durante diez segundos.

—Mierda —dije, sobresaltada al mirar mi reloj—. Me tengo que ir, pero vuelvo esta noche.

Bill me despidió con una cuña de camembert en la mano.

—Hasta luego. —Sus palabras sonaron sofocadas por el bocado de *baguette* que le llenaba la boca.

Subí corriendo al coche y salí disparada a recoger a mi hijo del colegio, donde estaría acabando la jornada en ese momento. Le cambié la mochila por su bañador y una toalla y fuimos directos a la playa, como teníamos por costumbre. Por el camino, le pregunté qué tal le iba en tercer curso, y se encogió de hombros. Aparcamos donde siempre, enfrente del Parque Kapiolani.

Cruzando el parque, pasamos junto a grupos de grandes higueras de Bengala, y esperé de pie un rato mientras él se columpiaba en lo que parecían lianas pero eran en realidad raíces aéreas no ancladas que crecen enroscadas en las ramas. Cuando llegamos a la playa, extendimos las toallas sobre nuestras zapatillas y nos metimos directamente en el mar a jugar un rato a que éramos focas monje, zambulléndonos y revolcándonos juntos cerca de la orilla.

Luego nos sentamos en la arena y yo me puse a buscarme moratones.

—Los bebés foca son más revoltosos de lo que sugieren los cuentos —sentencié frotando mi cuello de mediana edad—. Es raro que siendo tan buenos nadadores sientan la necesidad de montarse en sus madres para desplazarse.

Mi hijo excavaba en la arena.

—¿De verdad hay aquí animales tan pequeños que no se ven? —preguntó, refiriéndose a los puñados de arena mojada que lanzaba de vuelta al agua.

—Desde luego —afirmé—. Hay animales pequeños por todas partes.

—¿Cuántos? —preguntó, escéptico.

—Muchos —concreté—. Tantos que es imposible contarlos.

Se quedó pensativo un rato y luego dijo:

—Le he dicho a la profe que los animales muy pequeños se encuentran unos a otros con imanes que tienen dentro del cuerpo y ha dicho que cree que no.

Reaccioné de inmediato, algo exageradamente, poniéndome a la defensiva y replicando:

—Pues se equivoca. Yo conozco a la persona que los descubrió. —Me había mosqueado.

Como un juez tratando de anticiparse a las objeciones de un abogado quisquilloso, cambió de tema:

—Bueno, de todas formas da igual, porque yo voy a ser jugador de béisbol profesional.

—Te prometo que iré a ver todos tus partidos. —Hice la pregunta que le hacía siempre—: ¿Me podrás conseguir entradas gratis?

Se quedó un momento pensando.

—Para algunos —accedió al final.

Iban a dar las seis, así que me levanté, sacudí las toallas y recogí nuestras cosas, preparándonos para irnos.

—¿Hoy qué hay de postre? —me preguntó.

—Tus golosinas de Halloween —repliqué. Y añadí—: Tontín.

Sonrió y me dio con el puño en el brazo.

Nos fuimos a casa y le hice la cena mientras él luchaba con nuestra perra, *Coco*, que es la sucesora de *Reba*, y, como ella, un retriever de Cheasapeake. *Reba* vivió hasta casi los quince años, y fue muy llorada, pero con *Coco* he podido aprender que toda la raza comparte sus mejores cualidades.

Diligente e indestructible, *Coco* nunca vacila en salir bajo la lluvia y está siempre buscando la manera de ser útil con lo que quiera que estemos haciendo. Prefiere echarse en el duro cemento que en su cama, y si le entra hambre antes de que nos acordemos de ponerle comida sale al patio trasero a masticar gravilla del camino. También corre a lanzarse contra olas rompientes de dos metros si le tiro un coco hacia allí y luego le ordeno que me lo traiga, que es lo que hace nuestra familia los fines de semana. Cuando nos vamos de viaje, ella se queda en casa del tío Bill, donde se ocupa con severidad de las ratas que amenazan su mango favorito.

Clint llegó a casa del trabajo justo a tiempo para que cenáramos todos juntos, y luego sacamos a *Coco* a dar un largo paseo por el barrio. Conseguimos que nuestro hijo estuviera metido en la cama a las nueve en punto, no sin que antes le diera un pequeño vial de zumo de agropiro cuando se disponía a cepillarse los dientes.

—Bébete esto primero —le ordené. Y añadí—: Si te atreves.

Puso los ojos como platos.

—¡Me la has hecho! —dijo, maravillado, y de inmediato se la bebió, haciendo muecas por lo amargo del sabor.

Llevaba semanas pidiéndome que le hiciera una poción que le convirtiera en tigre.

—Hazla en el laboratorio —me instruía—. Con plantas.

Cuando le estaba arropando, puso la cara que ponen los críos cuando tienen algo importante que decirte.

—Yo y Bill vamos a construir un sótano en la casa del árbol —me informó.

—¿Y cómo vais a hacerlo? —pregunté, muy interesada.

—Vamos a diseñarlo —explicó—. Hay que diseñarlo muy bien. Primero haremos una maqueta.

Probé a abusar de mi suerte:

—¿Podré entrar cuando esté terminado?

—No —repuso tajante. Y luego se lo pensó mejor—. Bueno, a lo mejor, cuando ya no sea nuevo. —Tras un silencio, cerró los ojos y preguntó—: ¿Ya soy un tigre?

Le miré de arriba a abajo muy despacio antes de responder:

—No.

—¿Por qué no?

—Porque cuesta mucho tiempo.

—¿Por qué cuesta mucho tiempo? —insistió.

—¿Por qué? No lo sé —reconocí. Y añadí—: Lleva mucho tiempo convertirse en lo que se supone que tienes que ser.

Me miró como si quisiera hacerme más preguntas, pero también entiende que muchas veces es más divertido fingir que las cosas son verdad que saber que son mentira.

—Pero funcionará seguro, ¿no? —preguntó por fin.

—Funcionará —le confirmé—. Ya funcionó una vez.

—¿Con quién? —dijo, intrigado.

—Con un pequeño mamífero llamado *Hadrocodium* —le expliqué—. Vivió hace casi doscientos millones de años y se pasaba la mayor parte del tiempo escondiéndose de los dinosaurios, que le podían pisar si no se andaba con ojo. ¿Te acuerdas del magnolio que había delante de la casa donde vivíamos cuando eras pequeño-pequeño? —pregunté.

»Ese árbol era el tátara-tátara-tátara-tátara-tátara-y-más-nieto de la primera flor, a la que se parecía. Nació como planta nueva cuando el *Hadrocodium* corría por ahí. Un día, el *Hadrocodium* comió algunas hojas del árbol, porque su mamá le dijo que eso lo haría fuerte como un dinosaurio. Pero lo que le hizo fue convertirlo en tigre. Tardó ciento cincuenta millones de años, con mucho ensayo y error por el camino, pero al final se convirtió en una tigresa.

Mi hijo se despabiló de golpe.

—¿Tigresa? Habías dicho que en tigre. El tigre es un chico.

—¿Y por qué no puede ser una chica? —pregunté.

Él explicó lo obvio:

—Porque no lo es. —Al cabo de unos segundos, añadió—: ¿Vas al laboratorio esta noche?

—Sí, pero estaré de vuelta antes de que te despiertes —le aseguré—. Papá está al final del pasillo, y *Coco* te vigila mientras duermes. Esta casa está llena de gente que te quiere —recité: es nuestro mantra habitual de la hora de dormir.

Se volvió hacia la pared, señal de que tiene demasiado sueño como para seguir hablando. Fui a la cocina y preparé dos tazas de café instantáneo. Mirando el reloj de pared, calculé que llegaría al laboratorio sobre las diez y media. Cuando cogí el móvil para decirle a Bill que iba de camino, vi que ya tenía dos mensajes suyos. El primero decía TRAE IPECAC,* y el segundo, enviado como una hora más tarde, Y MÁS COMIDA.

Le llevé la segunda taza de café a Clint y le dije que me iba enseguida. Ambos sabíamos que las páginas de ecuaciones escritas a mano en las que seguía sacando derivadas eran del todo ininteligibles para mí, así que se rio cuando le dije:

—Oye, si te puedo echar una mano con eso dímelo, ¿eh?

—De hecho —mencionó—, sí que me gustaría saber qué opinas de una figura que he hecho hoy.

—Está genial. Me encanta —respondí, sin levantar la vista de mi bolso, en el que hurgaba en busca de mis llaves.

—Es nueva. Aún no la has visto —subrayó.

—Entonces, es una mierda. El eje de las «y» está fatal —dije, despidiéndome con la mano.

Volvió a reírse.

—Es un mapa.

—Pues los colores están mal —contesté—. Cariño, tengo que irme a fastidiar mi propia ciencia; no tengo tiempo de arruinar la tuya. —Y, con gesto de impotencia, añadí—: La selva de los monos nunca duerme.

—Bueno, gracias por tu aportación —dijo mientras le daba un beso.

Volví a entrar en el cuarto de nuestro hijo para comprobar que dormía. Le besé en la frente y sonreí, porque ya había entrado en esa edad en que no siempre me deja besarle cuando está despierto. Recé un pa-

* Jarabe de ipecacuana, utilizado para inducir el vómito. *(N. de la T.)*

drenuestro y sentí mi corazón lleno. Hice unos mimos a *Coco*, que estaba echada a los pies de la cama; cuando le abracé la cabeza y le susurré «¿Cuidarás de mi bebé?», me miró con los ojos enormes y graves de un chesapeake que ya había respondido a esa pregunta de una vez por todas hacía muchos años.

Le di otro beso a mi marido, me cargué la mochila a la espalda y salí a abrir el cobertizo. Saqué la bici y alcé la vista hacia el cielo cálido y tropical, y más allá, hasta el frío tan extremo del espacio exterior, y contemplé la luz que habían emitido muchos años atrás unos fuegos inconcebiblemente calientes que seguían ardiendo desde el otro lado de la galaxia. Me puse el casco y me dirigí al laboratorio, lista para pasar el resto de la noche utilizando la otra mitad de mi corazón.

# 13

A MENUDO, CON LAS PLANTAS, es difícil determinar dónde acaba una cosa y empieza otra. Ya puedes partir prácticamente cualquier planta por la mitad, que sus raíces posiblemente sigan vivas durante muchos años. El tronco de un árbol talado seguirá intentando regenerarse entero primavera tras primavera; su núcleo interior está sembrado de yemas durmientes —a veces el doble de las que se ven por fuera— listas para responder a la llamada. Las yemas prorrumpen en tallos, los tallos se vuelven ramitas, que, si tienen suerte, se convierten en ramas, las buenas ramas subsisten durante décadas, y al final la copa se hace tan verde y frondosa como lo fue en el pasado, o tal vez más aún, justamente porque alguien quiso derribarla.

A diferencia de los animales, que funcionan como un todo unitario, las plantas tienen una construcción modular, en que el todo es estrictamente equivalente a la suma de sus partes. Un árbol puede desprenderse de cualquiera de sus partes y reemplazarla entera, y de hecho se ve forzado a hacerlo una y otra vez a lo largo de los varios siglos que, por término medio, dura su vida. Al final, los árboles se mueren sencillamente porque seguir vivos empieza a resultarles demasiado caro. Siempre que luce el sol, las hojas están trabajando para descomponer el agua, añadirle aire y cuajar la mezcla en azúcar que puede ser transportado hasta el tallo, donde se junta con nutrientes diluidos, laboriosamente subidos hasta allí desde las raíces. Una planta es capaz de ligar todos estos tesoros y convertirlos en madera nueva con que robustecer el tronco o las ramas.

Pero el árbol tiene muchas otras necesidades: ha de reponer las hojas viejas, elaborar remedios para las infecciones, producir flores y semillas... todo con las mismas materias primas, que nunca le sobran, y solo puede extenderse o descender a buscarlas dentro de unos límites. Llegará un momento en que necesite más nutrientes para mantener unas ramas y unas raíces que no llegan a crecer lo suficiente para absorber más nutrientes. En cuanto excede las limitaciones de su entorno, lo pierde todo. Y es por eso que para conservar un árbol hay que podarlo periódicamente. Porque —como ya dijo Marge Piercy—* la vida y el amor son como la mantequilla y no se conservan bien: hay que hacerlos frescos cada día.

* Poeta, novelista y activista estadounidense de orientación feminista y social. *(N. del T.)*

# 14

HAY UNA HONDA TRISTEZA asociada al final de un experimento de crecimiento de plantas. Cultivamos mucho la *Arabidopsis thaliana*, que es una plantita modesta. Una vez que ha alcanzado su máximo desarrollo, aún puede cogerse entera con una mano. Es una de las pocas plantas de las que la ciencia ha descodificado el genoma completo, lo que significa que, si desenredas el ADN del interior de una sola de sus células y lo despliegas, podemos decirte la fórmula química exacta de las 125 proteínas que, puestas una detrás de otra, componen la cadena.

Una vez desenredado el intrincado ovillo que forma dentro de la célula, esa cadena de proteínas alcanza una longitud de casi cinco centímetros. Cada una de las células de la planta contiene al menos uno de esos ovillos de proteínas, y la ciencia ha desvelado la fórmula química de todo el paquete. La verdad es que no me gusta pensar en ello; son demasiados datos. Me abruma. Se supone que, como científica, debo sentirme abrumada al principio de mi carrera, no al final. Pero, cuanto más sé, más me flaquean las piernas bajo el peso de toda esa información.

Por primera vez en mi vida, me siento cansada. Recuerdo con añoranza los largos fines de semana de años pasados en que era capaz de trabajar sin descanso cuarenta y ocho horas seguidas, en que cada dato revelado me renovaba las fuerzas y me recargaba la cabeza en estallidos estocásticos que culminaban periódicamente en ideas nuevas. Todavía produzco ideas, pero ahora son más jugosas y profundas y me llegan estando sentada. Y, además, tienen muchas más probabilidades de funcionar de verdad. Así que cada mañana cojo algo verde y lo miro, y luego planto algunas semillas más. Lo hago porque es lo que sé hacer.

La primavera pasada, Bill y yo estábamos un día pasando revista a las secuelas de un gran experimento agrícola en el invernadero. Habíamos cultivado boniatos exponiéndolos a los niveles de gases de efecto invernadero previstos para los próximos cientos de años, los niveles que probablemente se alcancen si, como sociedad, no hacemos nada con las emisiones de $CO_2$. Los boniatos salían más grandes a medida que aumentaba el dióxido de carbono. Esto no tenía nada de sorprendente. Pero también observamos que esos boniatos grandes eran menos nutritivos, tenían un contenido mucho más bajo de proteínas, por más fertilizante que les pusiéramos. Eso sí que sorprendía un poco. Y además es una mala noticia, porque en los países más pobres y hambrientos del mundo los boniatos son la principal fuente de proteínas en la dieta de su población. Parece que los boniatos del futuro serán más grandes y alimentarán a más gente, pero la nutrirán menos. Para eso no tengo respuesta.

La cosecha había sido recogida unos días antes por un grupo de estudiantes muy numeroso que habían trabajado casi sin parar durante tres días bajo la dirección de un joven extraordinariamente fuerte y sabio llamado Matt, que estaba a punto de licenciarse. En el transcurso del experimento, Matt también había crecido, revelándose como líder y experto de un modo que daba gusto verlo. En ese momento era capaz de plantarse delante de veinte personas en una situación de caos, orientar a cada una de ellas hacia una actividad útil y luego seguir proporcionándoles consejo constante y un control de calidad durante días. Fue como si hubiera declarado la guerra a aquellas plantas, y las hojas y raíces sueltas que habían quedado tiradas por el lugar eran la prueba de su victoria. Para Bill y para mí fue un verdadero privilegio mantenernos al margen, de brazos cruzados, como es nuestro deber al final, cuando se aproxima el momento de que los alumnos se licencien.

Pero ya había acabado todo, y todo el mundo se había ido a casa a descansar... excepto nosotros. Aquello debe de ser lo que se siente al entrar en la habitación de tu hijo cuando él se ha ido para entrar en la universidad: los inicios de su vida, que deja atrás revueltos de cualquier manera, ya irrelevantes para él, pero para ti aún preciosos. La atmósfera del invernadero estaba impregnada de un penetrante olor a tierra abonada; Matt había desenterrado cada boniato de cada planta y los había fotografiado, medido y descrito uno por uno. Todo el asunto se me hacía un poco borroso a la cruda luz del día; sentí la necesidad de irme a casa y descansar un poco, pero, pensándolo bien, supuse que no me iba a morir por quedarme unas horas más, y me quedé.

Mi móvil emitió un zumbido y miré el calendario, cayendo entonces en la cuenta de que casi llegaba tarde a hacerme una mamografía que llevaba tres años de retraso, y que ya había reprogramado una vez ese semestre. «Ay, mierda —pensé—. Otra vez, no.»

Se abrió la puerta del invernadero y entró Bill.

—Podemos extirparnos nosotros mismos los tumores, ¿no? —le pregunté—. O sea, tenemos por ahí el cúter de abrir las cajas, ¿verdad?

Bill respondió sin pensárselo:

—Te iría mejor un taladro. —Reflexionó un momento—. De hecho, me sé un truco estupendo para eso.

Estaba masticando con ganas la punta de una porción de pizza fría y reseca que había encontrado en una de las muchas cajas que se habían encargado y desechado la noche anterior. Veinte años —pensé—, y a Bill no se le ve quemado en lo más mínimo.

Bill estaba pensando en otra cosa. Me miró y preguntó:

—Dios Santo, ¿has envejecido cinco años mientras estaba fuera? —Y añadió—: Pareces una puta bruja del mar.*

—Estás despedido —le dije—. Ve a Recursos Humanos a ver a las demás brujas del mar para el papeleo.

—No trabajan los sábados. Además, venga, tienes que venir aquí fuera. —Me indicó la puerta con un gesto.

El invernadero que utilizamos es uno de los muchos con los que cuenta la estación de investigación de la universidad, emplazada en la parte alta del valle junto a un arroyo que discurre hacia el océano. Cada uno es tan grande como un gimnasio, y está formado por poco más que un enorme andamio de acero inoxidable, cubierto solo con telas. El archipiélago de Hawái viene a ser de por sí una hilera de invernaderos: las condiciones para el crecimiento vegetal son excelentes todo el año, e incluyen lloviznas diarias, más parecidas a una rutina de eventos de riego que a tormentas.

Miré a donde señalaba Bill, hacia lo alto de las montañas selváticas, y

* La Bruja del Mar es un personaje de las tiras cómicas de Popeye el marino de E. C. Segar. *(N. del T.)*

vi una brillante cinta de arcoíris que se extendía en un arco completo a través del cielo. Su nítida definición lo hacía tanto más descarado y hermoso, y lo enmarcaba un segundo arcoíris, más amplio y difuso, un suave halo que reforzaba el resuelto fulgor del primero.

—Eh, es un arcoíris doble.

—Coño, pues sí, es un arcoíris doble —dijo Bill.

—Bueno, no se ven muy a menudo —aduje para justificar mi asombro.

—No —convino Bill—. Nadie ve el segundo arcoíris. Pero siempre está ahí; solo que nadie lo ve. El arcoíris grande debe de creer que está solo.

Le clavé una mirada intensa.

—Sí que estás profundo, hoy —observé. Y acto seguido me metí en mi papel—: En realidad, los dos arcoíris son uno. Un único rayo de luz que al atravesar el cielo encapotado crea la apariencia de dos cosas distintas.

Bill calló un instante y entonces comentó, tajante:

—Pues los arcoíris son unos capullos egocéntricos y ya va siendo hora de que se quiten la tontería.

Comenté que no era probable que eso fuera a ocurrir pronto.

Dimos la vuelta hasta la parte de atrás, cogimos un par de sillas de jardín del viejo cobertizo y volvimos al interior del invernadero. El extremo más alejado del inmenso espacio estaba hecho un desastre, con pilas de macetas viejas en un rincón, de las que una se había utilizado como cubo para contener un ovillo de cinta métrica grande y sucia. En un punto había un montoncito de tierra suelta, y junto a él desplegamos nuestras sillas y nos sentamos, con los pies descalzos en la tierra fresca y húmeda. En la otra punta del invernadero alguien más tenía montado un experimento en curso. Perenne en todos los sentidos, estaba allí desde antes de que llegáramos nosotros y probablemente seguirá ahí cuando me jubile.

—¿Cómo no va a gustarle esto a alguien? —dije, señalando con un gesto del brazo las numerosas filas de profusas orquídeas—. Mira cómo huelen.

—Nos lo hemos montado de puta madre, he de admitirlo —dijo Bill—. Nunca soñé que acabaría en Hawái.

Bill me preocupa. Me preocupan su pasado y las cosas que pudo hacer y no hizo. Me preocupa que de no haber andado siempre conmigo durante todos estos años tendría una mujer y unos cuantos críos. Bill no deja de explicarme que, como los armenios suelen vivir más de cien años y él aún no tiene ni cincuenta, aún es demasiado joven para salir en serio con nadie. A pesar de todo, me preocupa su futuro. Me preocupa que, cuando por fin conozca a alguien, ella no lo merezca. Él siempre se ríe y le quita importancia. «Antes, las mujeres pasaban de mí porque vivía en una furgoneta —se queja—, ahora solo me quieren por mi dinero.»

Y es cierto que Bill vive muy bien. Tiene una casa en lo alto de una colina con vistas a Honolulu; los mangos que cultiva son la joya de la corona de su exuberante y siempre florido jardín. Bill hizo una fortuna sin querer cuando vendió la casa de Baltimore que había comprado siendo una monstruosidad con las tuberías podridas, una instalación eléctrica lamentable y la cimentación disgregada (todo lo cual arregló, a altas horas de la noche y sin ayuda, convirtiéndola en una soberbia propiedad inmobiliaria felizmente situada junto a la universidad).

La gente aún se queda intrigada con nosotros dos, Bill y yo. ¿Somos hermanos? ¿Almas gemelas? ¿Camaradas? ¿Novicios? ¿Cómplices? Comemos y cenamos juntos casi siempre, tenemos nuestras finanzas revueltas y nos lo contamos todo. Viajamos juntos, trabajamos juntos, terminamos las frases del otro y hemos arriesgado la vida el uno por el otro. Yo estoy felizmente casada y con familia, y Bill fue una condición previa obligada y obvia para todo ello, un hermano al que jamás renunciaría, que venía en el paquete. Pero todavía parece que la gente, al conocerme, necesite poner una etiqueta a lo que hay entre nosotros. Como me pasa con los boniatos, no tengo respuesta para eso. Hacemos las cosas juntos porque juntos es como las sé hacer.

Alargué el brazo para agarrar una regadera y vertí lluvia sobre la tierra que cubría nuestros pies. Meneando los dedos, amasamos con ella un barro fresco y lujoso, y luego nos reclinamos y permanecimos así sentados un rato. Finalmente, Bill rompió el silencio con un:

—¡Bueno! ¿Qué deberíamos hacer ahora? Hasta 2016 estamos tranquilos, ¿no?

Se refería a la financiación del laboratorio; y, efectivamente, habiendo amarrado varios contratos gubernamentales, la teníamos bien cubierta hasta el verano de 2016. Más allá de esa fecha, sin embargo, aún era posible que tuviéramos que echar el cierre: los fondos de investigación para ciencias medioambientales son cada año más escasos. Yo, como profesora numeraria, tengo el puesto asegurado; pero Bill, ciertamente, no: ese privilegio es solo para los profesores. Me desquicia pensar que el científico mejor y más trabajador que he conocido en mi vida no tenga ninguna seguridad laboral a largo plazo, y que eso sea sobre todo culpa mía. Lo único que se me ocurre que podría hacer si pierdo la financiación es amenazar con dimitir, y con eso, probablemente, solo conseguiría que nos quedáramos los dos en la calle. Como científicos investigadores nunca, jamás, tendremos seguridad.

—¡Eh! ¡Despierta! —dijo Bill, batiendo las palmas delante de mi cara—. ¿Qué deberíamos hacer ahora? ¡Podemos hacer lo que queramos! —Se frotó las manos, se dio una palmada en los muslos y se puso en pie.

Bill tenía razón, como de costumbre. «¡Ay, mujer de poca fe!» ¿Qué equipo de esforzados trabajadores, en cualquier campo y en cualquier parte, tiene más seguridad que nosotros? Seremos como los lirios del campo, decidí, excepto porque nosotros sí que trabajaremos e hilaremos y sembraremos y cosecharemos.*

Me levanté y di un paso al frente.

—A ver, ¿qué es lo que tenemos? —Miré a mi alrededor, haciendo un inventario somero de nuestro desperdigado material. Dije—: Ya sé: vamos a reunir aquí en un montón todas nuestras cosas y a quedarnos mirándolas un rato. Algo se me ocurrirá.

Bill asintió y se dirigió al otro extremo del invernadero. Volvió con el alijo de focos de crecimiento que aún funcionaban y los depositó con cuidado junto a los cúmulos de alargadores que había arrastrado yo desde otro rincón. Luego, entre los dos, movimos la sierra ingletadora, así como varios listones de cinco por diez sin cortar y un barril de restos de conglomerado. Acerqué nuestras cajas de herramientas y las coloqué en un lugar destacado, una de ellas con la tapa abierta como un cofre del tesoro en el fondo del mar. Bill arrastró hasta allí unos cuantos sacos de tierra abonada y junto a cada uno colocó una bolsa de fertilizante.

Estaba yo disponiendo las distintas semillas que teníamos, un paquete a continuación de otro, cuando alcé la vista y vi a Bill arrastrando

* Referencia a Mateo 6:28. *(N. de la T.)*

hacia mí un rollo de tela de malla que debía de llevar años oxidándose en un rincón. Arrugué la nariz.

—Eso ni siquiera es nuestro —dije, con asco.

—Ahora sí —dijo Bill, y los dos supimos qué venía a continuación.

Empezamos a husmear por el experimento de las orquídeas y a desenganchar mangueras sueltas y abrazaderas rotas, que cargamos en nuestras camisetas a modo de improvisados delantales y las llevamos al montón con nuestras cosas.

—¡Coño! —exclamó Bill al reparar en un taladro inalámbrico muy caro que estaba tirado entre dos tiestos de orquídeas.

Nuestras miradas se cruzaron y lo cogimos. Ya teníamos por lo menos cinco taladros inalámbricos, y Bill sabe que podríamos comprarnos tantos como quisiéramos si nos daba la gana. Probablemente disponíamos de varias veces más dinero en subvenciones que el dueño de aquella herramienta. Todas las consideraciones morales y racionales indicaban que no debíamos robarla. Excepto una: que el dueño no estaba allí.

—Bueno, ya sabes lo que dicen del Infierno —comenté cuando añadíamos el taladro a nuestro montón—. El ambiente es malo, pero la compañía, de hecho, es bastante buena.

Bill volvió a sentarse y se abrió una Pepsi. Yo di una vuelta al montón, colocando alguna que otra orquídea aquí y allá como si decorara un árbol de Navidad.

El taladro resultó estar roto: no funcionaba entonces y nunca hemos conseguido repararlo. Pero aún andará por algún rincón del laboratorio: ni a Bill ni a mí se nos ha ocurrido dejarlo donde estaba o tirarlo. Nunca reconoceré que una herramienta sea inútil ni admitiré que haya alguna que no me hace falta. Nunca dejaré de estar vorazmente hambrienta de ciencia, por bien que me dé de comer.

Aquel día, sentados juntos en el invernadero, Bill y yo nos pusimos a hablar de nuestras esperanzas y nuestros objetivos, de lo que pueden hacer las plantas y de lo que podríamos hacerles hacer. Enseguida, nuestro intercambio de ideas sobre qué hacer a continuación se amplió inevitablemente a una discusión sobre lo que habíamos hecho en el pasado. Y al poco rato estábamos contándonos las historias de este libro. Me asombro cuando pienso que esas historias se extienden ya a lo largo de unos veinte años.

Durante ese tiempo, nos hemos sacado tres títulos, hemos tenido seis trabajos, vivido en cuatro países y viajado por otros dieciséis, hemos acabado en el hospital cinco veces, hemos sido propietarios de ocho coches viejos, conducido como mínimo 40.000 kilómetros, puesto un perro a dormir y efectuado aproximadamente 65.000 mediciones de isótopos estables de carbono. Esto último ha sido nuestro logro más patente. Antes de que hiciéramos dichas mediciones, solo Dios y el propio Diablo sabían cuáles eran los valores, y sospechamos que a ninguno de los dos les importaba un rábano. Ahora, cualquiera que disponga de un carnet de biblioteca puede consultarlos, porque los hemos publicado en setenta artículos independientes para cuarenta revistas distintas. Consideramos esto un progreso, porque es nuestra misión imposible elaborar información nueva a partir de cuentos chinos. Por el camino, también nos las hemos apañado para convertirnos en adultos sin dejar de ser niños. Y nada nos lo recuerda tanto como las historias que nos contamos y nos volvimos a contar ese día.

Tras un largo silencio, Bill me sorprendió diciendo, con serena seriedad:

—Ponlo en un libro. Hazme ese favor algún día.

Bill sabe que escribo. Sabe que guardo páginas con poesías en la guantera de mi coche; sabe que conservo un montón de archivos de nextstory.doc en mi disco duro; sabe que me gusta hojear el diccionario de sinónimos durante horas; sabe que nada me satisface más que dar con la palabra exacta que se clava de forma limpia en el meollo de lo que intentas decir. Sabe que me leo la mayoría de los libros dos o más veces y que escribo largas cartas a sus autores, y que, de vez en cuando, hasta me responde alguno. Sabe lo mucho que necesito escribir. Pero nunca me había dado permiso para escribir sobre nosotros hasta ese día. Hice un gesto de asentimiento y me juré para mis adentros que haría lo que pudiera.

Se me da bien la ciencia porque se me da bien escuchar. Alguna vez me han dicho que soy inteligente, y alguna otra que soy ingenua. Me han dicho que intento hacer demasiadas cosas y me han dicho que todo lo que he hecho viene a ser muy poca cosa. Me han dicho que no puedo hacer lo que quiera porque soy una mujer, y me han dicho que solo se me ha permitido hacer lo que he hecho porque soy una mujer. Me han dicho que puedo aspirar a la vida eterna y me han dicho que me quemaré trabajando hasta provocarme una muerte prematura. Me han reprendido por ser demasiado femenina y han desconfiado de mí por ser demasiado masculina. Me han advertido que soy demasiado sensible y me han acusado de ser cruel y no tener corazón. Pero todas esas cosas me las ha dicho gente que ni entiende el presente ni es capaz de prever el futuro mejor que yo. Tales y tan reiterados pronunciamientos me han forzado a aceptar que, debido a mi doble condición de mujer y científica, nadie se hace una idea de qué diantres soy, y eso me ha dado la deliciosa libertad de improvisarlo sobre la marcha. No escucho los consejos de mis colegas y procuro no darlos yo. Cuando me puede la presión, recurro a estas dos frases: «No debes tomarte este trabajo demasiado en serio. Excepto cuando sí».

He aceptado que no sé todas las cosas que debería saber, pero sí sé las cosas que necesito saber. No sé cómo decir «Te quiero», pero sé cómo demostrarlo. La gente que me quiere sabe lo mismo.

La ciencia es trabajo, nada más y nada menos. Así que seguiremos trabajando mientras amanece un nuevo día y esta semana da paso a la semana que viene, y luego a este mes le sucede el mes que viene. Siento el calor del mismo sol radiante que brilla sobre los bosques y sobre el mundo verde, pero en lo más hondo de mí sé que no soy una planta. Soy más como una hormiga, movida por el impulso de encontrar y acarrear agujas muertas de pino desperdigadas, una tras otra, atravesar todo el bosque y luego añadirlas de una en una a un montón tan enorme que solo puedo imaginarme a mí misma como un trozo de ella.

Como científica, en efecto, soy solo una hormiga, insuficiente y anónima, pero soy más fuerte de lo que aparento y formo parte de algo mucho más grande que yo. Juntos estamos construyendo algo que llenará de admiración a los nietos de nuestros nietos, y para construirlo consultamos a diario las instrucciones que nos dejaron los abuelos de nuestros abuelos. Como parte diminuta y viva del colectivo científico, he pasado innumerables noches sentada en la oscuridad, observando a la luz de las velas un mundo extraño con un corazón doliente. Como cualquiera que alberga valiosos secretos forjados a base de años de investigación, he anhelado poder compartirlos con alguien.

# *Epílogo*

LAS PLANTAS NO SON COMO NOSOTROS. Son distintas en aspectos cruciales y decisivos. A medida que catalogo las diferencias entre plantas y animales, el horizonte se aleja de mí más rápido de lo que puedo avanzar yo, y me obliga a admitir que tal vez estuviera destinada a estudiar las plantas durante décadas con el único fin de comprender más plenamente que son seres que nunca podremos llegar a entender del todo. Solo cuando empecemos a captar lo profundamente ajenas a nosotros que son podremos estar seguros de que dejamos de proyectarnos nosotros mismos en ellas. Podremos, por fin, empezar a reconocer lo que sucede en realidad.

Nuestro mundo se está desmoronando en silencio. La civilización humana ha reducido las plantas —una forma de vida de 400 millones de años— a tres cosas: alimento, medicina y madera. En nuestra implacable y cada vez más intensa obsesión por obtener más volumen, potencia y variedad de esas tres cosas, hemos devastado los sistemas ecológicos vegetales hasta un extremo que millones de años de desastres naturales no pudieron alcanzar. Las carreteras se han multiplicado como un hongo desenfrenado, y los interminables kilómetros de cunetas que las flanquean sirven de apresurada tumba a tal vez millones de especies de plantas extinguidas en nombre del progreso. El planeta Tierra es casi un libro del doctor Seuss hecho realidad:* desde 1990, hemos creado 8.000 millones de tocones cada año. Si continuamos talando árboles sanos a este ritmo, en menos de seiscientos años habrá quedado reduci-

* Dr. Seuss, seudónimo de Theodor Seuss Geisel (1904-1991), escritor e ilustrador de libros infantiles que alcanzaron enorme popularidad. En algunos de ellos hacía una crítica velada del materialismo y el consumismo. *(N. del T.)*

do a un tocón hasta el último árbol del planeta. Mi trabajo va de asegurarse de que quede alguna prueba de que a alguien le preocupaba la gran tragedia que tenía lugar en nuestra era.

En idiomas de todo el mundo, el adjetivo *verde* tiene su raíz etimológica en el verbo *crecer*. En estudios de asociación libre de ideas, los participantes relacionaban la palabra *verde* con los conceptos de «naturaleza», «descanso», «paz» y «positividad». Otras investigaciones han demostrado que la visión, incluso fugaz, del verde incrementaba significativamente la creatividad que los sujetos ponían en la ejecución de tareas sencillas. Visto desde el espacio, nuestro planeta aparece menos verde cada año que pasa. En mis días malos, los problemas del mundo parecen no haber dejado de aumentar en el curso de mi vida, y no puedo evitar el mayor miedo de cuantos me corroen: cuando desaparezcamos, ¿dejaremos a nuestros herederos encallados en un montón de escombros, más enfermos y hambrientos y exhaustos por las guerras como de lo que nunca estuvimos, despojados hasta del hogareño consuelo del color verde? Pero, en mis días buenos, siento que algo puedo hacer al respecto.

Todos los años, se tala en tu nombre como mínimo un árbol. Aquí va una petición personal que te hago: si eres propietario de algún terreno privado, planta en él un árbol este año. Si alquilas una casa con jardín, planta uno allí, a ver si el dueño se da cuenta. En caso de que sí, asegúrale que siempre ha estado ahí. Deja caer lo gran persona que es al demostrar su preocupación por el medio ambiente plantándolo. Si muerde el anzuelo, ve y planta otro. Ponle un retal de tela metálica alrededor de la base y cuelga una pajarera cursi cerca de su joven tronco para que parezca permanente, y luego ya puedes mudarte deseándole lo mejor.

Hay más de mil especies arbóreas implantadas con éxito entre las que puedes elegir, y eso es solo en Norteamérica. Te tentará optar por un árbol frutal, porque crecen rápido y dan flores muy bonitas, pero son especies que se pueden partir tan solo con un poco de viento, incluso en estado adulto. Habrá servicios tramposos de plantado de árboles que intenten convencerte de que compres un peral de Bradford o dos, porque arraigan y florecen en un año; estarás feliz con el resultado el tiempo suficiente para que ellos cobren el cheque. Lamentablemente, estos árboles son conocidos también por la debilidad de su horquilla, y se partirán por la mitad en la primera gran tormenta. Has de elegir con la cabeza clara y los ojos abiertos. Te vas a casar con ese árbol: elige una pareja, no un adorno.

¿Por qué no un roble? Hay más de doscientas especies, y seguro que alguna está adaptada al rincón del planeta donde vives. En Nueva Inglaterra, medra el roble de los pantanos, con sus hojas de remate punzante, en simpática imitación de su vecino, el perenne acebo. El roble cabelludo puede crecer prácticamente sumergido en las marismas de Misisipi, y tiene hojas tan suaves como la piel de un recién nacido. La encina del sur —un árbol de la misma familia y género que los robles— puede crecer robusta en las colinas más tórridas del centro de California, donde el verde oscuro de su follaje contrasta con el dorado de la hierba. Yo apostaría mi dinero al roble bur, el que más despacio crece pero el más fuerte de todos; hasta sus bellotas están singularmente armadas, preparadas para batallar contra la tierra inhóspita.

Hablando de dinero, puede que no te haga falta siquiera: varias agencias locales y estatales han emprendido programas de plantación de árboles y distribuyen plantones gratis o a precios reducidos. Por ejemplo, el Proyecto de Restauración de Nueva York los facilita como parte de un plan para ayudar a los ciudadanos a plantar y cuidar de un millón de árboles nuevos distribuidos por los cinco barrios de Nueva York, mientras que el Servicio Forestal de Colorado permite acceder libremente a sus viveros a cualquier propietario de terrenos de una o más hectáreas de extensión. Todas las universidades estatales gestionan uno o varios operativos llamados «unidades de extensión», que cuentan con expertos cualificados para asesorar y animar a los jardineros, propietarios de árboles y entusiastas de la naturaleza de todo pelaje en sus ciudades. Hazles una visita: son investigadores que están obligados a asesorar gratuitamente a civiles interesados respecto a sus árboles, su montón de compost o su hiedra venenosa descontrolada.

Una vez que el pimpollo esté en la tierra, se debe controlar a diario, porque los tres primeros años son críticos. Recuerda que eres su único amigo en un mundo hostil. Si el terreno en que está plantado es de tu propiedad, abre una cuenta de ahorros e ingresa en ella cinco dólares cada mes, para que cuando, entre los veinte y los treinta años, el árbol enferme (y lo hará), puedas traer a un médico de árboles que lo cure, en vez de talarlo sin más. Cada vez que te cepilles la cuenta en cirugía arbórea, arremángate y vuelve a empezar, sabiendo que eso mismo está haciendo tu árbol. Los diez primeros años serán los más dinámicos de su vida; ¿cómo va a solaparse con la tuya? Lleva a tus hijos junto al árbol cada seis meses y haz una muesca horizontal en la corteza para marcar su altura. Cuando tus pequeños hayan crecido y se hayan ido, llevándose con ellos partes de tu corazón, te quedará ese árbol como recordatorio vivo de cómo crecieron, un ser solidario profundamente marcado también por su largo e intenso tránsito por la infancia.

Y ya que estás, ¿te importaría grabar también el nombre de Bill en tu árbol? Me ha dicho más de cien veces que nunca va a leer este libro, porque ¿para qué? Dice que si alguna vez le entra algún interés por su persona, perfectamente puede sentarse y recordar los últimos veinte años sin mi ayuda. No se me ha ocurrido una buena réplica para eso, pero quiero pensar que las muchas partes de Bill que he lanzado al viento tendrán un hogar en algún sitio, y a lo largo de los años he aprendido que la mejor manera de darle un hogar a algo es hacer que forme parte de un árbol. Mi nombre está grabado en un porrón de piezas de equipamiento de nuestro laboratorio, así que ¿por qué no iba a estar el de Bill grabado en un montón de árboles?

Al concluir este ejercicio, tú tendrás un árbol y tu árbol te tendrá a ti. Puedes medirlo cada mes y trazar tu propia curva de crecimiento. Puedes mirarlo cada día, observar qué hace y tratar de ver el mundo desde su punto de vista. Estira tu imaginación hasta que te duela: ¿qué intenta hacer tu árbol? ¿Qué desea? ¿Qué cosas le importan? Aventura una respuesta. Dilo en voz alta. Háblales a tus amigos de tu árbol; háblale a tu vecino. Pregúntate si has acertado. Vuelve al día siguiente y repiénsatelo. Hazle una foto. Cuenta las hojas. Aventura otra respuesta. Dilo en voz alta. Escríbelo. Cuéntaselo al tipo de la cafetería; cuéntaselo a tu jefe.

Vuelve al día siguiente, y al otro, y así cada día. Sigue hablando de tu árbol; sigue compartiendo las evoluciones de su historia. Cuando la gente empiece a poner los ojos en blanco y a decirte amablemente que estás loco, ríete complacido. Cuando eres científico, eso significa que vas por buen camino.

# *Agradecimientos*

ESCRIBIR *LA MEMORIA SECRETA DE LAS HOJAS* ha sido el trabajo más gozoso de mi vida, y estoy muy agradecida a cuantos me han ayudado y apoyado. Gracias a todo el equipo de Knopf, especialmente a mi editora, Robin Desser. Este es un libro mejor y yo mejor escritora gracias al cariño que ha puesto. Tina Bennett ha sido mucho más que mi agente: me enseñó la diferencia entre un puñado de historias y un libro. La gran deuda que tengo con ella es mi posesión profesional más preciada. Svetlana Katz fue mi cuerda de salvación durante años mientras intentaba dar con el estilo de esta narración. Ella no dudó nunca, y gracias a eso yo conservé la fe. No hay palabras para describir la gratitud que siente un aspirante a escritor hacia el primer autor reconocido que lee su obra y luego le anima. En mi caso, esa persona fue Adrian Nicole LeBlanc. No se me ocurre un consuelo más profundo que la amistad de quienes me conocieron de pequeña. Gracias, Connie Luhmann, por ser mis ojos cuando te necesitaba. Gracias también a Heather Schmidt, Dan Shore y Andy Elby, que después de leer una parte siempre volvían a pedirme que les diera a leer más.

# *Apéndice*

TODO LIBRO SOBRE PLANTAS es una historia sin final. Por cada uno de los hechos que he compartido con vosotros, hay al menos dos misterios desconcertantes que me muero de ganas de resolver. ¿Reconocen los árboles adultos a sus propios pimpollos? ¿Hay vida vegetal en otros planetas? ¿Las primeras flores hacían estornudar a los dinosaurios? Todas estas preguntas tendrán que esperar a algún otro día. Pero aquí no puedo resistirme a añadir algunos detalles más sobre cómo llegué a determinar y presentar parte del contenido de este libro.

Buena parte de la información sobre plantas de *La memoria secreta de las hojas* se deriva de cálculos que adquirí la costumbre de hacer durante mis más de veinte años de docencia para ayudar a que a mis alumnos se les «grabaran» los hechos en la cabeza. Por ejemplo, la frase del capítulo 9 de la primera parte «Solo con los tablones empleados en Estados Unidos a lo largo de las dos últimas décadas se podría construir un puente desde la Tierra hasta el planeta Marte» (página 101) procede de la simple comparación de las estadísticas de consumo de madera publicadas por el Departamento de Comercio de Estados Unidos (245.664 millones de metros de tablones utilizados entre 1995 y 2010) con la distancia media de la Tierra a Marte según datos de la NASA (140 millones de millas, que equivalen a 225,308 millones de kilómetros). Entre las fuentes a las que he recurrido para acceder a datos y estadísticas similares que figuran en este libro están también la Oficina del Censo, el Servicio Forestal, el Departamento de Agricultura y el Centro Nacional de Estadísticas de Salud de Estados Unidos, y la Organización para la Alimentación y la Agricultura de Naciones Unidas.

Realizar algunos de los cálculos presentados en *La memoria secreta de las hojas*, naturalmente, se veía complicado por el hecho de que cualquier atributo de una determinada planta que uno pueda medir pone de manifiesto enormes variaciones respecto a otras plantas de distinta especie. A modo de ilustración: para hacer el cálculo expuesto en el capítulo 3 de la primera parte sobre la proporción entre el número de plantas desarrolladas y el de semillas durmientes, me imaginé que paseaba por un bosque caducifolio, y, en consecuencia, estimé que podría haber 500 semillas durmientes en el suelo bajo cada uno de mis pasos. Si hubiera optado, en cambio, por imaginarme paseando por una pradera, la estimación habría sido de más de 5.000 semillas por debajo de cada paso, ya que las semillas del césped son muchísimo más pequeñas que las que dispersan los árboles: es una diferencia muy sustancial. De modo que, al escribir *La memoria secreta de las hojas*, me atuve a la siguiente política: cada vez que se me presentaba un dilema de ese tipo, elegía el escenario en que el rango de variación arrojara un resultado más modesto. Por tanto, rogaría al lector que tenga presente que cada una de mis afirmaciones sobre plantas, por impresionantes y maravillosas que algunas puedan parecer, se ha configurado de modo que un posible «error» lo sea en el sentido de haberme quedado corta.

Mis cálculos relativos al «árbol sencillo, común y corriente» descrito en el capítulo 5 de la segunda parte están basados en un árbol de verdad, que conozco bien y me es muy querido: un árbol candil (también denominado nuez de la India o *kukui*), muy similar en aspecto y funcionalidad al arce, aunque no tan común. Este joven árbol candil en concreto es uno de los especímenes que crecen en el patio de mi laboratorio en la Universidad de Hawái. Durante muchos años, enseñé una asignatura llamada Geobiología terrestre, y al final de cada clase solía salir a verlo con los alumnos, y tomarlo como ejemplo sobre el que ilustrar y comentar las enseñanzas del día. Uno de los ejercicios que cada curso les asignaba a modo de deberes consistía en medir sus diversas propiedades (altura total, densidad foliar, contenido en carbono, etcétera), que nos permitían calcular cuánta agua, azúcar y nutrientes necesitaba el árbol en cada estación de crecimiento; es decir, la información que expongo en las páginas 150-151.

En la descripción de las subvenciones federales a la «investigación movida por la curiosidad» incluida en el capítulo 5 de la segunda parte (páginas 152-153), he manejado datos del ejercicio fiscal de 2013, porque parecían reflejar mejor los conjuntos de datos más recientes y completos de numerosas agencias gubernamentales. De todos modos, el año en que he basado mi análisis importa poco, ya que hace más de diez años que la asignación federal total a la NSF no se incrementa de forma significativa. En el mismo sentido, mi afirmación de la página 153 de que «en los últimos treinta años, Estados Unidos ha congelado la partida presupuestaria que anualmente destina a investigaciones científicas no relacionadas con la defensa» se basa en datos recopilados por la Asociación Americana para el Avance de la Ciencia, que ponían de manifiesto que, en todos los años transcurridos desde 1983, el total del gasto en investigación ha permanecido estancado en el tres por ciento del presupuesto federal de Estados Unidos.

Dedicándome a la botánica, tengo la fortuna de trabajar en un campo plagado de investigadores excepcionalmente creativos y prolíficos, y disfruto enormemente el tiempo que paso leyendo los estudios que llevan a cabo mis colegas. De entre ellos, he seleccionado mis tres favoritos e incluido su historia en las páginas de *La memoria secreta de las hojas*, y quiero brindar el reconocimiento debido a los científicos responsables de los experimentos originales:

Los experimentos con los sauces de Sitka descritos en las páginas 198-201 los publicó por primera vez D. F. Rhodes en 1983. No fue hasta 2004, más de veinte años después, cuando G. Arimura y el resto de coautores expusieron cómo la producción de COV por parte de una planta podía afectar a la expresión genética de otra distinta que se viera expuesta a ellos, demostrando así la existencia del mecanismo por el que los sauces se comunicaban entre sí.

El fenómeno que los científicos denominan «ascenso hidráulico» —por el que el agua «asciende por el más fuerte y se distribuye a los más débiles», según mi descripción de la página 271— lo observó originalmente Dawson (1993) en un arce azucarero (*Acer saccharum*).

Fueron Kvaalen y Johnsen (2008) quienes, comparando retoños de árboles cuyos embriones habían sido cultivados a distintas temperaturas para luego crecer durante años en un mismo invernadero, demostraron que los *Pices abies* «recordaban el frío que experimentaron en su fase de semilla», según lo expreso en la página 272.

Por último, a los lectores que se hayan quedado con ganas de saber más sobre el verdor vivo que nos rodea les recomiendo que sin más dilación corran a hacerse con la obra de P. A. Thomas *Trees: Their Natural History* (2000), un libro de texto que es una introducción a la dendrología escrito con meridiana claridad y repleto de información fascinante. Cuando alguien me dice que le gustaría saber más sobre la deforestación o sobre los cambios planetarios en general, lo remito a la esclarecedora colección *Vital Signs*, constituida por las publicaciones anuales del Instituto Worldwatch <www.worldwatch.org>, una ONG e instituto de investigación independiente fundado en 1974, y que analiza los cambios, las tendencias y los patrones globales que se desprenden de los datos recogidos anualmente por múltiples agencias de la Administración para la Información Energética de Estados Unidos, la Organización Mundial de la Salud, el Banco Mundial, el Programa para el Desarrollo de Naciones Unidas y la Organización de Naciones Unidas para la Agricultura y la Alimentación, así como muchas otras agencias.

## OBRAS CITADAS


Arimura, G., D. P. Huber y J. Bohlmann, «Forest tent caterpillars (*Malacosoma disstria*) induce local and systemic diurnal emissions of terpenoid volatiles in hybrid poplar (*Populus trichocarpa* × *deltoides*): cDNA cloning, functional characterization, and patterns of gene expression of (−)-germacrene D synthase, PtdTPS1», *Plant Journal* 37 (4), pp. 603-616, 2004.

Dawson, T. E., «Hydraulic lift and water use by plants: Implications for water balance, performance and plant-plant interactions», *Oecologia* 95 (4), pp. 565-574, 1993.

Kvaalen, H., y Ø. Johnsen, «Timing of bud set in *Picea abies* is regulated by a memory of temperature during zygotic and somatic embryogenesis», *New Phytologist* 177 (1), pp. 49-59, 2008.

Rhoades, D. F., «Responses of alder and willow to attack by tent caterpillars and webworms: Evidence for pheromonal sensitivity of willows», en *Plant resistance to insects*, ed. P. A. Hedin, pp. 55-68. Washington, D. C., American Chemical Society.

Thomas, P. A., *Trees: Their natural history*, Cambridge y Nueva York, Cambridge University Press.